2025年春 受験用 解答集

広島県 広島大学附属中学校

2019~2013年度の7年分

本書は，実物をなるべくそのままに，プリント形式で年度ごとに収録しています。
問題用紙を教科別に分けて使うことができるので，本番さながらの演習ができます。

■ 収録内容

・解答集（この冊子です）

　　書籍ID番号，この問題集の使い方，リアル過去問の活用，解答例と解説，
　　ご使用にあたってのお願い・ご注意，お問い合わせ

・2019（平成31）年度 ～ 2013（平成25）年度　学力検査問題

JN132403

○は収録あり	年度	'19	'18	'17	'16	'15	'14	'13
■ 問題収録		○	○	○	○	○	○	○
■ 解答用紙		○	○	○	○	○	○	
■ 解答		○	○	○	○	○	○	
■ 解説		○	○	○	○	○	○	
■ 配点								

☆問題文等の非掲載はありません

もっと過去問！シリーズ

K 教英出版

■ 書籍ID番号

入試に役立つダウンロード付録や学校情報などを随時更新して掲載しています。
教英出版ウェブサイトの「ご購入者様のページ」画面で，書籍ID番号を入力してご利用ください。

書籍ID番号 **184032**

（有効期限：2025年9月30日まで）

【入試に役立つダウンロード付録】
「中学合格への道」

■ この問題集の使い方

　年度ごとにプリント形式で収録しています。針を外して教科ごとに分けて使用します。①片側，②中央
のどちらかでとじてありますので，下図を参考に，問題用紙と解答用紙に分けて準備をしましょう（解答
用紙がない場合もあります）。

　針を外すときは，けがをしないように十分注意してください。また，針を外すと紛失しやすくなります
ので気をつけましょう。

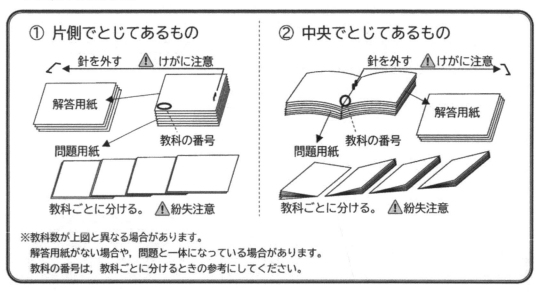

※教科数が上図と異なる場合があります。
　解答用紙がない場合や，問題と一体になっている場合があります。
　教科の番号は，教科ごとに分けるときの参考にしてください。

リアル過去問の活用

~リアル過去問なら入試本番で力を発揮することができる~

✿ 本番を体験しよう！

　問題用紙の形式（縦向き／横向き），問題の配置や余白など，実物に近い紙面構成なので本番の臨場感が味わえます。まずはパラパラとめくって眺めてみてください。「これが志望校の入試問題なんだ！」と思えば入試に向けて気持ちが高まることでしょう。

✿ 入試を知ろう！

　同じ教科の過去数年分の問題紙面を並べて，見比べてみましょう。

① 問題の量

毎年同じ大問数か，年によって違うのか，また全体の問題量はどのくらいか知っておきましょう。どのくらいのスピードで解けば時間内に終わるのか，大問ひとつにかけられる時間を計算してみましょう。

② 出題分野

よく出題されている分野とそうでない分野を見つけましょう。同じような問題が過去にも出題されていることに気がつくはずです。

③ 出題順序

得意な分野が毎年同じ大問番号で出題されていると分かれば，本番で取りこぼさないように先回りして解答することができるでしょう。

④ 解答方法

記述式か選択式か（マークシートか），見ておきましょう。記述式なら，単位まで書く必要があるかどうか，文字数はどのくらいかなど，細かいところまでチェックしておきましょう。計算過程を書く必要があるかどうかも重要です。

⑤ 問題の難易度

必ず正解したい基本問題，条件や指示の読み間違いといったケアレスミスに気をつけたい問題，後回しにしたほうがいい問題などをチェックしておきましょう。

✿ 問題を解こう！

　志望校の入試傾向をつかんだら，問題を何度も解いていきましょう。ほかにも問題文の独特な言いまわしや，その学校独自の答え方を発見できることもあるでしょう。オリンピックや環境問題など，話題になった出来事を毎年出題する学校だと分かれば，日頃のニュースの見かたも変わってきます。

　こうして志望校の入試傾向を知り対策を立てることこそが，過去問を解く最大の理由なのです。

✿ 実力を知ろう！

　過去問を解くにあたって，得点はそれほど重要ではありません。大切なのは，志望校の過去問演習を通して，苦手な教科，苦手な分野を知ることです。苦手な教科，分野が分かったら，教科書や参考書に戻って重点的に学習する時間をつくりましょう。今の自分の実力を知れば，入試本番までの勉強の道すじが見えてきます。

✿ 試験に慣れよう！

　入試では時間配分も重要です。本番で時間が足りなくなってあわてないように，リアル過去問で実戦演習をして，時間配分や出題パターンに慣れておきましょう。教科ごとに気持ちを切り替える練習もしておきましょう。

✿ 心を整えよう！

　入試は誰でも緊張するものです。入試前日になったら，演習をやり尽くしたリアル過去問の表紙を眺めてみましょう。問題の内容を見る必要はもうありません。どんな形式だったかな？受験番号や氏名はどこに書くのかな？…ほんの少し見ておくだけでも，志望校の入試に向けて心の準備が整うことでしょう。

　そして入試本番では，見慣れた問題紙面が緊張した心を落ち着かせてくれるはずです。

　※まれに入試形式を変更する学校もありますが，条件はほかの受験生も同じです。心を整えてあせらずに問題に取りかかりましょう。

算数

平成 ㉛ 年度 解答例・解説

《解答例》

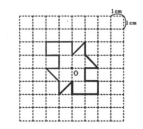

1　問1．(1)3　(2)$\frac{1}{12}$　問2．(1)6　(2)右図　問3．9.5　問4．13

2　問1．11　問2．ア，オ　問3．エ

3　問1．36　問2．10　問3．44

4　問1．(1)94　(2)190　問2．(1)45　(2)58

5　問1．80　問2．(1)400　(2)6　問3．160

《解 説》

図I　図II

1　**問1(1)** 与式＝15－4×3＝15－12＝3

(2) 与式＝$(\frac{8}{12}-\frac{3}{12})÷\frac{1}{2}-3×\frac{1}{4}=\frac{5}{12}×2-\frac{3}{4}=\frac{10}{12}-\frac{9}{12}=\frac{1}{12}$

問2(1) 正六角形の線対称の対称の軸は，右図Ⅰの点線の6本ある。

(2) 右図Ⅱのように対応する点をとり，直線で結んで作図する。

AとOを通る直線上に，AO＝A′Oとなる A′をとると，A′はAと対応する点である。
同じように各頂点と対応する点をとり，作図すると解答例のようになる。

問3　面㋐を上側にして水を入れたとき，水の入っていない部分は右図Ⅲのしゃ線
部分である。この部分の立体は，底面を面㋐とする高さが6×2－7＝5(cm)の直方体
であり，その容積は，12×6×5＝360(㎤)である。

また，面㋑と面㋒を上側にして水を入れたときに，水が入っていない部分は右図Ⅳの
しゃ線部分である。水が入っていない部分は2か所に分かれるが，その高さは等しい。
しゃ線部分の底面積の和は，立方体の面4つ分だから，6×6×4＝144(㎠)となる。
したがって，高さは360÷144＝2.5(cm)である。
よって，求める水面の高さは12－2.5＝9.5(cm)である。

問4　中学生と高校生の人数の和と，男子と女子の人数の和が等しいから，それぞれの比の
数の和の4＋5＝9と4＋3＝7を等しくするために，中学生と高校生の比を7倍すると，4：5＝28：35，
男子と女子の比を9倍すると，4：3＝36：27となるので，中学生の人数を㉘，高校生の人数を㉟，男子の人数
を㊱，女子の人数を㉗とする。中学生の男子と中学生の女子の人数は等しいから，それぞれ㉘÷2＝⑭となり，
高校生の男子の人数は，㊱－⑭＝㉒，高校生の女子の人数は，㉗－⑭＝⑬となる。
したがって，高校生の女子の人数は，高校生の男子の人数の$\frac{⑬}{㉒}=\frac{13}{22}$(倍)であり，整数になるから，高校生の男子
の人数は22の倍数である。高校生の男子の人数が30人以下なので，その人数は22人と決まる。
よって，高校生の女子の人数は，$22×\frac{13}{22}=13$(人)である。

2 問1　最高気温が 35℃以上の日は，右表の
○印だから，全部で 11 日ある。

問2　ア…平均気温が 22℃以下の日はない
ので，正しい。

イ…例えば，3 日の平均気温は 26.2℃，
2 日の平均気温は 28.3℃で，前の日より低
くなっているから，正しくない。

表　2018年7月の気温（広島市）　　　　　　（単位は ℃）

日	平均気温	最高気温	最低気温	日	平均気温	最高気温	最低気温	日	平均気温	最高気温	最低気温
1	27.1	31.2	22.9	12	29.5	33.5	25.9	23	31.1	⑤35.4	28.1
2	28.3	32.4	24.6	13	29.8	33.3	25.7	24	32.0	⑥36.4	27.7
3	26.2	27.5	24.5	14	30.4	34.3	26.4	25	31.7	⑥36.4	26.9
4	26.8	29.7	24.9	15	30.3	34.3	26.4	26	31.9	⑤35.9	29.1
5	24.6	26.7	23.3	16	30.3	⑤34.6	26.3	27	31.2	⑤35.4	28.6
6	23.0	23.7	22.4	17	30.6	⑤35.2	26.7	28	30.7	⑥36.3	26.7
7	23.4	27.1	21.5	18	31.1	34.9	27.1	29	28.3	30.2	26.1
8	23.1	25.0	21.8	19	31.9	⑥36.7	27.3	30	30.5	34.9	27.3
9	27.1	32.7	21.9	20	31.3	⑥36.7	27.3	31	31.3	⑤35.9	28.0
10	28.4	33.5	23.7	21	30.9	⑤35.1	27.1				
11	28.6	32.0	24.6	22	30.9	34.9	27.5				

気象庁の資料(2018年)より作成

ウ…問1の解説の表より，猛暑日は最も長くて 23 日から 28 日までの 6 日続いているとわかるから，正しくない。

エ…平均気温が一番高いのは 24 日の 32.0℃で，この日の最高気温は 36.4℃であるが，最高気温が一番高いのは
19 日，20 日の 36.7℃だから，正しくない。

オ…最高気温と最低気温の差は，1 日が 31.2－22.9＝8.3（℃），2 日が 32.4－24.6＝7.8（℃），30 日が 34.9－27.3＝
7.6（℃），31 日が 35.9－28.0＝7.9（℃）だから，はじめの 2 日間の平均は，（8.3＋7.8）÷2＝8.05（℃），終わりの
2 日間の平均は，（7.6＋7.9）÷2＝7.75（℃）となり，正しい。

問3　平均気温のうち，最も低いのは 6 日の 23.0℃で，最も高いのは 24 日の 32.0℃だから，グラフの一番左の
気温は 23℃以上 24℃未満，一番右の気温は 32 度以上 33 度未満となるから，正しいグラフとして考えられるのは，
アかエのどちらかである。アとエのグラフを比べると，アのグラフの 23℃以上 24℃未満の日数が 2 日であるのに
対し，エのグラフの 23℃以上 24℃未満の日数が 3 日である。したがって，平均気温が 23℃以上 24℃未満の日数
を数えると，6 日，7 日，8 日の 3 日あるから，正しいグラフは，エとわかる。

3 問1　右図の太線でかこまれた色付き部分は，図のようにしゃ線部分に移動することが
できるから，求める面積は，1 辺の長さが 6 ㎝の正方形の面積に等しい。
よって，6×6＝36（㎠）

問2　1 枚目の右図の太線の半径が 360 度の倍数分を回転したとき，図形アは 1 枚目の図形アと
ぴったり重なる。図形アは 80 度ずつずらして置いていくので，はじめて 1 枚目の図形アとぴった
り重なるのは，80 度と 360 度の最小公倍数分を回転したときである。2 つの数の最小公倍数を求
めるときは，右の筆算のように割り切れる数で次々に割っていき，割った数と割られた結果残った
数をすべてかけあわせればよいから，80 と 360 の最小公倍数は 720 である。

したがって，1 枚目の図形アから 720÷80＝9（回）ずらして置いたときだから，はじめて 1 枚目の図形アと
ぴったり重なるのは，1＋9＝10（枚目）の図形アである。

問3　図形アを 4 枚使って作った半径 6 ㎝の円を図形イとする。
図形イ 1 個の周の長さは，6×2×3.14＝12×3.14（㎝）であり，1 個目の図形イに
2 個目の図形イをはり合わせたとき右図のようになる。三角形ＯＡＰと三角形ＯＥＰ
は，すべての辺の長さが 6 ㎝の正三角形だから，2 個目の図形イの中の 6 個の三角形
もすべて辺の長さが 6 ㎝の正三角形である。
したがって，角ＡＯＥ＝角ＢＰＤ＝60×2＝120（度）だから，曲線ＡＰＥと曲線ＢＣＤの長さは
等しく，1 個目の図形イに 2 個目の図形イをはり合わせたときに増える周の長さは，曲線ＡＢと曲線ＤＥの長さ
の和である。角ＡＰＢ＝角ＤＰＥ＝60 度だから，図形イを 1 個はり合わせると，増える周の長さは，
$12×3.14×\frac{60}{360}×2＝4×3.14$（㎝）である。
できる図形の周の長さが 163.28＝52×3.14（㎝）となるのは，1 個目の図形イに(52×3.14－12×3.14)÷(4×3.14)＝

$\dfrac{40\times3.14}{4\times3.14}=10$(個)の図形イをはり合わせたときだから，全部で$1+10=11$(個)の図形イをはり合わせたときである。よって，図形アは全部で，$4\times11=44$(枚)使用した。

[4] 問1(1) 数が5個ずつ並んでいて，横に7マスずつあるから，5と7の最小公倍数の35マス(5行)に「1」から「7」までの数がちょうど入る(右表参照)。

1	1	1	1	1	2	2	1行目
2	2	2	3	3	3	3	2行目
3	4	4	4	4	4	5	3行目
5	5	5	5	6	6	6	4行目
6	6	7	7	7	7	7	5行目
							6行目

7種類の数を1グループとすると，$132\div7=18$余り6より，「132」は18グループ目の次のグループの6種類目の数とわかる。18グループ目の最後の数は$5\times18=90$(行目)の7列目にある。また表より，あるグループの6種類目の数の1個目の数はそのグループ内の4行目にあるから，一番最初に「132」が入るのは，$90+4=94$(行目)である。

(2) (1)の表より，グループの中で，7列目に入らない数は，1種類目と4種類目とわかる。最後のグループは，「190」から「196」までの数が並ぶから，7列目に入らない数は，1種類目の「190」と4種類目の「193」である。よって，7列目に入らない2番目に大きい数は190である。

問2(1) 25まで続きの数を並べると，右図のようになる。よって，求める数の和は，$1+3+7+13+21=45$である。

(2) 一番小さい数が5とすると，(1)の図の各数字を5倍した図ができるから，左上と右下を結ぶ対角線の上に並ぶ5つの数の和は，$1\times5+3\times5+7\times5+13\times5+21\times5=$$(1+3+7+13+21)\times5=45\times5=225$となる。実際の5つの数の和は490なので，その差は$490-225=265$となる。対角線上の5つの数にそれぞれ$265\div5=53$を足せばよいから，一番小さい数は，$5+53=58$となる。

```
 1 → 2    9 → 10   25
 ↓    ↑    ↓    ↑    ↑
 4 ← 3    8   11   24
 ↓         ↑    ↓    ↑
 5 → 6 → 7   12   23
                ↓    ↑
16 ← 15 ← 14 ← 13   22
 ↓                   ↑
17 → 18 → 19 → 20 → 21
```

[5] 問1 グラフより，A地点からB地点までの片道800mを10分でジョギングするとわかるから，ひろしさんの速さは，分速($800\div10$)m＝分速80mである。

問2(1) ひろしさんがジョギングコースを3往復するのにかかる時間は60分である。したがって，ひろしさんが3往復する間に，だいすけさんは$100\times60=6000$(m)ジョギングする。また，ジョギングコース1往復の道のりは，$800\times2=1600$(m)だから，$6000\div1600=3$余り1200より，ひろしさんが3往復してA地点に着いたとき，だいすけさんは3往復と1200mジョギングしているとわかる。よって，このときだいすけさんはA地点から，$1600-1200=400$(m)の地点にいるとわかる。

(2) だいすけさんは片道$800\div100=8$(分)でジョギングするから，ひろしさんのグラフにだいすけさんがジョギングする様子を破線でかくと，右グラフのようになる。したがって，2人がすれちがうのは，○印のところだから6回ある。

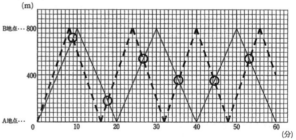

問3 ひろしさんがA地点からB地点まで10分かかるから，みなみさんもA地点からB地点まで10分かかる。みなみさんはB地点からA地点までひろしさんよりも速い速さでジョギングするから，同じ時間ではひろしさんより長い道のりをジョギングすることになる。ひろしさんが3往復してA地点に着いたとき，みなみさんもちょうど何往復かしてA地点についたから，みなみさんは4往復または5往復したとわかる(6往復すると，A地点からB地点まで6回行くことになり，それだけで$10\times6=60$(分)かかるから)。みなみさんがひろしさんを後ろから追いぬくことはなかったと問題文にあるから，4往復，5往復のそれぞれの場合について，グラフをかいて追いぬくことがあるかを見る。

みなみさんが4往復する場合，A地点からB地点まで
4回行くことになり，これにかかる時間の合計は，
$10 \times 4 = 40$（分）だから，B地点からA地点まで4回
行くのにかかる時間の合計は，$60 - 40 = 20$（分）となる。
したがって，1回B地点からA地点に行くのにかかる
時間は，$20 \div 4 = 5$（分）となるから，このときみなみ
さんがジョギングする様子をグラフにかくと，右グラ
フⅠのようになり，追いぬくことはなかったとわかる。

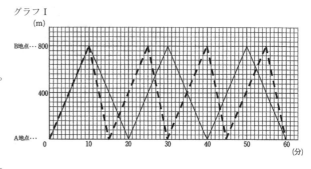

グラフⅠ

みなみさんがB地点からA地点に向かってジョギングするときの速さは，分速$(800 \div 5)$m＝分速160mである。

また，みなみさんが5往復する場合についても，同じ
ように考える。B地点からA地点まで1回行くのにか
かる時間は，$(60 - 10 \times 5) \div 5 = 2$（分）だから，この
ときみなみさんがジョギングする様子をグラフにかく
と，右グラフⅡのようになり，〇印の部分でみなみさ
んがひろしさんを追いぬいているから，みなみさんが
5往復したというのは条件に合わない。

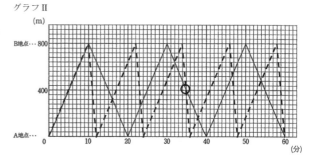

グラフⅡ

よって，求める速さは，分速160mだけと決まる。

《解答例》

1　問1. $\frac{3}{4}$　　問2. 21　　問3. 50

　　問4. (1)4　(2)25.4

2　問1. 26　　問2. 右グラフ

　　問3. はじめて…2　4回目…$17\frac{1}{3}$　　問4. 105

3　問1. (1)⑦　(2)36　　問2. (1)45　(2)22.86

4　問1. （2，1）（2，3）（2，4）　　問2. 1

5　問1. 8.2　　問2. (1)$21-x$　(2)56　(3)15

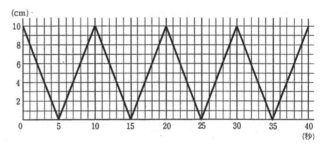

《解　説》

1　問1　与式$=\left(\frac{36}{63}-\frac{8}{63}\right)\times\frac{27}{10}-\frac{9}{20}=\frac{4}{9}\times\frac{27}{10}-\frac{9}{20}=\frac{6}{5}-\frac{9}{20}=\frac{24}{20}-\frac{9}{20}=\frac{3}{4}$

　問2　6日目から14日目までの9日間で読んだページ数は$15\times9=135$（ページ）だから，全体の$\frac{2}{3}-\frac{1}{4}=\frac{5}{12}$が135

ページにあたる。したがって，全体のページ数は$135\div\frac{5}{12}=324$（ページ）である。5日目までに$324\times\frac{1}{4}=81$（ペー

ジ）読み，2日目から5日目までの4日間で$15\times4=60$（ページ）読んだのだから，初めの日に読んだページ数は，

$81-60=21$（ページ）

　問3　このストップウォッチの文字盤では，となりあった数字

どうしの間の角度は$360\div10=36$（度）である。したがって，1分

ちょうどのとき右図Iのようになり，長い針と短い針のつくる角

のうち小さい方の角の大きさが126度になる1回目は右図IIのと

き，2回目は右図IIIのときである。図Iから図IIIまでに，長い針

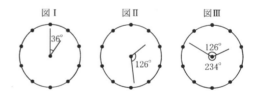

は短い針よりも$36+234=270$（度）多く進んでいる。1秒あたりに進む角度は，長い針が$360\div60=6$（度），短い針

が$360\div10\div60=\frac{3}{5}$（度）だから，図Iのあと$270\div\left(6-\frac{3}{5}\right)=50$（秒）たったときに図IIIになる。

よって，求める時間は1分50秒である。

　問4(1)　記録のちらばりの様子をまとめたこのようなグラフでは，例えば5〜10mの人が1人と読み取れるが，こ

れは5m以上10m未満の人が1人ということを表す（ただしこの問題については，5の倍数の記録が1つもないの

で，このことについて考えなくても解答を求められる）。

グラフから，記録が20m未満の人は5〜10mの1人と10〜15mの8人と15〜20mの15人とわかるから，全部で

$1+8+15=24$（人）いる。よって，その割合は，$\frac{24}{60}\times10=4$（割）

(2)　グラフから記録が30m以上の人が$6+3+1=10$（人），25〜30mの人が10人とわかるので，記録が25〜30m

の人のうち最も短い記録が，よい方から数えて20番目の記録である。表からその記録を探すと，25.4mがそれに

あたるとわかる。

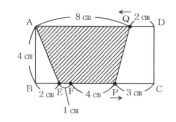

2　問1　11秒間でPは11cm，Qは22cm進むから，11秒後は右図のようになる。
よって，斜線部分の台形の面積は，（8＋5）×4÷2＝26（cm²）

問2　Qは10÷2＝5（秒）ごとにAまたはDで折り返すから，解答例のようなグラフとなる。

問3　AQとEPが平行だから，AQ＝EPと
なるとき，四角形AEPQは平行四辺形となる。
問2のグラフにAとQの間の長さを表すグラフ
を破線で書き加えると，右図のようになる。

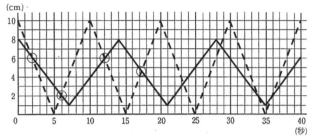

AQ＝EPとなるのは2つのグラフが交わると
ころだから，1回目は2秒後とわかる。
また，4回目は15秒後と20秒後の間とわかる。

15秒後の時点で，EP＝7cm，AQ＝0cmで，その差は7cmである。このあと1秒ごとに差は1＋2＝3（cm）小さ
くなるから，7÷3＝2$\frac{1}{3}$（秒後）にAQ＝EPとなる。よって，4回目は，15＋2$\frac{1}{3}$＝17$\frac{1}{3}$（秒後）

問4　斜線部分はQがAと重なるとき以外は台形だから，その面積が2cm²になるのは，（上底）＋（下底）＝AQ＋EP
が2×2÷4＝1（cm）のときである。EPは最短で1cmだから，QがAと重ならないときにAQ＋EPが1cmにな
ることはない。QがAと重なり斜線部分が三角形QEPになってEP＝1cmのとき，斜線部分の面積は2cm²となる。
問3でかいたグラフを見てEP＝1cm，AQ＝0cmになるときを探すと，35秒後にはじめてそうなるとわかるから，
1回目は35秒後である。

また，EP＝1cmとなるのは14秒ごとであり，AQ＝0cmとなるのは10秒ごとである。14と10の最小公倍数は
70だから，2回目は1回目の70秒後であるとわかる。よって，求める時間は，35＋70＝105（秒後）

3　問1(1)　図1の展開図の一部は，右のように回転させることができる。
これより，辺ABの上側には，辺DEの下側にある直角三角形の上下
を反転させた三角形をつければよいとわかる。よって，⑦が正しい。

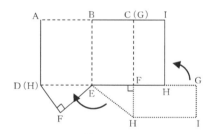

(2)　FH＝GI＝3cmだから，底面である三角形EFHの面積は，
3×4÷2＝6（cm²）である。この三角柱の高さはHI＝6cmだから，
求める体積は，6×6＝36（cm³）

問2(1)　ACとEDが垂直に交わっているので，直角二等辺三角形CDEはACについて線対称である。
よって，角㋓＝90÷2＝45（度）

(2)　三角形BCEと三角形ACDは合同だから，CEを直径とする半円をか
くことで，右図のように斜線部分の一部を面積を変えないように移動させる
ことができる。したがって，斜線部分の面積は，直角二等辺三角形ABCの
面積から，正方形EGCFの面積の$\frac{3}{4}$倍（太線部分の面積）と，半径が2cmで
中心角が90度のおうぎ形の面積を引くと求められる。

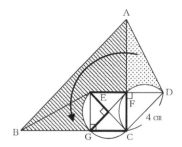

正方形EGCFの面積の$\frac{3}{4}$倍は（4×4÷2）×$\frac{3}{4}$＝6（cm²），おうぎ形の面積
は2×2×3.14×$\frac{90}{360}$＝3.14（cm²）である。
よって，斜線部分の面積は，8×8÷2－6－3.14＝22.86（cm²）

4 **問1**　1，2，3，4のうちの2つの数の積を5で割った余りをまとめると，右表のように

なる。この表を元に7番目が2になるような5番目と6番目の数を探すと，1と2，2と1，

3と4，4と3の4通りが見つかる。それぞれの場合について，表をもとに1番目までさか

のぼっていく。

		(□＋1)番目			
		1	2	3	4
□番目	1	1	2	3	4
	2	2	4	1	3
	3	3	1	4	2
	4	4	3	2	1

5番目と6番目が1と2の場合，4番目と5番目の積を5で割った余りが2となることと，

5番目，つまり(□＋1)番目が1となることから，□番目，つまり4番目は2とわかる。同様に，3番目と4番目

の積を5で割った余りが1となることと，4番目，つまり(□＋1)番目が2となることから，□番目，つまり3番

目は3とわかる。以下同様にくり返すと，1番目から順に2，4，3，2，1，2，2，となる。

他の3通りも同様に数の並びを調べると，

5番目と6番目が2と1の場合は，2，2，4，3，2，1，2，

5番目と6番目が3と4の場合は，2，3，1，3，3，4，2，

5番目と6番目が4と3の場合は，2，1，2，2，4，3，2，となる。

1番目と2番目は異なる数を選ぶという条件があるので，5番目と6番目が2と1の場合だけは条件に合わない。

よって，条件に合うのは，(2，1)，(2，3)，(2，4)である。

問2　(4，2)を1番目から順に書くと，4，2，3，1，3，3，4，2，…となり，7番目の4以降は1番目

から6番目までの6つの数がくり返されるとわかる。

100÷6＝16余り4だから，100番目の数は17回目のくり返しの中の4つ目の数の1である。

5 **問1**　右のような表にまとめて考えるとよい。

問1では，⑦＝20，⑦＝15だから，クラス全体の国語の合計点は，

188＋6.6×15＝287(点)

よって，クラス全体の国語の平均点は，287÷35＝8.2(点)

		算数		合計
		8点以上	8点未満	
国語	8点以上	A	B	⑦
	8点未満	C	D	⑦
合計		⑦	⑦	35

問2　問2では，⑦＝35×$\frac{3}{5}$＝21，⑦＝35×$\frac{2}{5}$＝14である。

(1)　AとCの合計が21人だから，Cの人数は，21－x(人)

(2)　Cの算数の合計得点が264点にしめる割合は，20.5%以上21.5%未満である。

264点のうちの1%は264×$\frac{1}{100}$＝2.64(点)だから，Cの算数の合計得点は，2.64×20.5＝54.12(点)以上，

54.12＋2.64＝56.76(点)未満である。この条件と，Cの算数の合計得点が偶数になることから，Cの算数の合計

得点は56点とわかる。

(3)　Cは算数が8点か10点で合計が56点だから，Cの人数は，56÷10＝5余り6より6人以上，56÷8＝7

より7人以下とわかる。したがって，AとCの人数は，15人と6人か，14人と7人である。

Aの算数の合計得点は，2.64×53.5＝141.24(点)以上，141.24＋2.64＝143.88(点)未満だから，142点とわかる。

Aが14人だと算数の合計得点は最大でも10×14＝140(点)にしかならないので，Aは15人だとわかる。

━━━━━━━━━━━━《解答例》━━━━━━━━━━━━

1 問1. $\dfrac{3}{4}$　問2. 4　問3. (1)3.6　(2)2, 24

　問4. (1)28　(2)52

2 問1. (1)あ20　⑩25　(2)$y=x×5$　問2. (1)⑤15　⑧31　(2)4

3 問1. 右グラフ　問2. 14　問3. 100

4 問1. 1.71　問2. (1)①　(2)288

5 問1. (A, B, C)(A, B, D)(A, B, E)

　問2. (B, C, D)

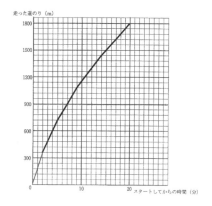

━━━━━━━━━━━━《解　説》━━━━━━━━━━━━

1 **問1**　与式＝$\dfrac{7}{2}×\dfrac{5}{6}-\dfrac{2}{3}×\dfrac{11}{4}-\dfrac{1}{3}=\dfrac{35}{12}-\dfrac{22}{12}-\dfrac{4}{12}=\dfrac{9}{12}=\dfrac{3}{4}$

問2　公約数は最大公約数の約数なので，はじめに54と126の最大公約数を調べる。また，1が素数

ではないことに注意する。右の計算より，54と126の最大公約数は$2×3×3＝18$である。したが

って，公約数は1，2，3，6，9，18の6個あるから，このうち素数でないものは1，6，9，18の4個ある。

```
2) 54  126
3) 27  63
3)  9  21
    3   7
```

問3(1)　$2.25×1.6=3.6(㎡)$

(2)　Cさんが1時間でぬることのできるかべの広さは，$2.25×2÷3＝1.5(㎡)$である。したがって，3人がいっ

しょにぬると，1時間に$2.25＋3.6＋1.5＝7.35(㎡)$の広さのかべをぬることができる。これより，ぬり終わるまで

の時間は，$17.64÷7.35＝2.4(時間)$となる。1時間＝60分だから，$60×0.4＝24$より，2.4時間＝2時間24分

問4(1)　$120÷425×100＝28.2…$より，28%

(2)　あ＋⑩＝$425-(120+85+66+67)＝87$である。あにあてはまる数はおよそ$425×0.12＝51$だから，⑩にあて

はまる数はおよそ$87-51＝36$である。⑩にあてはまる数は7の倍数だから，⑩＝35とわかり，あ＝$87-35＝52$

となる。このとき，オムライスが一番好きな人の割合は，$52÷425×100＝12.2…$より，$\dfrac{1}{10}$の位を四捨五入すると

12%となるので，問題に合っている。

2 **問1(1)**　あ＝$15＋5＝20$，⑩＝$20＋5＝25$

(2)　どの人も，ひろった小石の数は，小石をひろった順番の5倍になっている。よって，$y＝x×5$

問2(1)　⑤＝$7×2＋1＝15$，⑧＝$15×2＋1＝31$

(2)　1番目の人がひろったどんぐりの数が1個のとき，5人のひろったどんぐりは全部で，$1＋3＋7＋15＋31＝$

$57(個)$である。ここから，1番目の人がひろったどんぐりの数を1個増やすごとに，5人のひろったどんぐりの個

数が何個増えるかを考える。1番目の人がひろったどんぐりの数を1個増やして2個にすると，2番目の人のひろ

った個数は，$2×2＋1＝5(個)$になり，$5-3＝2(個)$増える。この2個は，1番目の人の増えた個数（1個）の

2倍と考えられる。このため，3番目以降の人も同じように，前の順番の人の増えた個数の2倍だけひろった個数が増えていくから，3番目の人は $2 \times 2 = 4$ (個)増え，4番目の人は $4 \times 2 = 8$ (個)増え，5番目の人は $8 \times 2 = 16$ (個)増えるとわかる。したがって，1番目の人がひろったどんぐりの個数を1個増やすと，5人のひろった個数の合計は，$1 + 2 + 4 + 8 + 16 = 31$ (個)増える。このことから，1番目の人がひろったどんぐりの個数が，1個から $(150 - 57) \div 31 = 3$ (個)だけ増えれば，5人のひろったどんぐりの個数の合計が150個になる。

よって，求める個数は，$1 + 3 = 4$ (個)

3 **問1** Aさんが分けた区間は1つ $1800 \div 5 = 360$ (m)である。したがって，スタートしてから2分後に360m，$2 + 3 = 5$ (分後)に $360 \times 2 = 720$ (m)，$5 + 4 = 9$ (分後)に $360 \times 3 = 1080$ (m)，$9 + 5 = 14$ (分後)に $360 \times 4 = 1440$ (m)，$14 + 6 = 20$ (分後)に $360 \times 5 = 1800$ (m)進む。グラフのたて軸の1めもりが $300 \div 5 = 60$ (m)であることに注意する。

問2 Bさんが分けた区間は1つ $1800 \div 3 = 600$ (m)である。

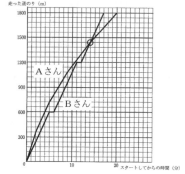

したがって，スタートしてから5分後に600m進み，その後1分間は位置が変わらず，$5 + 1 + 5 = 11$ (分後)に $600 \times 2 = 1200$ (m)進む。さらに，その後1分間は位置が変わらず，$11 + 1 + 5 = 17$ (分後)に $600 \times 3 = 1800$ (m)進む。このグラフをAさんのグラフにかき加えると右のようになり，BさんがAさんに追いつくのは○印のところとわかる。このグラフから，スタートしてから14分後と読み取ることができる。

なお，問1の解説より，スタートしてから14分後にAさんは1440m進んでいる。一方，Bさんが走る速さは分速 $(600 \div 5)$ m＝分速120mだから，14分後には $1200 + 120 \times (14 - 11 - 1) = 1440$ (m)進んでいる。したがって，問題に合っている。

問3 Bさんがゴール地点からもどる様子をグラフにかき加えると，右のようになるから，○印のところでAさんとすれちがう。

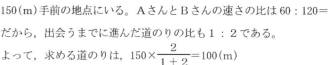

スタートしてから14分より後の，Aさんが走る速さは分速 $(360 \div 6)$ m＝分速60mである。Bさんがゴール地点を出発したのは，スタートしてから17分＋30秒＝17.5分後で，このときAさんはゴールの $60 \times (20 - 17.5) = 150$ (m)手前の地点にいる。AさんとBさんの速さの比は $60 : 120 = 1 : 2$ だから，出会うまでに進んだ道のりの比も $1 : 2$ である。

よって，求める道のりは，$150 \times \dfrac{2}{1 + 2} = 100$ (m)

4 **問1** あとⓘを図のように分けて考える。

あの斜線部分の面積は，

$6 \times 6 \times 3.14 \div 4 - 2 \times 2 \times 3.14 \div 4 - 4 \times 4 \times 3.14 \div 4 - 4 \times 2$

$= 9 \times 3.14 - 1 \times 3.14 - 4 \times 3.14 - 8 = (9 - 1 - 4) \times 3.14 - 8 = 4.56$ (cm²)である。

ⓘの斜線部分の面積は，

$6 \times 6 \times 3.14 \div 4 - 1 \times 1 \times 3.14 \div 4 - 3 \times 3 \times 3.14 \div 4 - 2 \times 2 \times 3.14 \div 4 - 3 \times 1 - 2 \times 4$

$= 9 \times 3.14 - 0.25 \times 3.14 - 2.25 \times 3.14 - 1 \times 3.14 - 3 - 8 = (9 - 0.25 - 2.25 - 1) \times 3.14 - 11 = 6.27$ (cm²)である。

よって，求める面積の差は，6.27－4.56＝1.71（cm²）

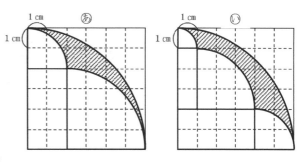

なお，あといは，どちらも半径6cmの円の$\frac{1}{4}$から，他の図形を除いてできる図形である。このとき除いた図形のうち，半径2cmの円の$\frac{1}{4}$と，縦・横が2cmと4cmの長方形が共通なので，残りの除いた図形（あは半径4cmの円の$\frac{1}{4}$，いは半径1cmの円の$\frac{1}{4}$と半径3cmの円の$\frac{1}{4}$と縦が3cmで横が1cmの長方形）の面積の差を調べても，あといの面積の差を求めることができる。

問2(1) 右図のように，側面の記号をおく。四角柱の1つの頂点には3つの面が集まるので，展開図の3つの面が集まっている部分で切り開く辺を変えることで，展開図を変形することができる。これを利用して考える。

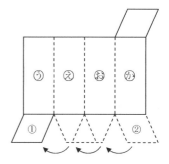

はじめに，側面かの下に底面をつけると，②と同じ向きになる。この底面を，か→お→え→う の下につくように順に回転させると，うの下につけたとき，①の向きになる。よって，①

(2) 底面はすべての辺の長さが5cmだから，ひし形である。ひし形の面積は，（一方の対角線の長さ）×（他方の対角線の長さ）÷2で求められるから，この四角柱の底面積は8×6÷2＝24（cm²）である。この四角柱の高さは12cmだから，求める体積は，24×12＝288（cm³）

5 **問1** 最も安い組み合わせは(A，B，C)で，その値段は280＋320＋360＝960（円）である。これより1020－960＝60（円）まで高くできるから，この組み合わせの他に，(A，B，D)(A，B，E)が考えられる。

よって，(A，B，C)，(A，B，D)，(A，B，E)

問2 値引きされた値段は，Aが300－280＝20（円），Bが350－320＝30（円），Cが400－360＝40（円），Dが450－400＝50（円），Eが500－420＝80（円）である。これらの値段の一の位の数はすべて0なので，どの3つの組み合わせを選んでも値引きの値段の一の位の数は0になる。値引きの割合が定価の1割になることから，値引きの値段は定価の1けた小さい数になる。したがって，定価の合計の下2けたの数は00となる。このような3つの花束の組み合わせとして，(A，B，D)(A，C，E)(B，C，D)(B，D，E)の4組が考えられる。この中から，値引きの値段が定価の1けた小さい数になっているものを探す。

(A，B，D)の定価は300＋350＋450＝1100（円），値引きの値段は20＋30＋50＝100（円）となるから，適さない。

(A，C，E)の定価は300＋400＋500＝1200（円），値引きの値段は20＋40＋80＝140（円）となるから，適さない。

(B，C，D)の定価は350＋400＋450＝1200（円），値引きの値段は30＋40＋50＝120（円）となるから，適する。

(B，D，E)の定価は350＋450＋500＝1300（円），値引きの値段は30＋50＋80＝160（円）となるから，適さない。

以上より，求める組み合わせは，(B，C，D)

《解答例》

1　問1．$\dfrac{1}{4}$　　問2．63, 45　　問3．(1)13400　(2)21.8

2　問1．(1)ア．5　イ．1　　(2)この式を計算した答えは，$11\div\dfrac{4}{\boxed{\text{ア}}}$ が大きいほど，また，$2\times\dfrac{\boxed{\text{イ}}}{5}$ が小さいほど，大きくなる。$11\div\dfrac{4}{\boxed{\text{ア}}}=11\times\dfrac{\boxed{\text{ア}}}{4}$ は ア が大きいほど大きくなり，$2\times\dfrac{\boxed{\text{イ}}}{5}$ は イ が小さいほど小さくなる。よって，この式を計算した答えが最も大きくなるのは，ア を最も大きい5に，イ を最も小さい1にしたときである。

　　問2．(1)兄…60　弟…40　　(2)120

3　問1．12　　問2．最も大きい数…64　最も小さい数…9　　問3．6

4　問1．2440　　問2．正方形⑪

5　問1．15　　問2．(1)120　(2)33

《解　説》

1　問1　与式＝$\left(\dfrac{5}{4}-\dfrac{5}{18}\right)\div\dfrac{7}{5}-\dfrac{4}{9}=\left(\dfrac{45}{36}-\dfrac{10}{36}\right)\times\dfrac{5}{7}-\dfrac{4}{9}=\dfrac{35}{36}\times\dfrac{5}{7}-\dfrac{4}{9}=\dfrac{25}{36}-\dfrac{16}{36}=\dfrac{9}{36}=\dfrac{1}{4}$

　問2　生徒全体の人数は $35\div\dfrac{25}{100}=140$（人）だから，自転車を使っていない生徒は $140-35=105$（人）である。

　　　このうちの $10-4=6$（割）が男子だから，自転車を使っていない男子は $105\times\dfrac{6}{10}=$**63**（人）であり，生徒全体の $\dfrac{63}{140}\times100=$**45**（％）にあたる。

　問3(1)　右のように作図できる。高さ 0〜22 ㎝の部分の容積は

　　　　$25\times20\times22=11000$（㎤），高さ 22〜28 ㎝の部分の容積は

　　　　$25\times16\times6=2400$（㎤）だから，容器の容積は，$11000+2400=$**13400**（㎤）

　　(2)　1 L＝1000 ㎤だから，2.5 L＝2500 ㎤である。

　　　　したがって，(1)の解説より，水面は高さ 22 ㎝よりも

　　　　$(2500-2400)\div(25\times20)=0.2$（㎝）低い，$22-0.2=$**21.8**（㎝）になる。

2　問2(1)　グラフから，兄は 20 分歩いたときにB地点で折り返したとわかるので，兄の速さは，毎分 $\dfrac{1200}{20}$ m＝**毎分 60m**である。また，出発してから 20 分で2人の間のきょりは 400mになったから，2人は1分あたり $\dfrac{400}{20}=20$（m）はなれる。よって，弟の速さは，毎分$(60-20)$ m＝**毎分 40m**である。

　　(2)　兄は $\dfrac{1200\times2}{60}=40$（分）ごとに，弟は $\dfrac{1200\times2}{40}=60$（分）ごとにA地点に帰ってくるから，求める時間は，は，40 と 60 の最小公倍数の**120 分後**である。

　　　なお，2人が初めてA地点に同時に帰ってくるのは，2人が歩いたきょりの差が 2400mになったときだから，$\dfrac{2400}{20}=120$（分後）と求めてもよい。

3　問1　$2016\underset{1回め}{\rightarrow}1008\underset{2回め}{\rightarrow}504\underset{3回め}{\rightarrow}252\underset{4回め}{\rightarrow}126\underset{5回め}{\rightarrow}63\underset{6回め}{\rightarrow}34\underset{7回め}{\rightarrow}17\underset{8回め}{\rightarrow}11\underset{9回め}{\rightarrow}8\underset{10回め}{\rightarrow}4\underset{11回め}{\rightarrow}2\underset{12回め}{\rightarrow}1$

　問2　例えば，この計算をして6になる数は，ぐう数なら $6\times2=12$，き数なら $6\times2-5=7$ であり，元の

数はぐう数よりき数の方が小さい。このように，1から逆に計算をして「最初の数」までさかのぼればよく，元の数がぐう数の場合をさかのぼっていけば最も大きい「最初の数」に，元の数がき数の場合をさかのぼっていけば最も小さい「最初の数」にたどりつく。ただし，「5をたして2でわる」という操作ができる最も小さいき数は3だから，（3＋5）÷2＝4より小さい数になるのは必ずぐう数であることに注意する。以上より，最も大きい「最初の数」は，1 ←(6回め) 2 ←(5回め) 4 ←(4回め) 8 ←(3回め) 16 ←(2回め) 32 ←(1回め) **64**

最も小さい「最初の数」は，1 ←(6回め) 2 ←(5回め) 4 ←(4回め) 3 ←(3回め) 6 ←(2回め) 7 ←(1回め) **9**

問3　何回計算しても1にならない数としてすぐに5が見つかる。5の倍数は，ぐう数でもき数でもこの計算をしても5の倍数のままだから，いつまでも1にならない。2以上 30 以下の5の倍数は 30÷5＝6（個）あり，これらは条件にあう。5の倍数以外の整数については，(1)，(2)の計算の途中で出てきた数はやがて1になる数である。(1)，(2)の計算の途中で出てきていない数も数回の計算で出てきた数にかわることが確認できるため，5の倍数以外に条件にあう数はない。よって，求める個数は**6個**である。

4　正方形③以降の正方形の1辺の長さは，その正方形の1つ前の正方形の1辺の長さと，2つ前の正方形の1辺の長さの和に等しい。したがって，各正方形の1辺の長さを計算すると，右表のようになる。

正方形の番号	①	②	③	④	⑤	⑥	⑦	⑧	⑨	⑩	⑪	…
1辺の長さ（cm）	2	2	4	6	10	16	26	42	68	110	178	…

問1　正方形⑦と正方形⑧の面積の和を求めればよいから，26×26＋42×42＝**2440（cm²）**

問2　ある正方形の中にできる太線の長さは，（1辺の長さ）×2×3.14×$\frac{90}{360}$＝（1辺の長さ）×1.57（cm）となる。したがって，太線の長さの合計は，はりあわせている各正方形の1辺の長さの合計の1.57倍となる。450÷1.57＝286.6…より，はりあわせている各正方形の1辺の長さの合計が 286.6…cmより大きくなるときを求めればよい。上表より，2＋2＋4＋6＋10＋16＋26＋42＋68＋110＝286（cm），286＋178＝464（cm）となるため，条件にあうのは**正方形⑪**をはりあわせたときである。

5　問1　右図アのような大きさと向きの3種類のひし形が4個ずつある。右図イのような大きさと向きの3種類のひし形が1個ずつある。よって，求める個数は，4×3＋1×3＝**15（個）**

図ア

図イ

問2(1)　三角形OBPと三角形OCQが合同だから，角BOP＝角COQとなるため，あの角度は角BOCと等しい。三角形OABと三角形OBCと三角形OCAは合同な三角形となるから，角BOC＝360÷3＝120（度）となるため，あの角度は**120度**である。

(2)　三角形OBPと三角形OCQが合同だから，四角形OPCQの面積は三角形OBCの面積と等しい（右図ウの斜線部分の面積が等しいため）。したがって，色のついた部分の面積は，三角形OXYと三角形OBCの面積の差にあたる。三角形OXYは三角形OBCと同じ形なので，右図エのように半分に分けて変形することで正三角形になる。この正三角形は1辺の長さが三角形ABCの2倍の大きさだから，面積は2×2＝4（倍）となるため，図1の正三角形9×4＝36（個）ぶんの面積である。三角形OBCは図3の正三角形の面積を3等分してできる三角形の1つなので，面積は図1の正三角形3個ぶんとわかるから，求める割合は，36－3＝**33（倍）**

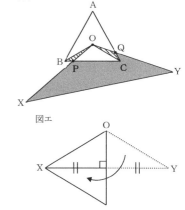

― 《解答例》 ―

1　問1. $\dfrac{4}{5}$　　問2. 56　　問3. 72　　問4. 10

2　問1. 1250　　問2. 4　　問3. 70

3　問1. 右図　　問2. 右図　　問3. 2

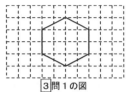
3 問1の図

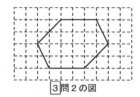
3 問2の図

4　問1. ア. 90　イ. 5　ウ. 90　エ. 2700

　　問2. りんご…3　みかん…7

　　問3. りんご…8　みかん…6

5　問1. 2　　問2. (1)2000　(2)5　　問3. (1)7　(2)3

― 《解　説》 ―

1　問1　与式＝$\dfrac{12}{5}÷\dfrac{3}{4}-\dfrac{12}{25}×5=\dfrac{12}{5}×\dfrac{4}{3}-\dfrac{12}{5}=\dfrac{12}{5}×\left(\dfrac{4}{3}-1\right)=\dfrac{12}{5}×\dfrac{1}{3}=\dfrac{4}{5}$

　　問2　28の約数は，1，2，4，7，14，28だから，求める和は，1＋2＋4＋7＋14＋28＝**56**

　　問3　右図のように補助線を引いて記号をおく。三角形ＡＢＣは二等辺三角形であり，

　　　　正十角形は三角形ＡＢＣと合同な二等辺三角形10個に分割されるから，角ＢＡＣ

　　　　の大きさは360÷10＝36(度)とわかる。

　　　　よって，求める角度は，あ＝(180－36)÷2＝**72**(度)

　　問4　一番上の位の数は0以外の数であることと，偶数は一の位の数が偶数であること

　　　　から，3けたの偶数は，102, 120, 130, 132, 210, 230, 302, 310, 312, 320の**10個**できる。

2　はらう金額は，消費税を加える前の値段の$1+\dfrac{8}{100}=1.08$(倍)の値の，小数点以下を切り捨てた額である。

　　問1　1350÷1.08＝**1250**(円)

　　問2　10個まとめて一度に買うときにはらう金額は，(30×10)×1.08＝324(円)

　　　　1個ずつ10回にわけて買うときにはらう金額は，30×1.08＝32.4より，32×10＝320(円)

　　　　よって，求める金額の差は，324－320＝**4**(円)

　　問3　消費税を加える前の商品ウの値段は，40円，50円，60円，70円，80円，90円のいずれかである。

　　　　問2において，10個まとめて一度に買うときにはらう金額と，1個ずつ10回にわけて買うときにはらう

　　　　金額の差は，消費税を加える前の値段の1.08倍の値の，小数第1位の数字を10倍した額であることか

　　　　ら，商品ウの値段は，1.08倍した値の小数第1位の数が6になるとわかる。上記の金額のうち，1.08倍

　　　　した値の小数第1位が6になるのは70円だけだから，求める値段は**70**円となる。

3　問1　解答らんの縦，横の点線が対称の軸となるような六角形をかけばよい。

　　　　なお，解答例の場合，対称の軸は右図の太線である。

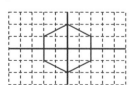

問2　点対称な図形は，対角線がそれぞれの真ん中の点で交わる。この点が対称の中心(その点を中心として180度回転すると，元の図形と重なる点のこと)である。図1では，下図の点Oが対称の中心となるから，点対称な六角形の残りの頂点を見つけてから，残りの辺をかけばよい。

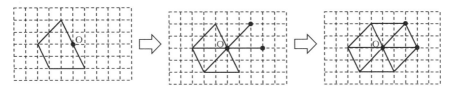

問3　高さが等しい三角形の面積の比は底辺の長さの比に等しいことを利用して，もっとも面積が小さい三角形を見つける。図2の四角形は，2本の対角線によって右図のように㋐〜㋓に分けられる。この図から，㋐と㋑は4つの中で面積が小さい方の三角形とわかるから，㋐と㋑の面積を比べる。この図のように記号をおくと，㋐と㋑は底辺をそれぞれAB，BCとしたときの高さが等しいから，面積の比はABとBCの長さの比に等しい。ABとBCはそれぞれ，直角に交わる2辺の長さが2cmの直角二等辺三角形と，直角に交わる2辺の長さが3cmの斜めの線にあたるから，AB：BC＝2：3である。このことから，㋐の方が㋑よりも面積が小さいとわかる。㋐は，右図のように，底辺の長さが2cmで高さが1cmの三角形2つに分けられるから，求める面積は，

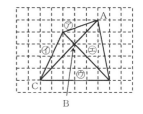

$(2 \times 1 \div 2) \times 2 = $ **2** (cm²)

4　問1　表で，代金の変化と果物の個数の変化にそれぞれ注目すれば，アは**90**，イは**5**とわかる。また，みかんの袋の数が0袋から増えるにつれて，代金は2700円から90円ずつ増えるから，みかんの袋の数がx袋のときの代金は，2700円から$(90 \times x)$円増えた金額となる。このことから，みかんがx袋のときの代金を表す式は$90 \times x + 2700$となるから，ウは**90**，エは**2700**となる。

問2　果物の個数が30個から65−30＝35(個)増えているから，みかんは35÷5＝**7**(袋)とわかり，りんごは10−7＝**3**(袋)となる。なお，代金について調べてみても，2700円から3330−2700＝630(円)増えているから，みかんは630÷90＝7(袋)とわかり，りんごは3袋となる。

問3　1個の代金を調べると，りんごは270÷3＝90(円)，みかんは360÷8＝45(円)とわかるから，右の面積図を利用して，果物1個平均の代金が60円となるときのりんごとみかんの個数の比を求める。この面積図において，㋐と㋑の長方形は面積が等しく，縦の長さの比が(90−60)：(60−45)＝2：1だから，横の長さの比は$\frac{1}{2}：\frac{1}{1}＝1：2$となる。したがって，果物1個平均の代金が60円となるときのりんごとみかんの個数の比は1：2とわかる。3と8の最小公倍数は24だから，24÷3＝8(袋)のりんごと，24÷8＝3(袋)のみかんの個数が等しい(個数の比が1：1になる)ため，りんごを8袋と，みかんを3×2＝6(袋)買えば，果物1個平均の代金が60円になる。8＋6＝14より，りんごを**8袋**，みかんを**6袋**買えば，合わせて14袋で，果物1個平均の代金が60円になるとわかる。なお，りんごとみかんの袋の数の比が8：6＝4：3になるように買えば，果物1個平均の代金が60円になる。

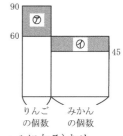

5 問1 右図の状態でおもりを1個しずめたから，しずめたおもりは，

(ウ，カ，キ～ケ)をあわせた部分に入る。おもり1個の体積は

$10×10×10＝1000$(cm³)で，(ウ，カ，キ～ケ)をあわせた部分の底面積は

$30×30－20×20＝500$(cm²)だから，おもり1個の体積は，(ウ，カ，キ～ケ)

をあわせた部分の深さ $1000÷500＝2$ (cm)分にあたる。$15＋2＝17$ より，

水面は20cmをこえないから，水面の上がる高さは **2cm** である。

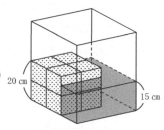

問2(1) 図3の状態で水そうに入る水の体積は $30×30×40－1000×8＝28000$(cm³)である。グラフより，14分
で合計28000 cm³の水が入ったから，入れた水は1分間あたり $28000÷14＝$ **2000**(cm³) である。

(2) 問1の解説より，⑧分で入った水の体積は $500×20＝10000$(cm³)とわかるから，求める数は，
$10000÷2000＝$ **5**

問3(1) 21分で入った水の体積は $1000×21＝21000$(cm³)だから，水そうの中にあるおもりの体積の合計は
$36000－21000＝15000$(cm³)である。よって，求める個数は，$15000÷1000－8＝$ **7** (個)

(2) グラフにおいて，水面の高さの増え方が，10cmと30cmをこえたときに変化していることに注目する。

これは，底から10cmと30cmのところで水が入る部分の底面積が変わったことを表しており，底から

10～30cmの水が入った部分の底面積が一定であるとわかる。つまり，底から10～20cmの部分と，

20～30cmの部分にあるおもりの個数が等しい。

また，底から30～40cmの部分が満水になるのに $21－13＝8$ (分)かかったことから，この部分の容積は

$1000×8＝8000$(cm³)とわかる。この部分の底面積が水そうの底面積より $30×30－8000÷10＝100$(cm²)小

さいから，底から30～40cmの部分にあるおもりの個数は，$100÷(10×10)＝1$ (個)とわかる。

水そうの中にあるおもりは15個であり，そのうちの1個が底から30～40cmの部分にあって，底から

10～20cmの部分と20～30cmの部分にあるおもりの個数が等しいから，残りの

14個のおもりは，右図のような入り方をしているとわかる。

この図から，水そうの底から10cmまでの部分の容積は $30×10×10＝3000$(cm³)

とわかるから，求める数は，$3000÷1000＝$ **3**

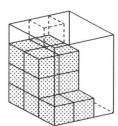

平成㉖年度 解答例・解説

━━━━━━━━━━━ 《解答例》 ━━━━━━━━━━━

1　問1．$1\frac{1}{9}$　問2．74　問3．右図

2　問1．エ　問2．25

3　問1．16　問2．12

4　問1．266.9　　問2．(1)15.7　(2)0.5

5　問1．1回目…D　2回目…A　　問2．ア．12　イ．28　　問3．E，F，G

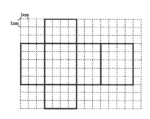

1 問1　与式$=\dfrac{7}{4}\div\left(\dfrac{22}{5}-\dfrac{8}{5}\right)\times\dfrac{16}{9}=\dfrac{7}{4}\div\dfrac{14}{5}\times\dfrac{16}{9}=\dfrac{7}{4}\times\dfrac{5}{14}\times\dfrac{16}{9}=\dfrac{10}{9}=1\dfrac{1}{9}$

問2　右図のように記号をおけば，対称の軸で図形を折るとぴったり重なることから，イ
の角の大きさは45度とわかる。また，五角形の内角の和は180×（5－2）＝540（度）だ
から，正五角形の1つの内角の和は 540÷5＝108（度）である。このことから，ウの角
の大きさは 108－65＝43（度），エの角の大きさは 108－45＝63（度）とわかる。よって，
求める角の大きさは，三角形の内角の和から，180－43－63＝**74**（度）

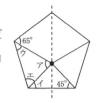

問3　解答らんのマスは縦11 cm，横15 cmだから，体積が60 cm³で展開図がマスからはみ出さずにかくことがで
きる直方体の3辺の組み合わせは（2 cm，3 cm，10 cm）（2 cm，5 cm，6 cm）（3 cm，4 cm，5 cm）の3組である。

2 問1　図2で，5〜10 分の間は水面の高さが変化していないことから，5分のときに排水管Cを開いたこと
と，排水管Cの1分間あたりの排水量と，初めに開いた給水管の1分間あたりの給水量が等しいことが
わかる。0〜5分の間の水面の高さの増え方と，10〜15 分の間の水面の高さの増え方を比べると，0〜
5分の間の方が1分間あたりに増える割合が大きいことから，初めに開いたのは給水管Bで，最後に開
いたのが給水管Aとわかる。

問2　10 分後以降で1分間あたりに水そうの中の水が増える割合は，給水管Aの1分間あたりの給水量に等
しいから，給水管Aだけを開いたときに水面が12－6＝6（cm）増えるのにかかる時間を調べる。
水面の高さが増える割合は給水量に比例するから，1分間あたりの給水量が給水管Bの$\dfrac{1}{3}$である給水管
Aだけを開いたときに水面が6 cm高くなるのにかかる時間は5÷$\dfrac{1}{3}$＝15（分）である。
よって，求める時間は10＋15＝**25**（分後）となる。

3 問1　階段1段の高さは一定で，3階についたところで階段全体の$\dfrac{1}{5}$の段数をあがったことになるから，1
階部分と2階部分の高さの合計は36mの$\dfrac{1}{5}$にあたる，36×$\dfrac{1}{5}$＝7.2（m）とわかる。
したがって，2階部分の高さは 7.2－4＝3.2（m）であり，ここに階段は20 段あるから，1段の高さは
3.2÷20＝0.16（m）となる。1 m＝100 cmだから，階段1段の高さは100×0.16＝**16**（cm）である。

問2　3階以上の部分について考えると，高さの合計は36－7.2＝28.8（m）であり，各階の高さは2階部分の高さ
の100－10＝90（％）にあたる，3.2×$\dfrac{90}{100}$＝2.88（m）だから，この建物は2＋28.8÷2.88＝**12**（階）建てである。

4 問1　$2\times2\times3.14\times\dfrac{1}{4}+4\times4\times3.14\times\dfrac{1}{4}+8\times8\times3.14\times\dfrac{1}{4}+16\times16\times3.14\times\dfrac{1}{4}$
$=(4+16+64+256)\times3.14\times\dfrac{1}{4}=85\times3.14=$**266.9**（cm²）

問2⑴　3点A，B，Cをそれぞれ結んでできる三角形は，1辺の長さが5cmの正三角形であることから，
図形オのまわりの長さは，半径が5cmで中心角の大きさが60度のおうぎ形3つの曲線部分の長さの和
に等しく，$\left(5\times2\times3.14\times\dfrac{60}{360}\right)\times3=$**15.7**（cm）

⑵　オが1回転で進む長さは，オのまわりの長さに等しい。このことから，オのまわりの長さは図3の
太線の長さの$\dfrac{1}{30}$にあたるとわかる。図3の太線の長さは，
$2\times2\times3.14\times\dfrac{1}{4}+4\times2\times3.14\times\dfrac{1}{4}+8\times2\times3.14\times\dfrac{1}{4}+16\times2\times3.14\times\dfrac{1}{4}$
$=(4+8+16+32)\times3.14\times\dfrac{1}{4}=15\times3.14=47.1$（cm）だから，オのまわりの長さは 47.1×$\dfrac{1}{30}$＝1.57（cm）
とわかる。おうぎ形の曲線部分の長さは半径に比例し，このオのまわりの長さが⑴で求めた長さの
1.57÷15.7＝$\dfrac{1}{10}$であることから，求める円の半径は5cmの$\dfrac{1}{10}$にあたる，5×$\dfrac{1}{10}$＝**0.5**（cm）となる。

5 問1　進む道のりは速さに比例するから，1回目にすれちがうまでにたかしさんとゆみさんが走る道のりの比は12：8＝3：2である。

このことから，2人が1回目にすれちがう地点は，Aから時計回りに3つ先で，Fから反時計回りに2つ先にあるDとわかる。

7等分された1つの区間の道のりを①とすれば，2人が2回目にすれちがうのはたかしさんがDから⑦×$\frac{3}{3+2}$＝④.②走ったときである。つまり，たかしさんがDから時計回りに4つ先のAを通過して⓪.②走った地点だから，最も近いのは**A**である。

問2　2人のすれちがう場所がCに最も近くなるのは，右図のPとQの間ですれちがう場合である。なお，PはCとDの真ん中の地点であり，QはBとCの真ん中の地点である。2人がPですれちがう場合，同時に出発してからすれちがうまでにたかしさんとゆみさんがそれぞれ進む道のりの比は$2\frac{1}{2}$：$2\frac{1}{2}$＝1：1だから，この場合のゆみさんの速さは時速12kmである。また，2人がQですれちがう場合，同時に出発してからすれちがうまでにたかしさんとゆみさんがそれぞれ進む道のりの比は$1\frac{1}{2}$：$3\frac{1}{2}$＝3：7である。速さは進む道のりに比例するから，$12×\frac{7}{3}$＝28より，この場合のゆみさんの速さは時速28kmである。よって，2人のすれちがう場所がCに最も近くなるのは，ゆみさんの走る速さが時速12kmより速く，時速28kmよりおそいときである。

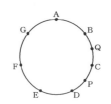

問3　問2より，ゆみさんの走る速さが時速12kmの場合に2回目にすれちがう場所と，時速28kmの場合に2回目にすれちがう場所の間にある地点を調べればよいとわかる。ゆみさんの速さが時速12kmの場合，2人が2回目にすれちがうのはそれぞれが湖のまわりの長さの$\frac{1}{1+1}$＝$\frac{1}{2}$を走ったときだから，G地点ですれちがう。ゆみさんの速さが時速28kmの場合，2人が2回目にすれちがうのはたかしさんが湖のまわりの長さの$\frac{3}{3+7}$＝$\frac{3}{10}$を走ったときである。問1のように，1つの区間の道のりを①とすると，2人が2回目にすれちがうのは問2の解説の図のQから時計回りに⑦×$\frac{3}{10}$＝②.①進んだ場所，つまりDとEの真ん中より⓪.①だけEに近いところである。よって，条件にあう地点は**E，F，G**となる。

平成 25 年度　解答例・解説

《解答例》

1　問1．5　　問2．60　　問3．164.86　　問4．11, 12, 火

2　問1．1505　　問2．1000

3　問1．①線対称　②対称の軸　　問2．22　　問3．$\frac{5}{3}$

4　問1．12　　問2．7　　※問3．右図

5　問1．12960　　問2．6, 33　　問3．7, 13

※の他の解答は解説を参照してください。

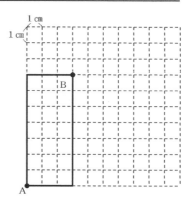

1 問1　与式 $=\dfrac{39}{10}\div\dfrac{3}{2}+\dfrac{12}{5}=\dfrac{39}{10}\times\dfrac{2}{3}+\dfrac{12}{5}=\dfrac{13}{5}+\dfrac{12}{5}=\dfrac{25}{5}=$ **5**

問2　いすにすわることができた人は全部で，$429\div\dfrac{55}{100}=780$（人）

これは参加した人全体の $\dfrac{780}{1300}\times100=$ **60**（**%**）にあたる。

問3　四角柱によってくりぬかれた体積は，$2\times4\times6=48$（㎤）

四角柱をくりぬいたところの上下にある，底面の半径が $1\div2=\dfrac{1}{2}$（cm）の円柱によってくりぬかれた部分の体積の合計は，$\dfrac{1}{2}\times\dfrac{1}{2}\times3.14\times(6-2)=3.14$（㎤）　立方体の体積は，$6\times6\times6=216$（㎤）

よって，この置物の体積は，$216-48-3.14=$ **164.86**（**㎤**）

問4　30分 $=(60\times30)$ 秒 $=1800$ 秒だから，この時計が30分進むのは $1800\div8=225$（日後）の正午である。

$225\div30=7$ 余り 15 より，225日はおよそ7カ月半だから，4月から $\{4+(7-1)\}$ 月 $=10$ 月までのそれぞれの月の日数を調べる。

4月は30日，5月は31日，6月は30日，7月は31日，8月は31日，9月は30日，10月は31日だから，

4月2日から10月31日までの日数は，$(30-1)+31+30+31+31+30+31=213$（日）

$225-213=12$（日）だから，4月1日から225日後は11月12日である。$225\div7=32$ 余り 1 より，この日は32週と1日後の火曜日である。よって，求める日付は，**11月12日火曜日**

2 問1　1回目の買い物では現金を $95\times20=1900$（円）しはらい，ポイントが $1900\div20=95$（点）もらえるので，残る現金は $4000-1900=2100$（円）となり，ポイントの合計は $300+95=395$（点）となる。

2回目の買い物の代金1900円のうち，395円をポイントでしはらうので，現金は $1900-395=$ **1505**（**円**）しはらう。

問2　使った現金をできるだけ少なくするには，20本すべてを買ったあとにポイントが0点の状態になればよい。

もし20本すべてを現金で買ったとすると，もらえるポイントは

$(190\times20)\div20=190$（点）で，カードのポイントは $650+190=840$（点）になる。$840\div190=4$ 余り 80 より，840 ポイントを使って買えるジュースは4本だから，ポイントだけで買えるジュースは最大で4本であり，そのとき必要なポイントは $190\times4=760$（点）であることがわかる。

つまり，まず $20-4=16$（本）を現金とポイントで買ってカードのポイントを760点にし，最後に760点でジュースを4本買うと使った現金を最も少なくできる。

ジュース16本の代金は $190\times16=3040$（円）であり，これを現金とポイントを使って1回でしはらうとする。ポイントを760点にするためには，ポイントを $760-650=110$（点）増やさなければならないから，少なくとも $20\times110=2200$（円）を現金でしはらわなければならない。残りの $3040-2200=840$（分）については現金とポイントを組み合わせてしはらうが，使うポイントと現金によってもらえるポイントが等しくなれば，カードのポイントは760点となる。

仮に，21円の代金を現金20円とポイント1点でしはらったとすると，それによってもらえるポイントは $20\div20=1$（点）だから，使ったポイントともらったポイントが等しくなる。

つまり，現金：ポイント $=20$：1 になるように代金をしはらうと，使うポイントともらうポイントが等しくなるから，840円分を現金：ポイント $=20$：1 になるようにしはらえばよい。

ジュース16本を，現金 $2200+840\times\dfrac{20}{20+1}=3000$（円）とポイント $840\times\dfrac{1}{20+1}=40$（点）でしはらうと，ポイントは $650+110-40+40=760$（点）となる。

よって，現金は $4000-3000=$ **1000**（**円**）残る。

※買い方はこれ以外にもたくさんある。

3 問2　ＦＥとＧＤが平行だから，四角形ＥＦＧＤは台形である。

三角形ＤＣＧと三角形ＤＥＦが合同だから，ＦＥ＝ＧＣ＝3cm，ＤＥ＝ＤＣ＝4cm

したがって，台形ＥＦＧＤの面積は，（3＋5）×4÷2＝16（cm²）

三角形ＤＣＧの面積は，3×4÷2＝6（cm²）

よって，五角形ＤＥＦＧＣの面積は，16＋6＝**22（cm²）**

問3　ＦＥとＧＤが平行だから，三角形ＥＦＧと三角形ＤＥＦの面積は等しい。

三角形ＤＥＦと三角形ＥＡＦは，底辺をそれぞれＦＤ，ＡＦとしたときの高さ
が等しいから，面積を比べるにはＦＤとＡＦの長さを比べればよい。

三角形ＤＣＧと三角形ＤＥＦが合同だから，ＦＤ＝ＧＤ＝5cm，折り返したと
きに重なるから，ＡＦ＝ＥＦ＝3cm

よって，三角形ＥＦＧの面積は，三角形ＥＡＦの面積の $5÷3＝\dfrac{5}{3}$ **（倍）** である。

4 右図のような正方形4個をならべた長方形の内部の点をＣとすると，曲がる回数が3回に
なるようにＡ→Ｃ→Ｂの順に進む進み方は2通りある。つまり，2回目に内部で曲がれば，
曲がる回数は必ず3回になり，内部の点が1個あるごとに，その進み方は2通りずつある。

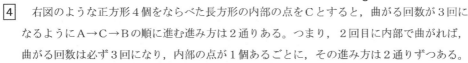

問1　内部の点が6個あるから，2×6＝**12（とおり）**

問2　内部に点が12÷2＝6（個）あればよい。このような長方形の横の長さは，6＋1＝**7（cm）**

問3　内部に点が24÷2＝12（個）ある長方形をかけばよい。

2×6＝12より，たて，横の組み合わせが2＋1＝3（cm）と6＋1＝7（cm），

3×4＝12より，たて，横の組み合わせが3＋1＝4（cm）と4＋1＝5（cm），

のいずれかの長方形をかけばよい。

5 問1　グラフより，Ａ駅の始発列車は出発してから5分後に5400mはなれたＢ駅に着いている。

5400÷5＝1080より，その速さは分速1080mである。この列車は出発してから14分後にＣ駅に着いているから，

14－2＝12（分）走ってＣ駅に着いている。

よって，Ａ駅からＣ駅までの道のりは，1080×12＝**12960（m）**

問2　Ａ駅を出発する列車を⒜，Ｃ駅を出発する列車を©，©と1回目にすれちがう列車を①，©と3回目にすれ
ちがう列車を③とする。

$1080×\dfrac{4}{3}＝1440$ より，列車©の速さは分速1440mだから，©はＣ駅からＡ駅まで行くのに

12960÷1440＝9（分）かかる。

また，列車⒜はＡ駅からＣ駅まで行くのに14分かかる。列車①は，Ａ駅を出発して14分後にＣ駅に着く。

列車③は，①がＡ駅を出発してから20分後にＡ駅を出発する。

©は，①とすれちがうためには，①が出発してから14分後までにＡ駅を出発すればよく，③とすれちがうため
には，①が出発してから20－9＝11（分後）よりあとにＡ駅を出発すればよい。

つまり，列車がＡ駅を出発した時刻から11〜14分後までの間にＣ駅を出発する列車が条件にあう。

それぞれの駅から出る電車の発車時刻は，午前6時から順に，

Ｃ駅…6：03，6：18，6：33，6：48，7：03，…

Ａ駅…6：00，6：10，6：20，6：30，6：40，…

よって，午前**6時33分**にＣ駅を出発する列車は，午前6時20分，30分，40分にＡ駅を出発する3本の列車と
すれちがう。

問3　貨物列車の速さは分速 1440mだから，A駅からB駅まで行くのに $5400 \div 1440 = 3\frac{3}{4}$（分），B駅からC駅まで行くのに $9 - \frac{15}{4} = 5\frac{1}{4}$（分）かかる。

この貨物列車は午前 7 時 30 分にはC駅に着いていたので，B駅を通過したのは

7 時 30 分 $- 5\frac{1}{4}$ 分 = 7 時 $24\frac{3}{4}$ 分よりも前である。

午前 7 時 10 分にA駅を出発する列車がB駅に停車している時刻は，7 時 10 分 + 5 分 = 7 時 15 分から

7 時 15 分 + 2 分 = 7 時 17 分までであり，次の列車がB駅に停車している時刻は，

7 時 15 分 + 10 分 = 7 時 25 分から 7 時 25 分 + 2 分 = 7 時 27 分までである。

あとの列車がB駅に着いたときには，貨物列車はすでにB駅を通過しているので，この列車は追いぬかれた列車として条件にあわない。

したがって，貨物列車はB駅を 7 時 17 分よりも前に通過したことがわかる。

そのためには，A駅を 7 時 17 分 $- 3\frac{3}{4}$ 分 = 7 時 $13\frac{1}{4}$ 分よりも前に出発しなければならない。

その条件にあてはまり，かつ，秒数が 0 秒ちょうどのときの最もおそい時刻は，**午前 7 時 13 分**である。

理科

━━━━━ 《解答例》 ━━━━━

1 問1．ふりこの長さが変わってしまうから。　　問2．エ　　問3．(1)225　(2)イ

2 問1．火をつける前…①ア　②エ　③キ　火が消えたあと…①イ　②オ　③ケ　　問2．ア

　問3．①ウ　②イ　③ウ　　問4．集気びんが割れるのを防ぐため。　　問5．①ウ　②ア　③ア

　問6．方法…気体を石灰水に通す。　　結果…石灰水が白くにごる。

3 問1．イ，オ，カ　　問2．ウ　　問3．毛のようなものがついている。　　問4．①ア　②イ

　問5．人はへそのおを通して母親から養分を受けとり，メダカは卵に養分がたくわえられている。

4 問1．下図　　問2．④　　問3．ウ　　問4．下図　　問5．下図　　問6．下図　　問7．イ

4問1の図

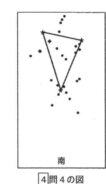
南
4問4の図

南
4問5の図

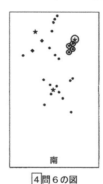
南
4問6の図

━━━━━ 《解 説》 ━━━━━

1 **問1**　ふりこの長さは，支点からおもりの重さがかかる点(重心)までの長さである。図2のように2個のおもりをつなげると，全体の重心の位置が図1のときよりも下になり，ふりこの長さが長くなるので，おもりの重さとふりこが1往復する時間の関係を正確に調べることができなくなる。

　問2　a，b，cはそれぞれ10往復する時間だから，これらを足して3で割ると，10往復する時間の平均が求められる。さらに，10往復する時間の平均を10で割れば，1往復する時間の平均を求めることができる。

　問3(1)　図3より，1往復する時間が3秒になるときのふりこの長さは225cmだと読み取れる。　　**(2)**　図3で，ふりこの長さが25cmと50cmのときを比べると，1往復する時間の差は約0.4秒だが，ふりこの長さが375cmと400cmのときを比べると，1往復する時間の差は約0.1秒になっているから，イが正答となる。

2 **問1**　火をつける前の空気にふくまれる気体の割合は酸素が約21%，二酸化炭素が約0.04%である。ろうそくが燃えるときに酸素が使われて二酸化炭素が発生する。火が消えたあとの空気にふくまれる気体の割合は酸素が約16%，二酸化炭素が約4%になる。

　問2　問1解説の通り，ろうそくの火が消えたあとのガラスのつつの中には酸素が残っているが，ろうそくが燃えるには一定の割合以上の酸素が必要である。実験1でろうそくの火が消えたのは，酸素の割合がその一定の割合を下回ったからであり，そこに新たに火のついたろうそくを入れても，ろうそくは燃え続けることができない。

問3 ろうそくが燃え続けるには新しい空気(酸素)が必要である。燃えたあとのあたたかい空気は軽くなって上に移動して，かわりに新しい空気が入ってくるので，ふたをしていない①と③ではろうそくは燃え続けるが，ふたをした②では燃えたあとの空気がつつの外に出ていくことができず，つつの中の酸素の割合が一定以下になると火は消える。なお，③では，下から新しい空気が入ってきて上から燃えたあとの空気が出ていくという流れができるので，①よりもよく燃える。

問4 ガラスは急激な温度変化に弱いので，水が入っていないと熱くなった液体のろうがたれることによって集気びんが割れてしまう可能性がある。

問5 ①集気びんの中の気体が酸素だけのときには，空気中よりも激しく燃えるが，酸素が使われて集気びんの中の酸素の割合が一定以下になると火は消える。②③酸素がなければろうそくの火はすぐに消える。

3 **問1** ア．水そうに日光が直接あたると水の温度が高くなりすぎてメダカが死んでしまうことがある。水そうは，日光が直接あたらない明るい場所に置く。ウ．水を一度に全部入れかえるのではなく，$\frac{1}{2}$～$\frac{1}{3}$程度を入れかえる。エ．食べ残しがあると水がよごれてしまうので，食べ残さないぐらいの量を与える。

問2 ウ．腹びれとしりびれの間にある穴から卵を産む。

問3 毛のようなもの(付着糸や付着毛)で水草にからみついている。

問4 メダカの卵の直径は約1㎜，人の卵の直径は約0.1㎜である。

4 **問1** ぼうのかげは太陽がある方向と反対方向にできる。

問2 太陽は東の地平線からのぼって，正午ごろに真南にきて，その後，西の地平線にしずんでいく。この動きを図2にあてはめると，図Ⅰのようになる。太陽はあと約2時間で真南にくるから⑧が真南であり，その反対側の④が真北である。

問3 問2解説より，午前10時の2時間後(正午)のぼうのかげは，真南(⑧)の反対方向の④の方向にできる。また，正午の太陽の高さは1日の中で最も高いから，ぼうのかげの長さは最も短くなるので，④の方向に午前10時のぼうのかげより短いかげができているウが正答となる。

問4～6 図Ⅱ参照。はくちょう座のデネブ，わし座のアルタイル，こと座のベガを結んでできる三角形を夏の大三角という。

問7 南の空を通る星座は，太陽と同じように，東の地平線からのぼって西の地平線にしずんでいく。したがって，南の空に見えた夏の大三角は，この後，西に移動する。南を向いているときは右手側が西だから，イが正答となる。

図Ⅰ

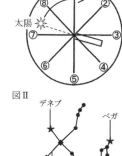

図Ⅱ

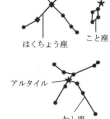

2 問1の図

3 問5の図

《解答例》

1 問1．(1)コイルが発熱して熱くなるから。　(2)エナメル線の長さがちがうから。　(3)ウ

　　問2．(1)－たんし…c　＋たんし…a　(2)0.8　問3．エ→(ア　イ)

　　問4．電流を流さなければ，引きつける力をなくすことができるから。

2 問1．右図　問2．カ　問3．1つの花の中におしべとめしべの両方がある。　問4．イ

　　問5．(1)ウ　(2)めしべの先におしべの花粉がつかなかった　問6．適当な温度

3 問1．ウ　問2．ウ　問3．オ　問4．ウ→エ→ア→イ　問5．右図　問6．ウ

4 問1．エ　問2．①ア　②ア　問3．(1)8日　(2)×　問4．ア，ウ

《解　説》

1 **問1(1)** コイルはエナメル線を巻いたものであり，電流を流すと熱が発生する。したがって，電流を長時間にわたって流し続けると，温度が非常に高くなって危険である。　　**(2)** Aさんのコイルのつくり方に着目すると，①で100回巻のコイルをつくったときのエナメル線の長さが約2.5m，②で100回の3倍の300回巻のコイルをつくったときのエナメル線の長さが約2.5mの3倍の約7.5mだったと考えられる。これに対し，Bさんは①で10mのエナメル線を半分の5mにしてから100回巻のコイルと200回巻のコイルをつくっている。そのため，同じ100回巻のコイルでも，使っているエナメル線の長さは，Bさんの方が長く，コイルに流れる電流が小さくなるので，つり下げられるゼムクリップの数が少なくなる。　　**(3)** Bさんの100回巻のコイルと200回巻のコイルは，エナメル線の長さをそろえてあるため，どちらも流れる電流の大きさが等しくなり，コイルの巻き数だけを比べることができる。

　　問2(1) 回路をたどっていき電源の＋極につながる方を電流計の＋たんしに，電源の－極につながる方を電流計の－たんしにつなぐ。したがって，－たんしはcに，＋たんしはaにつなげばよい。　　**(2)** 5Aの－たんしにつないだので，目盛りの右はしが5A，1目盛りが0.1Aである。したがって，針は0.8Aを指している。

　　問3 ウとオはかん電池が逆向きにつながれていて電流が流れない。イはかん電池が並列につながれているので，かん電池が1個のアと同じ大きさの電流が流れる。したがって，アとイの電磁石の強さは同じになる。エはかん電池2個が直列につながれているため，アやイよりも大きな電流が流れ，電磁石の強さは強くなる。

　　問4 電磁石のクレーンでは，電流を流さなければ鉄を引きつけることができなくなる。鉄を持ち上げて運ぶときには電流を流し，それをどこかに置くときには電流を流さなくすれば，鉄を簡単にはなすことができる。永久磁石でこのような作業をしようとすると，磁石から鉄をはなすときに大きな力が必要になる。

2 **問1** ヘチマは双子葉類（そうしょう）というなかまに分類されるので，子葉は2枚ある。

　　問2 くき(つる)の先が成長してのびていくので，それまでにできたくきと葉はそのままの位置にあり，のびた分のくきに新たに葉がついていくことになる。したがって，くきがのびた分だけ葉が多くなり，くきの先から地面までかたよりなく葉がついている。

問3　ヘチマはおしべがあるおばなと，めしべがあるめばなの2種類の花がさく。一方，アサガオやアブラナは1つの花の中におしべとめしべの両方がある。

問4　けんび鏡の視野は実物に対して上下左右が反対になっているので，図4の視野の中で右上にある花粉は，実際のスライドガラス上では左下にある。したがって，中央にくるようにするには，スライドガラスを右上に動かせばよい。

問5(1)　アサガオ，アブラナ，トマトは虫に花粉を運んでもらう花(虫媒花(ちゅうばいか)という)だが，トウモロコシは主に風によって花粉を運んでもらう花(風媒花(ふうばいか)という)である。　　(2)　めしべの先におしべの花粉がつくことを受粉という。受粉が行われると，めしべの根元のふくらんだ部分(子房(しぼう)という)が実になり，その中に種子ができる。

問6　一般的な種子の発芽に必要な条件として，空気，水，適当な温度の3つを覚えておこう。

3　問1　図1で8目盛りあった空気が，図2では6目盛り，図3では4目盛りになっている。元の空気の体積から大きくおし縮められるほど，空気が手をおし返す力は大きくなるので，図3のときの手ごたえの方が，図2のときの手ごたえよりも大きい。

問2　図3と図5では，どちらも元の空気の体積の半分になっているので，手ごたえは等しくなる。問1解説より，図3のときの手ごたえの方が，図2のときの手ごたえよりも大きいので，図5のときの手ごたえの方が，図2のときの手ごたえよりも大きい。

問3　力を加えても水の体積はほとんど変化せず，空気がおし縮められるだけなのでオが正答である。

問4　ものはあたためられると体積が大きくなる(膨張(ぼうちょう)する)。体積が大きくなる割合はものによって異なり，空気は水よりもその割合が大きい。したがって，ピストンの中の空気の体積が大きい順にピストンの動きも大きくなるので，ウ→エ→ア→イが正答である。

問5　熱は★印に近いところから順に金属の板の上を伝わっていく(右図)。このような熱の伝わり方を伝導という。

問6　全体が同じ金属でできているのであれば，全体が同じように膨張するので，中心を基準に拡大したウのようになる。

4　問1　方位磁針のN極は北を指す。図で方位磁針のN極が指す左の方向が北であり，月の方向は南東である。

問2　①月は太陽と同じように，東の地平線からのぼり，南の空で最も高くなり，西の地平線にしずむ。②表より，月がのぼって見え始める時刻がだんだんおそくなっていることがわかる。例えば，1日の午前11時10分ごろに東の地平線からのぼった月は，その日の午後0時0分には少し南の空に向かって動いた位置に見える。これに対し，次の日(2日)の午後0時0分にはちょうど東の地平線からのぼってくるところだから，東にずれたといえる。

問3　(1)満月のときは，地球をはさんで月と太陽が反対方向にあるので，太陽がしずんで見えなくなるころに月がのぼって見え始める。表より，このような関係になっている8日が満月だと考えられる。(2)下げんの月が見えるのは満月の約1週間後なので，この表の期間内では見られない。

問4　イ．クレーターは，月に隕石(いんせき)などが衝突(しょうとつ)したあとである。エ．月は太陽の光を反射して光っている。

─── 《解答例》 ───

1 問1．エ　　問2．ウ　　問3．葉から落ちにくくなる点。

　　問4．⑩, ⑪, ⑫　　問5．体を大きくするため。

　　問6．イ, オ

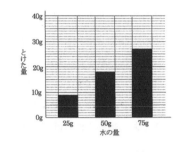

2 問1．コーヒーシュガー…ア　デンプン…オ　　問2．14　　問3．右グラフ

　　問4．取り出せた方…B　取り出せた量…77　　問5．235

　　問6．①25　②じょう発　　問7．14

3 問1．①, ④　　問2．①や②には大きな石が多くあり, ③や④には小

　　さな石が多くある。　　問3．地点P…カ　地点Q…エ　　問4．イ

　　問5．場所…浅い海　理由…アサリの化石が見られたから。

　　問6．火山の噴火によって, アサリが生息できない環境に変わったから。

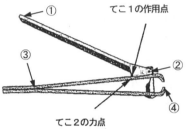

4 問1．①エ, カ　②イ, ウ　　問2．ケ　　問3．$\frac{4}{3}$　　問4．右図

　　問5．(1)125　(2)8　(3)①ア　②ア　③イ

─── 《解　説》 ───

1 **問1**　葉の裏に産むのは敵から見つかりにくくするため, 1つの葉に1個ずつ卵を産むのはえさとなる葉を幼虫どうしが取り合わないようにするためだと考えられる。

問2　モンシロチョウは, 卵→幼虫→さなぎ→成虫の順に成長する。このような成長のしかたを完全変態という。

問4　①と④〜⑦にある10本のあしのようなものは成虫になるとなくなる。これに対し, ⑩〜⑫にある6本のふしのあるあしが成虫になっても残る。こん虫の特徴は, 「体が頭, 胸, 腹の3つの部分に分かれていて, 6本のあしが胸についている」ことなので, 6本のあしがついている⑩〜⑫が胸だと考えられる。

問5　こん虫の体はかたいからでおおわれていて, このからは大きくならない。このため, 体を大きくするにはからをぬいで, より大きなからにかえる必要がある。

問6　ア〜キのうち, カブトムシとテントウムシ以外のこん虫は, 卵→幼虫→成虫の順に成長する。このような成長のしかたを不完全変態という。幼虫と成虫の体の形がにているものは不完全変態である。

2 **問1**　コーヒーシュガー(砂糖)は水にとけるので時間がたっても底にしずむことはないが, デンプンは水にとけないので時間がたつと底にしずむ。

問2　Aは20℃で100gの水に36gまでとけるので, 50−36＝14(g)がとけ残る。

問3　ものがとける量は水の重さに比例する。Aは20℃で100gの水に36gまでとけるので, 20℃で25gの水には $36×\frac{25}{100}＝9$ (g), 50gの水には $36×\frac{50}{100}＝18$ (g), 75gの水には $36×\frac{75}{100}＝27$ (g)までとける。

問4　それぞれのものについて, 60℃の水100gにとける重さと20℃の水100gにとける重さの差を求めればよい。したがって, Aでは37−36＝1(g), Bでは109−32＝77(g)のつぶを取り出すことができる。

問5　105＋100＋30＝235(g)

問6　Aは20℃で100gの水に36gまでとける。数日間放置して, 問5でとかした30gのうち3gのAのつぶが現れたのは, 放置した数日間のうちに水がじょう発して少なくなったためだと考えられる。このとき, ビーカーに残っている水の重さは, 30−3＝27(g)のAをとかすことのできる $100×\frac{27}{36}＝75$ (g)である。したがって, じょう発した水の重さは100−75＝25(g)である。

問7　水の重さは合計で100＋50＝150（g）である。Bは40℃で100gの水に64gまでとけるので，150gでは $64 \times \dfrac{150}{100} = 96$（g）までとける。これに対し，Bの重さの合計は100＋10＝110（g）なので，取り出せたBの重さは110－96＝14（g）である。

③　問1　川が曲がっているところの内側（図1の①と④）では，水の流れがおそく，たい積作用が強くなるので，石がたい積して川原ができる。これに対し，外側（図1の②と③）では，水の流れが速く，しん食作用や運ぱん作用が強くなるので，川底が大きくけずられてがけになる。

問2　石は，川を流れてくる間に川底や他の石とぶつかって角がとれるので，下流ほど丸みをおびて，大きさが小さい石が多い。

問3　地点P…川がまっすぐなところでは，中央部分で水の流れが最も速く，しん食作用や運ぱん作用が強いので，中央部分の川底が大きくけずられ，大きな石が多く見られる。したがって，カが正答となる。地点Q…問1解説参照。上流側から見た図を選ぶので，右側が大きくけずられて，大きな石が多く見られるエが正答となる。

問4　ア．地層を観察するときは，遠くからながめ，全体の様子をスケッチしたあと，近づいて1つ1つの層をくわしく調べ，それぞれの層のつぶの大きさや形，色などを記録する。ウ．虫めがねでアサリの化石を観察するときは，目の近くで虫めがねをささえ，化石を動かして，はっきりと大きく見えるところで止める。エ．地層を観察するときは，動きやすいほうがよいので，運動靴などをはき，すり傷や切り傷を防いだり，直接ふれてはいけないものから皮ふを守ったりするために，長ズボンに長そでの服を着る。

問5　層Zには浅い海に生息するアサリの化石が見られたので，浅い海でできたと考えられる。アサリの化石のように，地層ができた当時の環境を知る手がかりになる化石を示相化石という。

④　問1　おもりをつるした位置が作用点，手の位置が力点である。①では，支点と力点の間のきょりを変えるとおもりを持ち上げたときの手ごたえがどのように変化するかを調べたいので，支点と作用点の間のきょりを変えてはいけない。したがって，支点と作用点（おもり）の間のきょりがアと等しいエとカを選べばよい。同様に考えて，②では，支点と力点（手）の間のきょりがアと等しいイとウを選べばよい。

問2　てこでは，作用点にかかる重さと作用点から支点までのきょりの積と，力点に加える力と力点から支点までのきょりの積が等しくなると，棒が水平になる。したがって，作用点から支点までのきょりが短く，力点から支点までのきょりが長いほど，力点での手ごたえ（力点に加える力）が小さくなるので，ケが正答となる。

問3　はじめにつりさげてあるおもりの重さを1とし，棒の目盛りの数をきょりとして，問2解説の積について考える。手の位置につりさげるおもりの重さを□とすると，$1 \times 4 = \square \times 3$ が成り立つので，$\square = \dfrac{4}{3}$ となる。

問5(1)　問2解説と同様に，おもりの重さと支点からおもりをつるした位置までのきょりの積（回転させるはたらき）について考える。皿に100gの分銅を入れることで棒を時計回りに回転させるはたらきが 100（g）$\times 10$（cm）$= 1000$ 大きくなるので，支点から8cmの位置につるすおもりの重さを $1000 \div 8$（cm）$= 125$（g）にすればよい。

(2)　(1)より，皿に100gの分銅を入れるごとに棒を時計回りに回転させるはたらきが1000大きくなるので，おもりの位置を8cmずつ左に動かして棒を反時計回りに回転させるはたらきを1000大きくしていけばよい。

(3)　①100gごとの目盛りの間かくが8cmより小さくなるようにすればよい。例えば，おもりの重さを125gから250gにすると，棒を反時計回りに回転させるはたらきを1000大きくするには，おもりを左に $1000 \div 250$（g）$= 4$（cm）動かせばよく，図4のときより重い重さをはかることができるようになる。②③棒に皿だけを取りつけたときに棒が水平になるのは，皿が棒を時計回りに回転させるはたらきと，棒の重さが棒を反時計回りに回転させるはたらきが等しくなっているためである。皿を重いものに変えれば，皿が棒を時計回りに回転させるはたらきが大きくなるので，ひもの位置を皿に近づける向きに動かすことができ，ひもの左側の長さが長くなるので，図4のときより重い重さをはかることができるようになる。

平成 ㉘ 年度 解答例・解説

── 《解答例》──

1 問1．ウ　問2．あ．×　い．○　う．×　え．×　問3．体温

問4．だ液にはでんぷんを別のものに変化させるはたらきがあること。

問5．(1)(b)消化　(c)消化管　(2)ウ

2 問1．イ，カ　問2．(1)ウ→エ→イ→ア　(2)二酸化炭素

問3．ちっ素…キ　酸素…イ　その他の気体…カ

3 問1．エ　問2．ウ　問3．ウ　問4．(1)蒸散　(2)葉をすべて取りのぞくこと。

問5．(1)ポリエチレンのふくろを氷水につける。　(2)イ

4 問1．⊗　問2．(1)より明るい…ア，カ　ほぼ同じ明るさ…ウ，ク

つかない…イ，エ，オ，キ　(2)エ，キ　(3)右図

問3．(1)光の強さをできるだけ強くして，光を当てる角度が０度に

なるように光を当てる。　(2)①ウ　②イ　③ア，エ

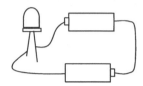

── 《解　説》──

1 問1　葉をあたためたエタノールにしばらく入れると，葉は白色に，エタノールは緑色になる。

問2　ヨウ素液にひたしたときに葉の色が青むらさき色に変化するのは，葉にでんぷんがふくまれているためである。植物は光を受けると水と二酸化炭素を材料にしてでんぷんと酸素をつくりだす。したがって，光があたらない「あ」，「う」，「え」ではでんぷんがつくられず，葉の色は変化しない。

問3　だ液は体温と同じくらいの温度でよくはたらく。なお，だ液のように，食べ物の消化にかかわる液を消化液という。

問4　だ液を入れたCではヨウ素液の反応が見られず，だ液を入れなかったDではヨウ素液の反応が見られたことから，でんぷんの変化がだ液によるものだと考えることができる。このように，条件を１つだけ変えて結果を比べる実験を対照実験という。

2 問1　酸素の他にも，いろいろな気体の発生方法を覚えておこう。例えば，アとウを反応させると水素，エを加熱すると二酸化炭素，オを加熱するとアンモニアが発生する。

問2　(1)マッチの火をつける順番に注意しよう。マッチの火をつけようとしている間に部屋がガスで満たされてしまうことがないように，マッチに火をつけてからガス調節ねじを開け，ガスに火をつけるようにする。

(2)木のように，燃えた後に二酸化炭素ができるものを有機物という。

問3　ものが燃えるのに必要な気体は酸素である。したがって，酸素の体積の割合は小さくなり，その分ものが燃えることによって発生した気体(主に二酸化炭素)の割合が大きくなる。ただし，火が消えても，びんの中の酸素の割合が０になることはなく，21%からおよそ17%になり，その他の気体の割合が１%からおよそ５%になる。また，ちっ素の割合はものが燃える前後で変化しない。

3 問1　日本の上空には偏西風（へんせいふう）という西風がふいており，雲は西から東へ移動していく。したがって，午前6時の時点で広島市の西側に雲がなければ，1日を通して晴れになる確率が高い。

問2　植物の葉の裏に多くある気孔（きこう）から，水が水蒸気となって出ていく現象を蒸散という。蒸散は根からの水の吸い上げを盛んにする他に，植物のからだの温度が上昇しすぎるのを防ぐはたらきもあるので，水の減り方が最も大きくなった（蒸散が最も盛んに行われた）時間帯は，1日の中で気温が最も高くなる正午〜午後3時ごろだと考えることができる。

問3　植物のくきには，根から吸い上げた水を運ぶ道管と葉でつくられた養分を運ぶ師管（しかん）という管が束になったもの（維管束（いかんそく）という）が通っている。ホウセンカのように，子葉が2枚の植物の維管束はくきの中で輪のように並んでおり，道管は維管束の内側を通っているので，赤く着色した水でそまっている部分はウのようになる。

問4　(2)葉で蒸散が起こらないように条件を変え，ポリエチレンのふくろの中にたまった水の量を比べればよい。

問5　空気にふくむことのできる水蒸気の量には限度があり，空気の温度が低いときほどその量は少ない。空気の温度が低くなると，ふくみきれなくなった水蒸気が水てきとしてあらわれる。このため，水てきが増えた後のポリエチレンのふくろの中にある水蒸気の量は操作前と比べて減る。

4 問2　(1)豆電球が図2より明るくなるのは，2個の乾電池を直列につないだア，カである。ウ，クでは，2個のかん電池を並列につないでいるので，図2とほぼ同じ明るさになる。また，イ，エ，オ，キでは，かん電池のつなぎ方が正しくないので，豆電球はつかない。　(2)エとキの回路では，かん電池の間に豆電球などの電流の流れを弱めるものがなく，かん電池だけが直接導線でつながることになるので，大きな電流が流れて大変危険である。このような回路をショート回路という。　(3)図4，5より，発光ダイオードは，直列につないだかん電池2個分の電流が正しい向きに流れたときだけ明かりがつくことがわかる。したがって，イ〜クのうち，豆電球と2個のかん電池を直列につないだカの豆電球を発光ダイオードにかえた図を，たんしの長さに注意してかけばよい。

問3　(1)光を当てる角度が0度になる（光電池に対して光が垂直に当たる）と，光電池に当たる光の量が最も多くなって，強い電流が流れる。　(2)アとエでは，右側の光電池からはほとんど電流が流れないので，光電池1個分の電流が流れる。イでは，どちらの光電池からもほとんど電流が流れない。ウでは，右側の光電池からも左側の光電池のおよそ半分の電流が流れるので，電流は最も強くなる。

―― 《解答例》 ――

1　問1．ウ　　問2．気管　　問3．エ　　問4．ア　　問5．ア

2　問1．イ　　問2．イ　　問3．(1)ア，ウ　(2)a．ア　b．イ　c．ア　d．イ　e．イ　f．ア

3　問1．174　　問2．下グラフ　　問3．68　　問4．(1)ウ　(2)28

4　問1．あ．空全体の広さ　い．雲の広さ　　問2．雲は西から東へ動く　　問3．オ　　問4．下図

　　問5．エ

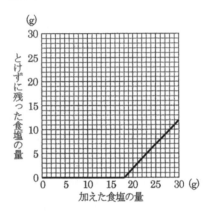

―― 《解　説》 ――

1　問2．空気は気管を通って肺に，食べ物は食道を通って胃に運ばれる。　　問4．呼吸によって酸素が使われて，二酸化炭素ができるので，少なくなった酸素とほぼ同じ割合で二酸化炭素が多くなると考えられる。
問5．魚はえらで酸素と二酸化炭素の交換を行っている。したがって，口から入ってきた酸素をふくむ水は，えらから出て行くときには二酸化炭素をふくんでいる。

2　問1．手回し発電機は，大きな電流が流れるときほど手ごたえが重くなる。Aでは電流の流れをさまたげるものがなく非常に大きな電流が流れるため手ごたえが重くなり，Bでは回路がつながっておらず電流が流れないため手ごたえが軽くなる。なお，Aのような回路をショート回路といい，この状態でハンドルを回し続けると，手回し発電機がこわれることがある。　　問2．ハンドルの手ごたえがしだいに軽くなったことから，回路に流れる電流がだんだん小さくなっていったことがわかる。　　問3．(1)コンデンサーの＋たんしと－たんしを導線でつなぐとこで，コンデンサーにたまっている電気をなくすことができる。コンデンサーにはじめから電気がたまっていると正しい結果を得られなくなるので，手回し発電機でコンデンサーに電気をためる前にこの操作を行う。　　(2)ハンドルの手ごたえが重い豆電球の方が流れる電流が強く，明るさも明るいが，コンデンサーにたくわえられた電気の量は同じであるため，消えるまでの時間は短くなる。

3　問1．50gの水を入れたビーカー全体の重さ(150g)に，加えた食塩の重さ(24g)を足せばよい。したがって，Aには 150＋24＝174 が当てはまる。　　問2．加えた食塩の重さが 18gになるまではとけずに残った食塩の重さは 0gであり，24gのときには24－18＝6(g)，30gのときには30－18＝12(g)の食塩がとけずに残る。
問3．番号6で加えた食塩 30gのうち，水にとけた食塩は 18gである。したがって，水よう液の重さは50＋18（水＋とけた食塩）＝68(g)である。　　問4．(1)ろ紙をろうとに取りつけるときには，ろ紙を半分に折った後，さらに半分

に折るので，これを広げるとウのような折り目が見える。(2)ろ過して得られた水よう液はすでに食塩が限界までとけているので，加えた6gの食塩はすべてとけずに残る。50gの水に食塩は18gまでとけるので，番号2の水よう液50＋6＝56(g)には食塩があと18－6＝12(g)までとける。したがって，6gの食塩をとかすにはその半分の56÷2＝28(g)の水よう液があればよい。

4 問1．空全体の広さを10としたとき，雲の広さがしめる量が0〜8のときを晴れ，9〜10のときをくもりとする。問2．雲が西から東へ動くのは，日本の上空を西風(偏西風)がふいているからである。　問4．北極星の位置は右図のようにして知ることができる。　問5．ア，イ，エのときの北斗七星の位置は右図のようになる(ウのような形で見えることはない)。北極星のある方向が北であるので，東の空に最も寄った位置にあるのはエである。

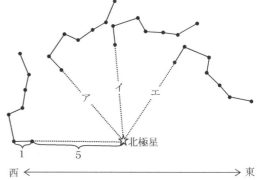

平成 **26** 年度　解答例・解説

=== 《解答例》 ===

1　問1．メダカ…イ　人…ア　　問2．メダカ…ア　人…エ　　問3．(1)イ　(2)背びれ／しりびれ
　　問4．(1)子宮　(2)A．たいばん　B．へそのお　C．よう水　(3)ウ　(4)酸素〔別解〕養分

2　問1．ア　　問2．イ　　問3．イ　　問4．イ　　問5．温度計①…エ　温度計②…ウ　　問6．イ，ウ

3　問1．A．気体を出してとけた／試験管があたたかくなった　B．黄色　　問2．C．イ　D．イ
　　問3．270.13　　問4．イ　　問5．性質…中性／二酸化炭素が加熱によって外に出たから。

4　問1．エ　　問2．ウ　　問3．ウ　　問4．太陽の高さが高くなるので，影は短くなる。
　　問5．太陽が東から南を通って西

=== 《解　説》 ===

1　問1．人の卵はメダカの卵よりも小さい。　　問3．メダカのおすは背びれに切れこみがあり，しりびれが平行四辺形に近い形をしている。一方メダカのめすは背びれに切れこみがなく，しりびれが三角形に近い形をしている。
問4．(2)(4)たいばんでは，母親から送られてくる酸素や養分を受け取って，たい児の血液に渡し，たい児から送られてくる不要物や二酸化炭素を受け取って，母親の血液に渡す。また，へそのおは，酸素，二酸化炭素，養分，不要物を送る通り道になっており，よう水は，たい児を衝撃から守っている。　　(3)たい児の心臓は受精してから約2ヶ月後までには動き，血液を送り出すようになる。

2　問1．図1のように金属の棒を加熱すると，熱は金属部分を加熱部から順に伝わっていく。このような熱の伝わり方を伝導という。金属があたためられて体積が増えることで金属の棒がのび，針金が回転するため，針は①の向きに動く。針金を細くすると，針金が回転する角度が大きくなるので，針は①の向きに，実験1のときより大きく動く。
問2，問3．金属の棒を加熱すると，最初に加熱部の体積が増えることで金属の棒がのびるので，針は熱するとすぐに動き始め，実験1のときと同じだけ動く。　　問4．水を熱すると，加熱部の水温が高くなり，同じ体積での重さが軽くなるため上に動く。そこに新たな水が流れこんでやがて全体の温度が上がる。このようなあたたまり方を対流という。図2では，②は①よりも試験管の上部にあり，①のまわりであたためられた水が上にあがってすぐに②に達す

(30)

るので，①と②の温度の上がり方は同じになる。　問5．Bの位置を熱すると，Bよりも上にある水が先にあたためられる。②では問4よりも少ない量の水をあたためるため，問4よりも早く100℃に達するので，ウが正答となるが，①では熱が伝わるまでに時間がかかり，実験を一定時間続けると試験管内の温度が一定になるので，エが正答となる。

問6．イ．太陽からの熱によってあたためられた空気が上にあがることで起こる現象だから，同じ熱の伝わり方と言える。ウ．まわりの空気よりも温度が高い煙が上にあがる現象だから，同じ熱の伝わり方と言える。

③　問1，問2．アルミニウムに塩酸を加えると水素が発生する。この反応が起こるときに熱も発生する。このときできる物質は白色で，水にとけるが気体は発生しない。また，スチールウール(鉄)に塩酸を加えると，鉄とは異なる別の物質ができる。この物質の色は黄色で，水にとけるが気体は発生しない。　問3．重さ2をはかってから重さ3をはかるまでの間に，丸底フラスコの中の物質の出入りはないので，重さ2と重さ3は同じ値になる。

問4．実験2の(3)で丸底フラスコの中の二酸化炭素が水にとけたため，フラスコ内の空気の圧力が下がる。このため，ゴム栓をあけると外の空気がフラスコ内に入る。

④　問1．問題文より，7月の午前8時の影が校門から校舎に向かってのびていたことから，校門から見て校舎は西の方向だとわかる。したがって，太郎くんの家から見て校舎は南西の方向にあるので，早朝に南西の方向に見える月の形を考えればよい。月は太陽の方向が光って見えるので，太陽が東の地平線付近にあるとき，南西にある月の形はエのようになる。　問2．方位磁針の針の色のついた方は北をさすので，厚紙を回転させて，方位磁針の針の色のついた方と厚紙の北とかいた向きを合わせればよい。　問3．里香さんと太郎くんから見える太陽の方角は同じである。

問4．太陽の高さが高くなるほど，できる影は短くなる。太陽の高さは正午ごろに最も高くなる。

平成 ㉕ 年度　解答例・解説

《解答例》

① 問1．高温になる　問2．右図　問3．コイル①とコイル③では，コイルの巻き数とエナメル線の長さの2つの条件がちがうから。　問4．1.5　問5．カ
問6．S　理由…スイッチを入れてもクリップがはなれなかったから。
問7．ア，イ，オ，カ

① 問2の図

② 問1．月…ウ　太陽…イ　問2．イ　問3．方位…ア　形…ク
問4．黒くて平らな場所…海　丸いくぼ地…クレーター　問5．イ

③ 問1．蒸発皿　問2．ア，イ　問3．気体
問4．ウ．水酸化ナトリウム水溶液　エ．石灰水　問5．ア　問6．右図
問7．c→a→b

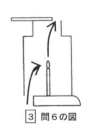
③ 問6の図

④ 問1．子葉　問2．あ．でんぷん　い．発芽　う．成長　え．養分
問3．ア，キ，ク　問4．温度が低いから。　問5．エ
問6．日光をあてないようにする。

《解　説》

① 問1．コイルに電流を長時間流すと熱が発生するので，コイルが高温になって危険である。　問2．電池を2個直列につなぐと回路を流れる電流は2倍になるが，電池を2個並列につないでも回路を流れる電流は変わらない。表3では，電流の強さが表2の2倍になっているので，電池を2個直列につないだことがわかる。

問3．2つの条件が異なる実験の結果を比べても，結果のちがいが2つの条件のうちどちらによるものかがわからないため，正しく比べることができない。　問4．電流計の−端子がつながれている部分に注目する。5Aの−端子につながれているので，最大目もりが5A，1目もりが0.1Aである。　問5．電磁石に流れる電流が3A，コイルの巻き数は200回である。表2，表3より，電磁石が持ち上げるクリップの個数は電流の強さが強くなるほど多くなることがわかるので，コイル③と同じコイルの巻き数で電流が3Aになれば，持ち上げるクリップの個数は18個よりも多くなる。　問7．図5と比べて，棒磁石の向き，電池(電流)の向きのうち1つの条件だけが反対になっていれば，スイッチを入れたときにクリップがはなれるが，2つの条件が反対になると，クリップはくっついたままである。したがって，ア，イ，オ，カが正答となる。

2 問1．図1は上弦の月である。上弦の月が図1のように見えるのは夕方の南の空である。月は太陽の光を反射して光って見えるので，月の光っている方位に太陽がある。　問2．月は太陽や星と同様に東の地平線からのぼり，南の空を通って西の地平線にしずむ。これは地球の自転による見かけの運動である。　問3．月は新月(0日目)→上弦の月(約7日目)→満月(約15日目)→下弦の月(約22日目)→新月(約30日目)の順に満ち欠けするので，上弦の月の1週間後には満月が見える。満月は太陽と反対の方向に見えるので，満月は日没時に東の地平線からのぼる。　問5．くぼ地のかげが図2のようにできていることから，太陽はイの方向にあると考えられる。

3 問2〜4．実験1より，イ，ウ，エはアルカリ性，実験2より，ア，カは酸性，オは中性だとわかるので，オは食塩水である。また，実験3より，ア，イ，カは気体が水にとけた水溶液，ウ，エ，オは固体が水にとけた水溶液だとわかり，実験4より，ア，ウはアルミニウムをとかす塩酸か水酸化ナトリウム水溶液だとわかるので，実験1，2と合わせて，アは塩酸，イはアンモニア水，ウは水酸化ナトリウム水溶液，エは石灰水，カは炭酸水となる。強いにおいがするのは塩酸，アンモニア水だから，ア，イが正答となる。　問5．空気中に酸素は約20%，ちっ素は約80%ふくまれている。　問6，7．空気はあたためられると軽くなって上にあがるので，ろうそくのほのおによってあたためられた空気は上にあがる。ろうそくの下から集気びんの中に空気が入ると，空気は集気びんの中を下から入って上から出ていくため空気の流れができて，常に外からの空気が多く入るため最も長く燃え続ける。また，ふたが空いていると，上から新しい空気が少し入るため，ふたをしめたbよりは長く燃え続ける。

4 問2．インゲンマメの種子にたくわえられた養分(でんぷん)は，発芽とその後の成長に使われるので，発芽後しばらくした後の種子には，でんぷんがほとんどふくまれない。　問3．調べたい条件以外は同じで，結果がことなる2つの実験で比べる。　問5，6．表2より，日光があたらないと葉やくきが黄色になり，成長が悪くなることがわかる。

社 会

平成 **31** 年度 **解答例・解説**

── 《解答例》 ──

1 問1．ア　　問2．ア，エ，オ　　問3．①イ　②ア　③ウ

2 問1．エ　　問2．イ　　問3．c，d，e　　問4．ア．京都府　イ．広島県　ウ．東京都　エ．北海道

3 問1．ヤマトタケル　　問2．オランダ語　　問3．エ　　問4．イ　　問5．ウ　　問6．ウ　　問7．カ

4 問1．（X）日本で罪を犯した外国人を，日本の法律で裁くことができなかった　（Y）安い外国製品が大量に輸入され，国内産業が圧迫された　　問2．ドイツ〔別解〕プロイセン　　問3．湯川秀樹　　問4．イ，エ

問5．A．津田梅子　B．野口英世

5 問1．a　　問2．サンフランシスコ平和条約　　問3．エ　　問4．ウ，エ

6 問1．エ　　問2．エ　　問3．権力の集中やらん用を防ぐため　　問4．大統領

問5．権利…言論・表現の自由　説明…言論・文章などを通じて自由な意見を表現することで，国民の多数意見や少数意見を知ることができ，自由で開かれた討論をすることで，最も有効な解決策に導かれ，深刻な過ちを犯す危険性が減る。

7 問1．イ　　問2．安全保障理事会　　問3．ウ

── 《解　説》 ──

1 **問1**　アが1月のグラフである。東北地方では，対馬海流と北西季節風の影響を受けて，日本海側では雪雲が発生しやすくなり，日照時間は少なくなる。また，雪や雨を降らせたあとの空気は，奥羽山脈を越えると乾いた風に変わって太平洋側を吹き下ろす。逆に夏になると，千島海流ややませの影響を受けて，太平洋側では雲や霧が発生しやすくなり，日本海側では晴天の日が続く。夏は太平洋側で天気が悪く気温も低く，冬は日本海側で天気が悪いことはしっかりと覚えておきたい。

問2　アとエとオが誤り。aは最上川ではなく北上川である。最上川は山形県を流れ日本海に注ぐ河川である。石狩川は日本海に流れこんでいる。吉野川では四大公害病は発生していない。四大公害病については，右表を参照。

問3　①は中央部に白根山や駒ケ岳などの2000m級の山があることからイと判断する。②は日本海側に飛騨山脈，中央部に木曽山脈，南側に赤石山脈と2000～3000m級の高い山が連なることからアと判断する。③は日本海側になだらかな中国山地，太平洋側に険しい四国山地があることからウと判断する。

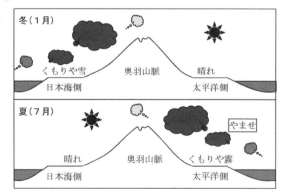

公害名	原因	発生地域
水俣病	水質汚濁 （メチル水銀）	八代海沿岸 （熊本県・鹿児島県）
新潟水俣病	水質汚濁 （メチル水銀）	阿賀野川流域 （新潟県）
イタイイタイ病	水質汚濁 （カドミウム）	神通川流域 （富山県）
四日市ぜんそく	大気汚染 （硫黄酸化物）	四日市市

2　問1　エが正しい。きゅうりは夏野菜だから，冬になると高知県や宮崎県で促成栽培されたハウス物が，夏になると冷涼な地域で栽培された露地物が出回る。キャベツは，冬から春にかけては比較的暖かな地域で冬キャベツ(寒玉)や春キャベツ(春玉)が，夏になると冷涼な地域で栽培された高原キャベツ(夏秋キャベツ)が出回る。

問2　イが誤り。信楽焼は滋賀県でつくられる焼き物である(たぬきの焼き物で知られる)。

問3　c，d，eが誤り。cについて，自動車輸出は20年以上続けてアメリカが最大の輸出先である。dについて，自動車のリサイクル率はメーカーによって異なるが，60〜90%程度である。eについて，国内貨物輸送手段は，自動車＞内航海運(船舶)＞鉄道＞航空の順である。

問4　特徴のある項目に注目していく。アは歴史・文化の割合が高いことから京都府，ウは都市型観光の割合が高いことから東京都，エは自然，温泉・健康の割合が高いことから北海道，残ったイが広島県と判断する。

3　問1　ヤマトタケル(日本武尊)は，九州の熊襲征討や東国征討を行ったとされている。

問2　杉田玄白・前野良沢は，オランダ語に書かれた解剖学書『ターヘル・アナトミア』を翻訳し『解体新書』に著した。翻訳を前野良沢・清書を杉田玄白が担当した。翻訳の苦労は，杉田玄白の『蘭学事始』に書かれている。

問3　源氏物語は，平安時代の中期に紫式部によって書かれた長編小説である。よって，エの藤原道長を選ぶ。紫式部は，一条天皇の中宮であり，藤原道長の娘であった彰子に仕えていた。

問4　イが正しい。『古事記伝』は本居宣長の著書である。本居宣長は，古事記や万葉集などの古典から古代日本の思想や文化を明らかにしようとする国学を大成させた人物で，伊勢(現在の三重県)松坂の豪商の出身である。

問5　ウが正しい。この歌は「衣服のすそにすがりつく子を置いてきてしまったなぁ。母親も(死んでしまい)いないのに」といった意味で，北九州の警備についた防人の歌である。防人の歌は奈良時代の万葉集に収められている。アは正岡子規(明治時代)，イは松尾芭蕉(江戸時代)，エは藤原道長(平安時代)の句である。

問6　ウが誤り。著者福沢諭吉は，『学問のすゝめ』の中で，儒教的な親子・男女・主従の関係を否定している。

問7　カが正しい。Aは奈良時代，Bは江戸時代，Cは平安時代，Dは江戸時代，Eは奈良時代，Fは明治時代。①は江戸時代，②は戦国時代，③は室町時代，④は飛鳥・奈良・平安時代，⑤は鎌倉時代，⑥は明治時代。

4　問2　留学先をドイツにした理由は，ドイツの憲法が君主権の強い憲法だったからである。

問3　湯川秀樹は，1949年「中間子の存在」によってノーベル物理学賞を受賞した。

問4　イとエが誤り。イとエは日清戦争の講和条約である下関条約(1895年)の内容である。ウは日露戦争(1904年)，アとオは日露戦争の講和条約であるポーツマス条約(1905年)の内容である。

問5　人物A…「岩倉使節団に同行」「女子英学塾(現在の津田塾大学)」から津田梅子と判断する。　人物B…「黄熱病」から野口英世と判断する。野口英世はノーベル賞候補に3回推薦されている。

5　問1　aが北方領土ではない。aは千島列島(クリル列島)のウルップ島である。b－択捉島，c－色丹島，d－歯舞群島，e－国後島

問2　1951年のサンフランシスコ平和条約によって，西側の48か国と国交を回復させたが，沖縄・奄美諸島・小笠原諸島はアメリカの施政権下に置かれることになった。

問3　エが誤り。義務教育は6－3の9年間となった。

問4　京都会議は1997年に開かれたから，ウの阪神・淡路大震災(1995年)とエの青函トンネル開通(1988年)が前に起きたことである。日韓サッカーワールドカップは2002年，東日本大震災は2011年のことである。

6　問1　エが正しい。内閣総理大臣は国会議員の中から選ばれるからアは誤り。話し合いは衆議院と参議院の両方で可決されるからイは誤り。法律案は国会議員と内閣によって提出されるからウは誤り。

問2　エが誤り。裁判は，内閣・国会・世論などから独立して行われる。

問3　国会のもつ立法権，内閣のもつ行政権，裁判所のもつ司法権をまとめて三権という。三権分立は，フランスのモンテスキューが提唱したものである。

問4　アメリカでは行政権は大統領が，立法権は連邦議会が，司法権は連邦最高裁判所がもつ。

問5　言論の自由が保障されることで，議会や内閣が動かされることもある。例えば，小さな子どもをもつ母親のツイッターによる「保育園・落ちた」のつぶやきから待機児童の問題がより表面化し，地方公共団体が動いたという例もある。

7　問1　イが誤り。国連総会は1国1票の平等の原則が守られているので，発展途上国の影響力が小さくなることはない。

問2　安全保障理事会は，5の常任理事国(アメリカ・イギリス・フランス・中国・ロシア)と10の非常任理事国によって構成される。常任理事国は非改選，非常任理事国は2年ごとの改選で，連続して選ばれることはない。

問3　ウのユニセフは，国連児童基金の略称である。国境なき医師団とペシャワール会はともに医療のNGO(非政府組織)であり，青年海外協力隊はJICA(国際協力機構)が行うODA(政府開発援助)の1つである。

━━━━━━━━━━━━━━━━━ 《解答例》 ━━━━━━━━━━━━━━━━━

1 問1．老人ホーム　　問2．ア　　問3．エ　　問4．仙台市…ア　高知市…イ　　問5．棚田

2 問1．ウ→ア→イ→エ　　問2．イ　　問3．ジャストインタイム　　問4．エ

問5．小型魚が網にかからないようにして，持続可能な漁業をめざすため。

3 問1．1．雪舟　2．明　　問2．ウ　　問3．キリスト教を布教するため。　　問4．イ　　問5．十二単

問6．元　　問7．E→F→A→C→D→B

4 問1．ペリー　　問2．ア　　問3．イ

問4．アメリカの領事裁判権を認めたうえに，日本に関税自主権がなかったから。

5 問1．陸奥宗光　　問2．勝海舟　　問3．エ　　問4．ウ

6 問1．1．津波　2．宮城　3．自衛隊　4．福島　5．原子力発電所　　問2．ウ

問3．残留した放射性物質を取り除くため。

7 問1．1．熊本　2．環境　3．京都　4．パリ　5．トランプ　　問2．高等裁判所　　問3．海面上昇による水没

━━━━━━━━━━━━━━━━━ 《解　説》 ━━━━━━━━━━━━━━━━━

1 問1　建物の中につえが描かれていることから老人ホームを表す地図記号だとわかる。

問2　アが誤り。じょう水場できれいにされた水は，川や海ではなく家庭や学校などへ水道管を通して送られる。

問3　エ．盆地は周囲を山地に囲まれた平地である。

問4　仙台市は4都市のうち最北に位置しているので，冬の平均気温が低いア，高知市は太平洋側に位置しているので，南東季節風の影響で夏の降水量が多いイがあてはまる。富山市は日本海側に位置しているので，北西季節風の影響で冬の降水量が多いエとなり，広島市がウとなる。

問5　「山のしゃ面」「水をたくわえる」から，傾斜地につくられた階段状の水田である棚田を導き出す。

2 問1　日本では，米の自給率が100％前後であり，次いで野菜などの自給率が高く，反対に小麦や大豆などの自給率が低いことを覚えておこう。米(97％)＞野菜(80％)＞果実(43％)＞小麦(13％)

問2　イ．稲の作付面積は減少傾向にあるので誤り。

問4　ア．工場数の比は，中小工場：大工場＝99：1だから大工場のほうが少ない。　イ．従業者の総数の比は，中小工場：大工場＝7：3だから大工場のほうが少ない。　ウ．工場でつくる製品の価格の比は，中小工場：大工場＝48：52＝12：13だから中小工場のほうが安い。　エが正しい。出荷額の比が12：13で，従業者の総数の比が7：3だから，1人あたりの出荷額の比は$12×\frac{1}{7}：13×\frac{1}{3}＝36：91$と中小工場のほうが小さい。

問5　網の目を大きくしている取り組みから，魚の取りすぎを防いでいることが導き出せる。

3 問1　Aは室町時代に描かれた「秋冬山水画─冬景」である。

問2　Bは三代目歌川広重の「銀座通煉瓦造鉄道馬車往復図」である。明治時代に，欧米の文化を急速にとりいれて人々の生活文化が変化したことを文明開化という。

問3　Cは狩野宗秀の南蛮寺図扇面「都の南蛮寺図」の一部である。南蛮寺はキリスト教徒の教会堂のことである。安土桃山時代，織田信長の保護のもと多くの南蛮寺がつくられた。

問4　Dは鳥居清忠の「浮絵劇場図」である。歌舞伎は，出雲の阿国が始めた歌舞伎踊りが，江戸時代に男性の舞う芸能に変わっていったもので，イの参勤交代は，江戸幕府三代将軍である徳川家光が武家諸法度に追加した法令である。アの安土城の築城は安土桃山時代，ウの御成敗式目の制定は鎌倉時代，エの遣唐使の廃止は平安時代の出来事である。

問5　『源氏物語』は平安時代に紫式部によって書かれた文学作品である。

問6　Fは御家人の竹崎季長が描かせたといわれる「蒙古襲来絵詞」である。鎌倉幕府八代執権北条時宗が元による服属の要求をしりぞけた後の，元軍による襲来を元寇(蒙古襲来)という。

4　問1　資料中の「1853年～浦賀に現れた」「1854年～日米和親条約を結んだ」からペリーを導き出す。

問2　ア．本居宣長は『古事記伝』を書いた国学者である。イは伊能忠敬，ウは杉田玄白・前野良沢，エは歌川広重について述べた文である。

問3　A．正しい。琉球王国は薩摩藩に服属する一方で，中国に朝貢し貿易を行った。　B．誤り。琉球王国が沖縄県として日本に統合された琉球処分は明治時代の出来事である。

問4　領事裁判権とは，外国人が在留している国で罪を犯しても，その国の法律では裁かれず，本国の法律で裁判を受ける権利のことをいう。関税自主権とは，国家が輸入品に対して自由に関税をかけることができる権利のことをいう。

5　問1　資料中の「外務大臣」「イギリスとの条約改正について交渉し成功した」から，1894年に領事裁判権(治外法権)の撤廃に成功した陸奥宗光を導き出す。

問2　戊辰戦争のさ中，旧幕府方の勝海舟と新政府方の西郷隆盛が江戸城の無血開城を決定したことで，江戸幕府の滅亡は決定的となった。

問3　エが正しい。ノルマントン号事件では，イギリス人船長が日本人の乗客を見捨てたにもかかわらず，日本の法律で裁けずに軽い刑罰で済んだため，領事裁判権(治外法権)の撤廃を求める声が国内で高まった。アの西南戦争は1877年，イの徴兵令の制定は1873年，ウの岩倉使節団の欧米訪問は1871年の出来事である。

問4　ウが正しい。　ア．日本海の戦いで東郷平八郎が活躍した戦争は日清戦争ではなく日露戦争である。イ．台湾を日本の植民地にしたのは日露戦争の講和条約(ポーツマス条約)ではなく日清戦争の講和条約(下関条約)である。　エ．太平洋戦争は日中戦争をきっかけに始まった。

6　問1　空欄前後から手がかりになる文言をそれぞれ見つけよう。　(1)　「2011年3月11日，東北地方～地震(東日本大震災)」「海」から津波である。　(2)　「気仙沼市」から宮城県である。　(3)　「災害派遣を要請」から自衛隊である。　(4)・(5)　東日本大震災後の「爆発事故」から福島第一原子力発電所事故である。

問2　ウが誤り。最高裁判所の長官の指名は内閣の権限である。

問3　原子力発電所で事故が起きて大量の放射線が放出されると，原発周辺の土壌や海洋が汚染され，多くの人間や動物が被害にあう危険性がある。そのため，放射線の量を減らすことを目的として，放射性物質を取りのぞいたり，土で覆ったりするといった除染が行われている。

7 問1 空欄前後から手がかりになる文言をそれぞれ見つけよう。

(1) 「公害」「水俣市」「水俣病」から熊本県である。

(2) 「国」「公害の解決」から環境庁(環境省)である。

(3) 「地球温暖化の問題」「1997年」から京都議定書である。

(4)・(5) 京都議定書後の「国際社会の取り決め」からパリ協定を,「アメリカ」「離脱」からトランプ大統領を導き出す。

問2 三審制のしくみについては右図参照。

問3 ツバルは島全体が海とほとんど同じ高さのため,気温が

上昇して氷河が融け,海水が膨張して海面が上昇すると水没する恐れがある。

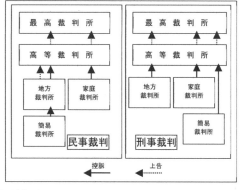

平成 29 年度 解答例・解説

《解答例》

1 問1．A．香川県 B．大阪府 C．岐阜県 D．福島県 問2．イ

問3．(1)あ．米 い．いちご う．茶 (2)ウ 問4．ウ

2 問1．地産地消 問2．ウ 問3．イ 問4．エ

問5．(1)チェーンメール (2)ソーシャル・ネットワーキング・サービス〔別解〕ＳＮＳ

3 問1．江戸 問2．伊勢神宮 問3．人質である大名の妻が領地に逃げないようにするため。 問4．鎌倉

問5．御恩 問6．布 問7．イ 問8．防人としての役割を果たすため,北九州に向かったから。

問9．安土 問10．エ 問11．エ

4 問1．あ．解散 い．立法 う．憲法 問2．エ 問3．ウ 問4．エ 問5．ウ

5 問1．ウ 問2．ウ 問3．持続可能な社会

6 問1．A．富山 B．栃木 C．岩手 問2．ウ→エ→イ→ア 問3．イ 問4．国後島

問5．東日本大震災 問6．サンフランシスコ平和条約 問7．エ 問8．八幡製鉄所

《解説》

1 問2 親潮(千島海流)は,北海道の東側を流れる寒流だから,イは誤りである。

問3(1)あ 生産額ではなく生産量であること,低い土地で栽培されることから,米(稲)を導き出す。

い 福岡県は栃木県について2番目にいちごの生産量が多い。福岡県特有の品種として「あまおう」がある。

う 水はけのよい山のしゃ面から「茶」を導き出すこともできるが,福岡県は全国6位の茶の生産地であり「八女茶」は覚えておきたいブランドである。 (2) 福岡県から最も近い国を考えればウが導き出される。福岡県は東アジア・東南アジアの玄関口になっている。

問4 北海道網走市は冬の寒さが厳しく夏の気温も上がらないからアがあてはまる。中部地方の内陸に位置する長野県松本市は,年較差(1年間の気温の差)が大きくなるからウがあてはまる。太平洋岸に位置する静岡県静岡市は,比較的温暖で夏の気温が高くなるイがあてはまる。

2 問1 地産地消が進むと,輸送時に排出される二酸化炭素を抑えることができる。また,生産者と消費者が近くなることで食の安全も保たれる,といった利点がある。

問2　成田国際空港は，集積回路や科学光学機器などを輸出し，通信機や医薬品などを輸入している。これらの品目は，付加価値が高く軽量であることから，航空機輸送に適している。

問3　自由に貿易ができる取り決めは，ＥＰＡ（経済連携協定）やＦＴＡ（自由貿易協定）と呼ばれる。わが国は，メキシコ，シンガポールなどとすでに取り決めを結んでいるから，イは誤り。ＥＰＡは，ＦＴＡに加えて，投資，人の移動，知的財産権の保護など，貿易以外のさまざまな分野の協力も含むものである。

問4　エはリデュースではなくリサイクルであれば正しい。リデュースは，ごみの発生を抑えることである。

問5(1)　チェーンメールは，連鎖メールとも呼ばれる。チェーンメールを送信すると，ネットワーク上に送信される電子メールの数がネズミ算的に増えてしまうので，通信不能になるなど，ネットワークに大きく負担がかかる。

(2)　ＳＮＳ（Social Networking Service）の問題点には，安易に写真や個人情報を掲載することで犯罪に巻き込まれる危険性があることや，発言内容によっていじめやソーシャルハラスメントを受けることなどがある。ＳＮＳなどを使用する際には，必要な情報を取捨選択し，活用する能力（リテラシー）が必要である。

3　問1　Aは，徳川家光が武家諸法度に追加した参勤交代の制度についての記述である。将軍と大名の主従関係の確認として行われたが，道中にかかる費用が多くの大名の負担となっていた。

問2　伊勢神宮は，皇室の氏神（うじがみ）である天照大神（あまてらすおおみかみ）が祭祀（さいし）されているため，皇室・朝廷との結びつきが強かった。江戸時代には，伊勢参りはお蔭（かげ）参りと呼ばれ，多くの庶民が伊勢神宮に参詣した。

問3　入り鉄砲は江戸に鉄砲などの武器が持ち込まれること，出女は大名の家族の女性が江戸から出ていくことを意味した。大名の家族の女性が許可を得ずに江戸を離れることは，その大名が幕府に対して謀反（むほん）をおこす可能性があることと考えられた。

問4　Bは元寇についての記述である。「竹崎季長は（　）まで行き，幕府に直接訴えた。」とあるので，元寇当時の鎌倉幕府のある鎌倉を導き出そう。

問5　将軍は，御恩として御家人らの以前からの領地を保護したり，新たな領地を与えたりした。御家人は，奉公として京都や幕府の警備についたり，命をかけて戦ったりした。土地を仲立ちとしたこのような主従関係を封建制度という。また，御家人が与えられた土地を命がけで守ったことから「一所懸命」の四字熟語がうまれた。

問6　Cについて，都に運んだとあることから，運んだ税は調と庸になる。調として，絹，絁（あしぎぬ），糸，布などの郷土の産物がおさめられ，庸として，都の労役10日分にかえての布がおさめられた。問題文に「生活用品としても貴重で，税の代表的な品物」とあることから，絹や絁ではなく布を正答とした。

問7　広島から奈良までは約350kmあるから，時速4kmで1日に8時間ずつ歩いたとすると，350÷（4×8）＝10.9…より，約11日かかることになる。よって，最も近いイを正答とした。

問8　奈良時代の『万葉集』におさめられた防人の歌「からころも裾（すそ）に取りつき泣く子らを置きてそ来ぬや母なしにして」の訳である。防人は，北九州の警備をする兵士であり，当初は東日本の農民が選ばれた。

問9　Dの文中にあるキリスト教の学校をセミナリヨという。織田信長は，一向宗に対抗することと，南蛮貿易を重視したため，キリスト校の布教に対して厳しい態度を取らなかった。

問10　鉄砲伝来が1543年で，ポルトガル船の来航禁止が1639年だから，1639－1543＝96（年間）より，エを選ぶ。

問11　オランダ商館長から提出された報告書を「オランダ風説書」という。

4　問2　アについて，日本国憲法には緊急事態条項は設けられていないから，アは誤り。イについて，非核三原則は1967年に当時の佐藤栄作首相が主張したもので，日本国憲法に記載はないから，イは誤り。ウについて，主権は国民にあるから，ウは誤り。

問3　国民の祝日は，「国民の祝日に関する法律」に規定されたもので，天皇が定めたものではない。

問4　アについて，間違った判決が出ないように三審制を取っているが，実際にえん罪は起きているから，アは誤り。イについて，裁判員制度は，くじで選ばれた6人の裁判員と3人の裁判官によって判決を下すから，イは誤り。ウについて，国民審査は最高裁判所裁判官の審査をするものだから，ウは誤り。

問5　外国と条約を結ぶのが内閣のしごとで，承認するのが国会のしごとだから，ウは誤り。

5　問1　Aについて，民族独自の文字をハングルという。Bについて，春節は，旧正月を祝う中国の習慣である。Cについて，わが国が石油を最も多く輸入している国はサウジアラビアであることは，覚えておきたい。

問2　ユニセフ(国連児童基金)は，世界の子どもたちの命と健康を守るために活動する国際機関である。

問3　持続可能な社会の実現のため，環境と開発を相反するものと考えず，共存できるものととらえ，将来の環境を考慮した開発をすすめている。

6　問1　わが国の世界自然遺産と世界文化遺産の名称と位置はしっかりと覚えよう。

問2　ア．1945年　イ．1943年　ウ．1941年　エ．1942年

問3　明治政府が行った，琉球藩設置(1872年)〜沖縄県設置(1879年)までの出来事をまとめて琉球処分という。ア．1872年　イ．1881年　ウ．1873年　エ．1871年

問4　知床半島と北方領土の位置は右図参照。

問5　2011年におこった東北地方太平洋沖地震とその後の津波による被害を東日本大震災とよぶ。

問6　サンフランシスコ平和条約(1951年)で，日本と連合国の戦争状態の終了，日本国民の主権回復，沖縄・小笠原諸島などをアメリカが統治することなどが承認された。

問7　富岡製糸場がつくられたのは1872年のことである。ア．1886年　イ．1889年　ウ．1877年　エ．1870年

問8　日清戦争(1894年)の講和条約である下関条約(1895年)では，遼東半島，台湾，澎湖諸島などを日本にゆずることや，賠償金2億テールを日本に支払うことなどが決められた。この賠償金額は，当時の日本の国家予算の2倍以上であった。

―――――――――――――― 《解答例》 ――――――――――――――

1　問1．エ　　問2．イ　　問3．ウ　　問4．エ　　問5．エ

2　問1．エ　　問2．エ　　問3．ナショナルトラスト

　問4．同じ耕地で同じ作物を続けて作ると，土の養分がかたよって，作物が病気になったり，害虫が発生したりするから。

3　問1．⑴都　⑵調　　問2．木簡　　問3．⑶聖武　⑷遣唐使　　問4．正倉院

　※問5．⑸スペイン　⑹ポルトガル　※⑸と⑹は順不同　　問6．堺(市)　　問7．⑺(西国の)大名　⑻日本町

　問8．日本人の海外への渡航と海外からの帰国

4　問1．択捉島　　問2．遼東半島　　問3．エ　　問4．高度経済成長　　問5．国交

　問6．ア．G　イ．M　ウ．D　エ．K　オ．B

5　問1．(ア)刑事　(イ)裁判官　(ウ)3　　問2．国民の考えや感覚を裁判に反映させること。／争点を整理

　し，裁判にかかる時間を短くすること。／国民の司法に対する理解や関心を高めること。などから2つ

6　問1．イ　　問2．エ　　問3．エ　　問4．ウ　　問5．エ

―――――――――――――― 《解　説》 ――――――――――――――

1　問1．ア．①日高山脈→十勝平野→根釧台地の順に通過する。

　イ．②出羽山地→奥羽山脈→北上高地の順に通過する。

　ウ．③赤石山脈→木曽山脈→飛驒山脈の順に通過する。

　問2．200海里は約370kmである(1海里＝1852m)。右図は，

それぞれの都市の位置と，東京を中心としたおおよその半径370km

の円を示したものである。

　問3．それぞれの都市の位置について，右下図参照。北緯40度

線は，スペインのマドリード付近と日本の秋田・岩手を通るので，

合わせて覚えておこう。

　問4．エ．④は発電所の地図記号で，工場の地図記号は☆である。

　問5．風力発電所は，1年を通して安定した風が吹く海沿いにつ

くられる。アの奈良県とイの長野県は内陸県なので適さない。ウ

の広島県は瀬戸内地方に位置するため，1年を通して風が弱く，

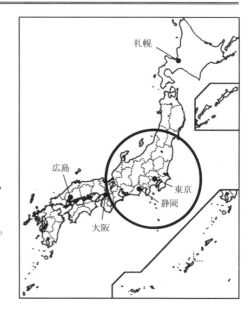

風力発電には適さない。よって，エが正答。東北地方の県は風力発電に適した立地であり，多くの風力発電所が

つくられている。

2 問1．エの工夫は，8月ではな
く7月に行われている。

問2．エ．水屋とは，土を盛り上げ，
周囲より高くなるようにしてつくら
れた建物(家屋)のこと。洪水の被害
を受けることが多い輪中地域に見ら
れる建物である。

問3．日本におけるナショナルトラ
スト運動の代表例として，知床半島

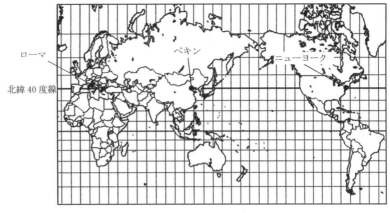

ローマ　ペキン　ニューヨーク

北緯40度線

(北海道)や天神崎(和歌山県)などがあげられる。

問4．同じ耕地に同じ種類の作物を続けて植える連作によって生じる連作障害(土地の養分のバランスがくずれ
て農作物が病気になりやすくなったり，害虫が多く発生したりして，収穫量が少なくなること)を防ぐため，表
のように，年ごとに栽培する作物を変える輪作が行われている。

3 問1．「堅魚」・「若海藻」などから，地方の特産物を納める「調」が最も適当。調のほか，稲の収穫高の3％
を地方の国(国府)に納める「租」，都での10日間の労役に代えて，都に布を納める「庸」，国内(国府)で土木工
事を行う年間60日以内の労役の「雑徭」を覚えておこう。

問2．木簡は荷札として用いられたほか，役所の文書や字の練習をするためにも用いられた。

問3．「大仏の開眼式」から，東大寺に大仏をつくらせた聖武天皇を導く。

問5．スペイン人やポルトガル人は南蛮人と呼ばれていた。南蛮貿易では中国産の生糸や鉄砲・火薬などが輸入
され，日本から石見銀山でとれた銀が主に輸出された。

問6．堺は南蛮貿易や鉄砲の生産などでさかえ，商人らによる自治を行っていたが，後に織田信長の支配下に置
かれた。

問7．(7)幕府は西国の大名や商人たちに貿易を行わせ，収入の一部を幕府に納めさせていた。

問8．鎖国体制が固まるまでの流れは次のとおり。幕領でキリスト教禁止(1612年)→全国でキリスト教禁止
(1613年)→スペイン船の来航禁止(1624年)→日本人の海外への渡航と海外からの帰国禁止(1635年)→島原・天
草一揆(1637～1638年)→ポルトガル船の来航禁止(1639年)→オランダの商館を平戸から出島に移す(1641年)
日本人の海外への渡航と海外からの帰国が禁止されるようになると，東南アジアの各地につくられた日本町は衰
退した。

4 問1．日露和親条約では，択捉島と得撫島との間に国境線が引かれ，択捉島が日本領，得撫島がロシア領と
され，樺太は両国の雑居地と定められた。

問2．清での利権獲得を目指すロシアは，ドイツ・フランスをさそい，日本が得た遼東半島を清に返還するよう
要求した(三国干渉)。当時，ロシアに対抗する軍事力を持たなかった日本は，やむ無くこれを受け入れ，遼東半
島を清に返還した。その後，ロシアは清から遼東半島の旅順や大連を租借し，清における自国の勢力範囲を確立
した。一方，日本国内ではロシアへの敵対心が高まり，国内では「臥薪嘗胆(復讐を誓って耐えしのび，努力を
重ねること)」がスローガンとして唱えられた。

問3．ソ連は1945年8月8日に日本に対して宣戦布告を行い，翌9日に満州・南樺太への侵攻を開始した。ア
は1945年6月，イは1945年8月14日，ウは1945年3月，エは1945年8月6日のできごとである。

問4．高度経済成長は，1950年代後半に始まり，1973年に起こった石油危機によって終わった。

問5．国交は，国と国との平和的交流を意味する言葉である。ソ連との国交回復は1956年（日ソ共同宣言），韓国との国交回復は1965年（日韓基本条約），中国との国交回復は1972年（日中共同声明）のできごとである。

問6．ア．1925年（普通選挙法の制定）　イ．2002年　ウ．1883年　エ．1973年　オ．1837年（大塩平八郎の乱）

5 問1．(ア)(イ)裁判員裁判は，原則として裁判官3名・裁判員6名の計9名による合議制で行われ，有罪と判断した場合にはどのような量刑が適当かも判断する。　(ウ)これを三審制という。

6 問2．ア．内閣と一定数以上の国会議員が法律案を提出できる。　イ．原則として，衆議院と参議院の双方で可決されなければ，法律とならない。　ウ．天皇は内閣の助言と承認のもと，国事行為を行うので，自分の判断で法律を公布するかどうか決めることはできない。

問3．エ．内閣ではなく国会ならば正しい。裁判官としてふさわしくない行動をとった裁判官をやめさせるかどうかを裁判することを，弾劾裁判という。

問5．ア．日本において，選挙に行かなかったために罰せられることはない。　イ．税を納めていなくても選挙権は奪われない。　ウ．デモなどの形で，国民の声を政治に反映させることは可能である。

平成㉗年度 解答例・解説

=== 《解答例》 ===

1 問1．(1)ウ　(2)Aは暖かい潮の流れで，Bは冷たい潮の流れである。　　問2．(1)X　(2)イ　問3．イ

2 問1．ウ　問2．ア，ウ　問3．(1)A．秋田／イ　B．群馬／カ　(2)③，⑤

3 問1．(1)聖徳太子　(2)①家がら　②能力〔別解〕手がら　問2．③イ，エ，カ　④ア，ウ，キ
　　問3．(1)イ　(2)寄合　(3)ア　問4．(1)大阪　(2)⑦自分の領地　⑧高い

4 問1．勝海舟　問2．岡倉天心　問3．新渡戸稲造　問4．ウ　問5．ベトナム
　　問6．ア．H　イ．A　ウ．I　エ．G　オ．J

5 問1．国会で可決された法律が憲法に違反していないかを，裁判所が判断する権限。
　　問2．最高法規である憲法に法律は違反することがあるから。　　問3．エ　問4．イ　問5．エ

6 問1．ウ　問2．エ　問3．NGO

=== 《解　説》 ===

1 問1．それぞれの海流の名称は右図参照。海流の流れは，北海道に着目するとわかりやすい。北海道の日本海側を，暖流の対馬海流が流れ，北海道の太平洋側を寒流の千島海流（親潮）が流れる。また，東北地方の三陸海岸沖で，寒流の千島海流と暖流の日本海流がぶつかって，好漁場となる潮目（潮境）を形成する。

問2．(1)1970年代に石油危機（オイルショック）が起こって燃料費が高騰したこと・各国が資源管理のため200海里の排他的経済水域を設定して漁獲量を制限したことが原因で，遠洋漁業は衰退した。　　Wは沖合漁業，Yは沿岸漁業，Zは海面養殖業である。

(2)イは，栽培漁業についての説明であり，一般的な養殖とは異なる。

リマン海流
千島海流（親潮）
対馬海流
日本海流（黒潮）

問3．ア．ナショナルトラスト（運動）…募金を集めて土地などを買い取り，自然や歴史的建物を保存すること
を目的とした運動。　ウ．フードマイレージ…食料輸送量に輸送距離をかけて出した数字のこと。この値が大
きいほど，遠距離から食料を運んでいることになる。　エ．ライフライン…水道や電気，ガスなど，人が生活
するうえで必要な設備のこと。

2　問1．ウ．右図参照。呉線は瀬戸内海沿岸を，山陽本線は広島駅まで
呉線の北を走る。山陽本線が広島駅を出た後，廿日市駅・大竹駅と，瀬
戸内海沿岸に沿って進むことに着目すると，ウとエを見分けやすい。

問2．イ．山陽自動車道は，県の南部を東西に延びている。
エ．有田焼は佐賀県でつくられている陶磁器である。岡山県では，備
前焼がつくられている。　オ．岡山市は児島湾と接し，播磨灘（はりまなだ）とつながっている。
問3．(1)A．世界自然遺産に登録されている白神山地は，青森県・秋田県にまたがっている。
(2)①９つではなく８つならば正しい。　②たとえば，鹿児島県は熊本県・宮崎県の２県としか陸地で接してい
ない。　③正しい。「本州」は，東北地方・関東地方・中部地方・近畿地方・中国地方を合わせたものである。
④海に面していない県は，栃木県・群馬県・埼玉県・長野県・山梨県・岐阜県・滋賀県・奈良県の８つである。
⑤正しい。北海道の面積（約83500㎢）は，中国地方（約31900㎢）と四国地方（約18800㎢）を合わせた面積より広い。

3　問1．Aの資料は，７世紀初頭に定められた冠位十二階について示したものである。
問2．鎌倉幕府が御家人に対して与えるご恩の内容がエやカ（領地をあたえたり保護したりすること）であり，
御家人が鎌倉幕府に対して行う奉公の内容がウやキ（幕府のために戦ったり警備をしたりすること）である。
問3．(3)ア．五人組は，年貢の納入や犯罪の防止に連帯責任を負わせるため，江戸幕府が町人や百姓らに組織
させたものである。したがって，室町時代にはまだ五人組はなかったので，誤り。
問4．(2)⑦自分の領地では買い手が少ないため，米の値段は下がってしまうが，商人が集まる大阪には買い手
が多いので，米を高い値段で売ることができる。

4　問1．戊辰戦争のさ中，勝海舟が旧幕府方の代表，西郷隆盛が新政府側の代表として話し合い，江戸城の無
血開城を決定したとされている。
問2．岡倉天心は，フェノロサとともに，日本美術の復興に力をそそいだ。
問4．ウ．2002年，小泉純一郎首相は北朝鮮を訪問し，日朝国交正常化の交渉を行うことなどに合意した。
問5．ベトナムは，南北に分かれつしてベトナム戦争を戦い，1976年に統一を果たした。
問6．ア．第二次世界大戦終結後，ＧＨＱ（連合国軍最高司令官総司令部）の指示によって行われたから，Hの
後である。　イ．明治時代初期，文明開化（西洋の文化を積極的に取り入れようとする風潮）が起こった頃ので
きごとだから，Aの後である。　ウ．1953年のできごとだから，Iの後である。　エ．第二次世界大戦中（日
中戦争中）のできごとだから，Gの後である。　オ．高度経済成長は，1973年に起こった石油危機によって終
わったから，Jの後である。

5　問1．違憲立法審査権は，すべての裁判所が持つ権限である。
問2．講義の内容をまとめよう。国会は，憲法によって国権（国家権力）の最高機関と定められていて，国会が
制定する法律は憲法の枠組みの中で認められている。そして，最高法規である憲法に違反する法律は「その効
力を有しない（＝無効となる）」。つまり，国会が国権の最高機関であるといっても，そこで可決された法律が
憲法に違反していた場合，その法律は無効となる。この「憲法に違反しているかどうか」を審査する機関が裁
判所である。内閣（行政権）・国会（立法権）・裁判所（司法権）が，互いに抑制と均衡の役割を果たすことを三権

分立といい，裁判所に違憲立法審査権が認められているのは，この代表例である。過去に違憲立法審査権により無効となったものに，薬局の開設に距離制限を設けた薬事法の規定，尊属殺人（親などを殺害すること）に対して重罰を科していた憲法の規定，などがある。

問3．エ．国民審査は，最高裁判所の裁判官に対して国民が投票で審査を行うもので，任命後，最初の衆議院議員総選挙の際（その後は10年ごと）に行われる。この審査で有効投票の過半数が罷免（やめさせること）を可とした場合，その裁判官はやめさせられるが，2014年現在，国民審査でやめさせられた裁判官は1人もいない。

問4．イ．仕事・旅行・レジャーなど，投票日当日に用事があれば，それが「やむを得ない」ものでなくても，期日前投票を行うことができる。

問5．エ．天皇は，内閣の助言と承認にしたがい，憲法に定められた国事行為のみを行う。

6 問1．ユネスコ（ＵＮＥＳＣＯ）…国連教育科学文化機関

アは国際連合が行う活動，イはＷＨＯ（世界保健機関）が行う仕事，エはＰＫＯ（平和維持活動）が行うことがらである。

問3．ＮＧＯ…非政府組織／日本では，国際的な場面で活躍する団体をＮＧＯ，国内で活躍する団体をＮＰＯ（非営利団体）と呼び分けることが多い。

平成 ㉖ 年度 解答例・解説

=== 《解答例》 ===

1 問1．A．ア　B．イ　C．ウ　問2．藤前　問3．Eの地域では大気が汚染され，他の三つの地域では水が汚染された。　問4．ア　問5．エ

2 問1．ア　問2．ア　問3．ア　問4．イ　問5．鉄を冷却するため。

3 問1．津波によって，海の砂が内陸部まで流されたから。　問2．ア　問3．静岡県／山梨県
問4．こう水　問5．ペリー　問6．ウ　問7．徳川家光　問8．イ，エ

4 問1．第一次世界大戦　問2．B　問3．ア．日中戦争　イ．二・二六事件　問4．ドイツ
問5．札幌　問6．ア．Ｉ　イ．Ａ　ウ．Ｌ　エ．Ｃ　オ．Ｋ

5 問1．ア　問2．ウ　問3．エ　問4．9　問5．税収　問6．内閣総理大臣の指名／予算の議決／条約の承認などから1つ　問7．住民投票　問8．エ　問9．軍事目的

=== 《解　説》 ===

1 問1．冬の季節風の影響を強く受ける日本海側に位置するAは，冬の降水量が多いから，ア。濃尾平野に位置するBは，梅雨や台風の影響を受けて夏の降水量が多いから，イ。紀伊半島に位置するCは，南北の山地に季節風がさえぎられ，年間を通して降水量が少ないから，ウ。

問2．藤前干潟のほか，北海道の釧路湿原などが，「特に水鳥の生息地として国際的に重要な湿地に関する条約（ラムサール条約）」に登録されている。

問3．右表参照。

四日市ぜんそくは，工場から出た煙に含まれていた硫黄酸化物を原因とする。

問4．「出入りの多い海岸」をリアス海岸という。

ア．Fの志摩半島の英虞湾では，真珠の養殖がさかんに行われている。

公害名	原因	発生地域
水俣病	水質汚濁（メチル水銀）	八代海沿岸（熊本県・鹿児島県）
新潟水俣病	水質汚濁（メチル水銀）	阿賀野川流域（新潟県）
イタイイタイ病	水質汚濁（カドミウム）	神通川流域（富山県）
四日市ぜんそく	大気汚染（硫黄酸化物など）	四日市市（三重県）

問5．東海道は，現在の東京を起点とし，神奈川・静岡・愛知・三重・滋賀を経て京都に至る。　エ　長野・新潟・富山・岐阜にまたがる山脈。

② 問1．ア．東京スカイツリーは，高層ビルによる電波障害を解消するために作られた，地上デジタル放送用の電波塔である。

問2．イ．アルミ　ウ．プラスチック　エ．紙

問3．ア．韓国では鉄鋼業がさかんであり，韓国でつくられた鉄鋼が日本にも多く輸出されている。

問4．イ．日本の石炭の自給率は 0.8%（2009 年）に過ぎず，日本は工業に用いる資源の大半を海外からの輸入に頼っている。

問5．原料の鉄鉱石を熱で溶かして銑鉄（炭素を多く含んだ硬くもろい鉄）をつくり，その銑鉄をさらに熱して鉄（鋼）をつくる。この工程で，鉄は非常に高温となるため，冷却を目的として大量の水が使われる。

③ 問1．津波は，地震の発生にともなって発生する。

問2．ア．豊臣秀吉は，中国（明）の征服を目論み，1592 年（文禄の役）・1597 年（慶長の役）の２度にわたって朝鮮に出兵した。

問4．川の水がせき止められると，下流まで流れるはずだった水が氾濫し，こう水が発生する。

問5．1853 年，４隻の軍艦を率いてペリーが浦賀に来航して開国を要求した。翌年，幕府は，再び来航したペリーと日米和親条約を結んだ。

問6．ウ．関東大震災により，数十万戸の家屋が全壊・全焼した。

問7．1637 年，島原・天草地方の農民らが一揆を起こした（島原・天草一揆）。これを鎮圧した３代将軍徳川家光は，以後，キリスト教の弾圧を強め，ポルトガル船の来航を禁止し，長崎の出島にオランダの商館を移した。

問8．ア．①東北地方/⑤関東地方　イ．①東北地方/⑨主に東北地方　ウ．③中部～関東地方/⑦九州地方
エ．⑤関東地方/⑥関東地方　オ．⑦九州地方/⑧近畿地方

④ 問1．第一次世界大戦は，1914 年に始まり 1918 年に終わった。

問2．B．日本が朝鮮半島を支配するようになったのは，1910 年（韓国併合）のこと。朝鮮半島の支配は，日本が太平洋戦争に敗れたことで終わった。

問3．ア．1937 年，日中戦争は，北京郊外で起こった日中両軍の衝突（盧溝橋事件）から始まった。

イ．1936 年に起こった二・二六事件以降，軍部が発言力を強めていた。

問4．第二次世界大戦（1939～1945 年）の主な敗戦国のうち，イタリアは 1943 年に降伏，ドイツは 1945 年５月，日本は 1945 年８月に降伏した。

問6．ア．1968 年　イ．1901 年　ウ．2002 年　エ．1925 年　オ．1996 年

⑤ 問1．アは広島，エは長崎に原爆が投下された日時である。

問2．②直後に「銀行の仕事」とあることから，ウかエだとだわかる。このうち，エは天井が崩落するなどして業務を行える状態になかった。

問3．エ．基本的人権は，義務をはたしたかどうかを問わず認められる。

問4．平和主義は，日本国憲法の前文と第９条に規定されている。

問5．市町村などの地方公共団体は，地方税などの税収を主な財源とする。

問6．解答例のほか，国会は，憲法改正の発議・国政調査・裁判官の弾劾裁判などのはたらきを持つ。

問7．住民投票の結果に法的拘束力はないが，住民の意思を確認する上で一つのめやすとなる。

問8．エ．天皇は，内閣の助言と承認に従い，憲法に定められた国事行為を行う。法律の公布は，この「国事行為」の1つである。

問9．戦前における国有地の多くは，軍用地(軍隊の基地などに利用されるところ)として用いられていた。

平成 ㉕ 年度 解答例・解説

《解答例》

1 問1．盆地　問2．ウ　問3．菊の開花時期を遅らせて出荷するため。　問4．ア　問5．イ

2 問1．エ　問2．エ　問3．ア　問4．自動車の部品を作る工場と組み立て工場が別になっている。

3 問1．B．(き)　C．(く)　E．(け)　F．(い)　H．(あ)　問2．I→A→G→D→E

　問3．(1)御成敗式目〔別解〕貞永式目　(2)執権　(3)イ→エ→オ→ア　問4．この地域と沖縄が交易をしていたこと。

　問5．1．豊臣秀吉　2．徳川家康　問6．稲荷山古墳　問7．エ

4 問1．高度経済成長　問2．広島市…原子爆弾の投下(下線部は原爆でも可)　ホノルル市…真珠湾攻撃

　問3．日米修好通商条約　問4．長州藩／薩摩藩　問5．ウ　問6．西南戦争

　問7．日本に関税自主権がなかったから。　問8．アイヌ　問9．清〔別解〕中国　問10．エ

5 問1．1．ロンドン　2．パラリンピック　問2．ウ　問3．ア　問4．ノーマライゼーション

　問5．京都議定書

6 問1．1．内閣　2．平和主義　3．憲法　問2．エ　問3．裁判所　問4．エ　問5．ウ

《解　説》

1 問2．ア．田，イ．樹園地。

　問3．電照菊の栽培は，特に愛知県でさかんに行われている。

　問4．ア．「温州」は中国の地名。

　問5．ア．オーストラリアから最も多く輸入しているから牛肉。イとウで，国内生産量が輸入量を大きく上回っているウが鶏肉。残ったイが豚肉。

2 問1．エ．総務省ではなく国土交通省(気象庁)。

　問2．エ．農業地域におけるため池は常に貯水されているから，遊水量が少なく，防災調整池としての機能は多くない。洪水の被害を防ぐためにため池を増やすのであれば，農業地域ではなく山間部に作った方がよい。

　問4．部品工場が洪水の被害にあった場合，組み立て工場への部品供給が止まり，結果として組み立て工場でも生産が止まってしまう。

3 問1．B．法隆寺(奈良県)，C．吉野ヶ里遺跡(佐賀県)，E．出島(長崎県)，F．稲荷山古墳(埼玉県)，H．三内丸山遺跡(青森県)。

　問2．A．1232年，D．1590年(関東転封)，E．1636年(出島の完成)，G．1575年(長篠の戦い)，I．751年(大仏殿の完成)。

　問3．(2)1232年，北条泰時により制定された。

　(3)ア．1221年，イ．1184年，ウ．1274年・1281年，エ．1185年3月22日，オ．1185年4月25日。

　問6．この古墳から出土した鉄剣には「獲加多支鹵大王」の文字が刻まれており，同様の文字が熊本県の江田船山古墳から出土した鉄刀にも刻まれていることから，大和朝廷の勢力が九州地方から関東に及んでいたことがわかる。

　問7．エ．豊臣秀吉による刀狩(安土桃山時代)。

4　問1．高度経済成長は，1973年に起こった石油危機によって終わった。

　　問3．日米修好通商条約によって，横浜(神奈川)・神戸(兵庫)・函館・長崎・新潟の5港が開かれた。

　　問4．この同盟を薩長同盟といい，倒幕の前年(1866年)に結ばれた。

　　問5．ア．製鉄所→製糸場。イ．18才→20才。エ．大名は華族となった。

　　問6．西南戦争に敗れてからは，士族による反乱は武力から言論によるものが中心となり，自由民権運動が広まるようになった。

　　問7．関税自主権がないため，相手国と相談した上で関税を決定しなければならず，大きな足かせとなった。

　　問9．日清戦争の講和条約である下関条約によって，清は朝鮮の独立を認めることとなり，1897年，大韓帝国(韓国)として清から独立を果たした。

　　問10．太平洋戦争：1941〜1945年。ア．1910年，イ．1932年，ウ．1936年。

5　問2．ウ．アラブの春は，チュニジアのジャスミン革命から始まり，サウジアラビアなどの中東諸国にも広がった。

　　問4．バリアフリー(高齢者や身体が不自由な人の障壁となるものを取り除こうという考え方)と区別する。

　　問5．二酸化炭素を始めとする温室効果ガスの排出量を削減する取り組み。

6　問1．(3)憲法の改正には，国民投票で有効投票の過半数の賛成が必要。

　　問2．エ．国民審査で有効投票の過半数が罷免(辞めさせること)を可とすると，最高裁判所の裁判官は罷免させられる。

　　問4．エ．日本では，内閣総理大臣を直接選ぶことはできない。国民により直接選ばれた国会議員が内閣総理大臣を選ぶ間接選挙の形がとられている。

　　問5．ウ．知る権利は新しい人権の1つで，憲法には述べられていない。新しい人権にはほかに，環境権や日照権などがある。

■ ご使用にあたってのお願い・ご注意

（1）問題文等の非掲載

著作権上の都合により，問題文や図表などの一部を掲載できない場合があります。

誠に申し訳ございませんが，ご了承くださいますようお願いいたします。

（2）過去問における時事性

過去問題集は，学習指導要領の改訂や社会状況の変化，新たな発見などにより，現在とは異なる表記や解説になっている場合があります。過去問の特性上，出題当時のままで出版していますので，あらかじめご了承ください。

（3）配点

学校等から配点が公表されている場合は，記載しています。公表されていない場合は，記載していません。

独自の予想配点は，出題者の意図と異なる場合があり，お客様が学習するうえで誤った判断をしてしまう恐れがあるため記載していません。

（4）無断複製等の禁止

購入された個人のお客様が，ご家庭でご自身またはご家族の学習のためにコピーをすることは可能ですが，それ以外の目的でコピー，スキャン，転載（ブログ，ＳＮＳなどでの公開を含みます）などをすることは法律により禁止されています。学校や学習塾などで，児童生徒のためにコピーをして使用することも法律により禁止されています。

ご不明な点や，違法な疑いのある行為を確認された場合は，弊社までご連絡ください。

（5）けがに注意

この問題集は針を外して使用します。針を外すときは，けがをしないように注意してください。また，表紙カバーや問題用紙の端で手指を傷つけないように十分注意してください。

（6）正誤

制作には万全を期しておりますが，万が一誤りなどがございましたら，弊社までご連絡ください。

なお，誤りが判明した場合は，弊社ウェブサイトの「ご購入者様のページ」に掲載しておりますので，そちらもご確認ください。

■ お問い合わせ

解答例，解説，印刷，製本など，問題集発行におけるすべての責任は弊社にあります。

ご不明な点がございましたら，弊社ウェブサイトの「お問い合わせ」フォームよりご連絡ください。迅速に対応いたしますが，営業日の都合で回答に数日を要する場合があります。

ご入力いただいたメールアドレス宛に自動返信メールをお送りしています。自動返信メールが届かない場合は，「よくある質問」の「メールの問い合わせに対し返信がありません。」の項目をご確認ください。

また弊社営業日（平日）は，午前９時から午後５時まで，電話でのお問い合わせも受け付けています。

2025 春

株式会社教英出版

〒422-8054　静岡県静岡市駿河区南安倍３丁目 12-28

TEL　054-288-2131　　FAX　054-288-2133

URL　https://kyoei-syuppan.net/

MAIL　siteform@kyoei-syuppan.net

2025　26 の 1　広島大学附属中７年分

＜受検上の注意＞　答えは，すべて解答用紙に記入しなさい。

1　次の問いに答えなさい。

問1　次の計算をしなさい。
（1）　$15-(6-2)\times 3$

（2）　$\left(\dfrac{2}{3}-\dfrac{1}{4}\right)\div 0.5-3\times 0.25$

問2　図形に関する次の問いに答えなさい。
（1）　正六角形は線対称な図形です。対称の軸は何本ありますか。

（2）　下の図は，1目もりが1cmの方眼紙に点Oを対称の中心とする点対称な図形の半分をかいたものです。点対称な図形を完成させなさい。

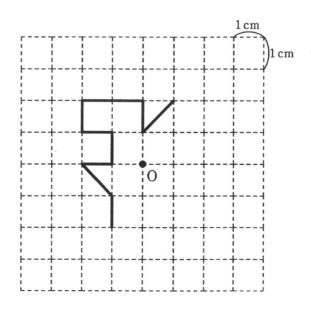

問3　左の表を見ると，2018年7月には最
　　低気温が21℃以上22℃未満の日は3日
　　あり，22℃以上23℃未満の日は2日あ
　　ります。このように，最低気温を1℃ご
　　とに区切って日数を調べ，それをまとめ
　　たものが右のグラフです。このグラフか
　　ら，広島市の最低気温のちらばりの様子
　　を見ることができます。

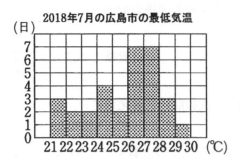

2018年7月の広島市の最低気温

　　　同じようにして，2018年7月の広島市の日ごとの平均気温のちらばりの様子を
　　グラフにまとめます。そのグラフとして正しいものを，次の**ア〜オ**から1つ選び，
　　記号で答えなさい。

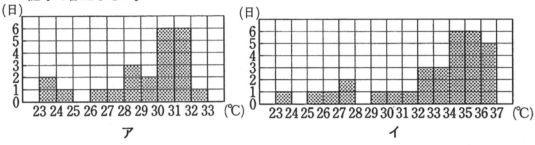

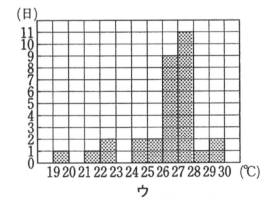

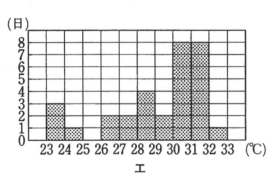

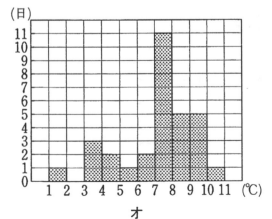

③ 右の図は，半径 6 cm の円の $\frac{1}{4}$ で，これを
「図形ア」と呼ぶことにします。このとき，
次の問いに答えなさい。ただし，円周率は
3.14 として答えること。

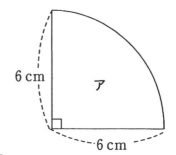

問1 図1は，たて6 cm，横 12 cm の長方形の中に，2 枚の図形アを重ならないように
並べた様子を表しています。色のついた部分の面積を求めなさい。

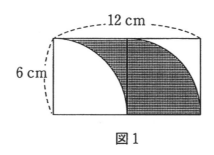

図1

問2 図2のように1枚目の図形アを置きます。そして，図3のように，1枚目とは時計
と反対回りに 80°ずらして2枚目の図形アを置き，さらに図4のように，2枚目とは
時計と反対回りに 80°ずらして3枚目の図形アを置きます。このようにして次々に
図形アを置いていくとき，はじめて1枚目の図形アとぴったり重なるのは，何枚目の
図形アですか。

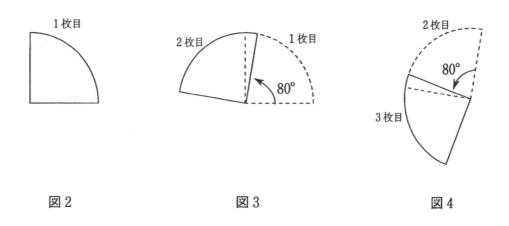

図2　　　　　　　図3　　　　　　　図4

問2 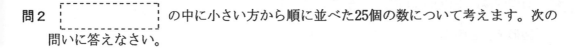 の中に小さい方から順に並べた25個の数について考えます。次の
問いに答えなさい。

（1） ┌──────────┐ の中に，1 から 25 までの 25 個の数を小さい方から順に並べ
ます。

```
┌─────────────────────────────────────────────┐
│  1 , 2 , 3 , 4 , 5 , ……… , 21 , 22 , 23 , 24 , 25  │
└─────────────────────────────────────────────┘
```

そして，それを下の図のように正方形の形に小さい方から順に並べていきます。
このとき，正方形の左上と右下を結ぶ対角線の上に並ぶ5つの数をすべてたすと
いくらになりますか。

```
1   →  2      9  → 10
       ↓      ↑      ↓
4   ←  3      8     11
↓             ↑      ↓
5   →  6  →  7     12
                     ↓
16 ← 15 ← 14 ← 13
↓
17 →  …
```

（2） ┌──────────┐ に入れる一番小さい数を決めます。その数に5をたして2番
目の数をつくります。その2番目の数に5をたして3番目の数をつくります。こ
のようにして次々に5をたして全部で25個の数をつくり，それを小さい方から
順に並べます。そして，これらの25個の数を（1）のように正方形の形に小さ
い方から順に並べ，左上と右下を結ぶ対角線の上に並ぶ5つの数をすべてたすと
490になりました。25個の数のうち，一番小さい数は何ですか。

5

　ひろしさん，だいすけさん，みなみさんの 3 人が，A 地点から B 地点までの片道800 m
のジョギングコースを往復しています。

　ひろしさんはいつも同じ速さでジョギングします。下のグラフは，ひろしさんが A 地点
を出発してから，ジョギングコースを止まることなく 3 往復するまでの様子を表していま
す。このとき，あとの問いに答えなさい。

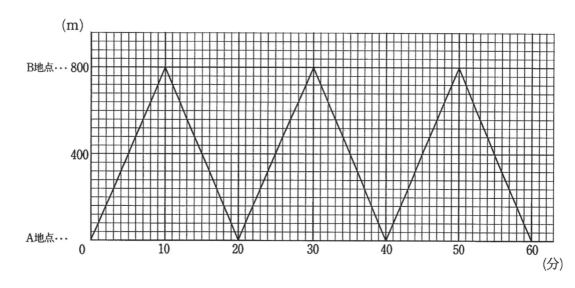

問 1　ひろしさんのジョギングする速さは，分速何mですか。

問 2　だいすけさんは，つねに分速100 m の速さでジョギングし，ジョギングコースを
　　　止まることなく 4 往復します。ひろしさんとだいすけさんが同時に A 地点を出発した
　　　とき，次の問いに答えなさい。
（1）　ひろしさんが 3 往復して A 地点に着いたとき，だいすけさんがいる場所は A 地点
　　　から何mはなれていますか。

（2）　ひろしさんが 3 往復するまでに，2 人は何回すれちがいましたか。

理　科　　（検査時間　社会とあわせて 50 分）

＜受検上の注意＞　　答えは，すべて解答用紙に記入しなさい。

1　図1は，ふりこについて，支点，ふりこの長さ，おもり，ふれはば をそれぞれ示しています。次の問いに答えなさい。

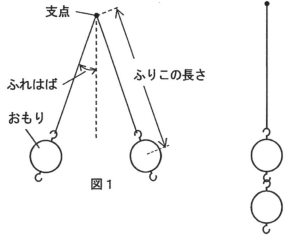

図1

図2

問1　ふりこが1往復する時間は，どのような条件で変わるのかを調べるため，おもりの重さを変えて実験をすることにしました。図2のようにおもりを2個つるして調べようとすると，先生から，「そのおもりのつるしかたはよくないよ」といわれました。よくない理由を答えなさい。

問2　ふりこが1往復する時間を調べるため，ふりこが 10 往復する時間をストップウォッチを使って測定し，この測定を3回くり返しました。表は1〜3回目で測定した時間をそれぞれa〜cの記号で示しています。これらの測定した時間を使ってふりこが1往復する時間を求めるには，どのような計算をすればよいですか。あとのア〜エの中から正しいものを1つ選び，記号で答えなさい。

表

回数	1回目	2回目	3回目
時間	a 秒	b 秒	c 秒

ア　a，b，cをそれぞれ 10 で割った値をすべて足す。

イ　a，b，cをそれぞれ 10 で割った値をすべて足し，6で割る。

ウ　a，b，cをすべて足し，3で割った値をさらに2で割る。

エ　a，b，cをすべて足し，3で割った値をさらに 10 で割る。

問3　[実験1]と同じものを用意して，次の①～③のようにして実験を行うと，ろうそくの
　　　火はどうなりますか。あとの**ア～ウ**から最も適切なものをそれぞれ1つずつ選び，記号で
　　　答えなさい。ただし，同じものをくり返し選んでもかまいません。

　　① ねん土の上にガラスのつつを置き，中にろうそくを入れ，ふたをせずに火をつける。
　　② ねん土の一部を切り取ってすき間をつくり，その上にガラスのつつを置き，中にろう
　　　　そくを入れ，火をつけたあとにふたをする。
　　③ ねん土の一部を切り取ってすき間をつくり，その上にガラスのつつを置き，中にろう
　　　　そくを入れ，ふたをせずに火をつける。

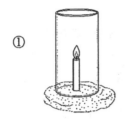 ①  ②  ③

　　　ア すぐに消える
　　　イ しばらく燃えたあと，消える
　　　ウ 燃え続ける

　[実験2] 集気びんに水を入れて気体を集め，図2のように火のついた
　　　　ろうそくを入れてふたをし，燃え方を観察しました。

問4　集気びんに水を入れる理由を説明しなさい。

問5　集気びんに集める気体を，①酸素，②ちっ素，③二酸化炭素にした
　　　とき，ろうそくの火はそれぞれどうなりますか。次の**ア～エ**から最も
　　　適切なものをそれぞれ1つずつ選び，記号で答えなさい。ただし，同
　　　じものをくり返し選んでもかまいません。

集気びん
水
図2

　　　ア すぐに消える
　　　イ しばらく燃えたあと，消える
　　　ウ 激しく燃え，そのあと消える
　　　エ 燃え続ける

問6　気体検知管やデジタル気体検知器を使わないで，二酸化炭素があることを確かめる方法
　　　を答えなさい。また，その結果も答えなさい。

3 メダカとその飼育に関する次の問いに答えなさい。

問1 メダカの飼い方として適切なものを，次の**ア〜カ**から**すべて**選び，記号で答えなさい。

　ア 水そうは，日光が直接あたる明るい場所に置く。
　イ 水道水を使って水を入れかえるときは，くみ置きしたものを使う。
　ウ 水がよごれたら，水を一度に全部入れかえる。
　エ メダカのえさは，１日に１回，食べ残すくらいの量を与える。
　オ イトミミズ や かんそうミジンコは，メダカのえさとして適している。
　カ 小石やすなを入れるときは，よく洗ってから入れる。

問2 メダカのメスは，卵を産んだあとしばらくのあいだ，体のある部分に卵をつけたまま泳いでいます。卵は体のどのあたりについていますか。図中の**ア〜エ**から１つ選び，記号で答えなさい。

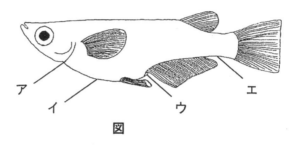

図

問3 メダカの卵は，水草につきやすくなっています。そのための卵のとくちょうを答えなさい。

問4 次の文はメダカの卵の大きさについて述べたものです。①，②にあてはまるものを**ア〜ウ**から１つずつ選び，それぞれ記号で答えなさい。

　　メダカの卵は，人の卵 ①（　**ア** より大きく　　**イ** と同じ大きさで　　**ウ** より小さく　），直径が約 ②（　**ア** 10　　**イ** 1　　**ウ** 0.1　）㎜ である。

問5 人とメダカは，受精卵から成長するために，必要な養分をそれぞれどのように得ていますか。ちがいが分かるように答えなさい。

中学校入学検査問題　　| 社　会 |　（検査時間　理科とあわせて50分）

＜受検上の注意＞　答えは，すべて黄色の解答用紙に記入しなさい。

1　日本の自然について，次の問いに答えなさい。

問1　次のア，イの図は，東北地方のいくつかの都市について，1月と7月の日照時間を表したものです。1月はア，イのどちらですか，記号で答えなさい。ただし，図中の数字の単位は時間です。

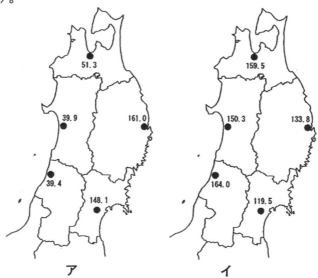

（気象庁ウェブサイトより作成。日照時間は1981年から2010年までの平均です。）

問2　次の5つの地図a〜eは，日本国内のいくつかの河川とその周辺の一部についてかいたものです。それぞれの名称と特徴を説明したア〜オのうち，誤っているものをすべて選び，記号で答えなさい。ただし，地図の縮尺は同じではありません。

a

b

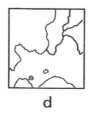
c

d

e

ア　aは最上川であり，この川の河口付近の海岸線は入り組んでいる。
イ　bは江の川であり，この川は広島県と島根県を流れている。
ウ　cは利根川であり，この川は流域面積が日本最大である。
エ　dは石狩川であり，この川はオホーツク海に流れこんでいる。
オ　eは吉野川であり，この川の河口部ではかつて四大公害病の1つが発生した。

問2　次のア～エのうち，日本の伝統的工芸品と代表的な産地の組み合わせとして，誤っているものを1つ選び，記号で答えなさい。

ア　漆器－輪島　　イ　織物－信楽　　ウ　焼き物－伊方里　　エ　将棋駒－天童

問3　日本の工業に関する次の文を読み，下線部a～eのうち，誤っているものをすべて選び，記号で答えなさい。

　　日本の工業について地域ごとにみると，2017年にもっとも工業出荷額が多いのはa中京工業地帯です。この工業地帯では鉄鋼業や自動車産業が発達しています。

　　鉄鋼業では，原料である鉄鉱石と石炭は日本国内ではほとんど産出されていないため，外国からの輸入にたよっています。どちらの資源も，2017年の最大の輸入先はbオーストラリアとなっています。

　　自動車産業では，日本国内でつくられた自動車は海外へ輸出もされており，2017年の最大の輸出先はc中華人民共和国となっています。近年の自動車産業の特徴として，利用者の環境問題への意識の高まりからエコカーの生産台数が増えていることがあげられます。また，自動車のリサイクル率はd10%台となっています。

　　このように，日本ではさまざまな製品が作られていますが，完成した工業製品は，工場から消費地へと輸送されていきます。2017年の国内貨物輸送手段の割合をみると，もっとも割合が高いのは自動車を用いた輸送で，次に高いのはe鉄道を用いた輸送となっています。

問4　次の表1は，平成28年に北海道，東京都，京都府，広島県を訪れた観光客の観光目的の割合を示したものです。表中のア～エにあてはまる都道府県名をそれぞれ答えなさい。

表1　観光客の観光目的　　　　　（単位は%）

	自然	歴史・文化	温泉・健康	スポーツ・レクリエーション	都市型観光	その他
ア	0.8	77.3	3.4	11.1	1.4	6.0
イ	5.4	35.7	6.7	23.9	11.2	17.1
ウ	0.3	6.7	2.6	14.3	74.1	2.1
エ	12.0	20.0	13.1	15.8	18.8	20.2

（観光庁「観光入込客統計（平成28年）」より作成。観光客は外国からの観光客も含んでいます。表中の数字は，四捨五入しているため，合計は100%にはなりません。）

3 次のA～Fの書物や作品について，あとの問いに答えなさい。

A 日本書紀　　B 解体新書　　C 源氏物語　　D 古事記伝　　E 万葉集
F 学問のすゝめ

問1　Aは，国の成り立ちを神話や伝説などをまじえて記しています。国が統一されていく
　　ようすを示す話で，九州や東日本の豪族を従えたとされる人物の名前を，カタカナで
　　答えなさい。

問2　Bは，もともと外国語で書かれた医学書をほん訳したものです。この外国語は何語か
　　答えなさい。

問3　次のア～オの人物の中から，Cの物語が書かれたころの人物を1人選び，記号で答え
　　なさい。

　　ア　北条時宗　　イ　源頼朝　　ウ　足利義満　　エ　藤原道長　　オ　鑑真

問4　次のア～エの学問や宗教の中から，Dの書物に最も関係の深いものを1つ選び，記
　　号で答えなさい。

　　ア　儒学　　イ　国学　　ウ　蘭学　　エ　仏教

問5　次のア～エの中から，Eの歌集に最も関係の深いものを1つ選び，記号で答えなさい。

　　ア　柿くえば　鐘が鳴るなり　法隆寺
　　イ　古池や　蛙飛びこむ　水の音
　　ウ　からころも　すそにとりつき泣く子らを　おきてぞ来ぬや　おもなしにして
　　エ　この世をば　わが世とぞ思う　もち月の　かけたることもなしと思えば

問6　Fの書物は，「天は人の上に人をつくらず」の書き出しで始められています。次のア～
　　エの中から，この書物の著者の主張として，誤っているものを1つ選び，記号で答えな
　　さい。

　　ア　人間は生まれながらに平等である。
　　イ　一国の独立は個人の独立にもとづく。
　　ウ　親の身分・職業は，子へ代々うけつぐべきである。
　　エ　学問をすることで，身を立てていくべきだ。

問5　人物Aと人物Bの名前を答えなさい。

5　次の文A〜Dについて，あとの問いに答えなさい。なお，A〜Dは年代順になっていません。

A　国際連合への加盟が認められた。
B　沖縄が日本に復帰した。
C　連合国軍の指導によって，民主的な社会をつくるための改革がすすめられた。
D　地球温暖化防止会議が京都でひらかれた。

問1　Aについて，この年に日本はある国との国交を回復しましたが，北方領土の問題についてはまだ解決されていません。次の地図中のa〜eのうち，北方領土に含まれないものを1つ選び，記号で答えなさい。

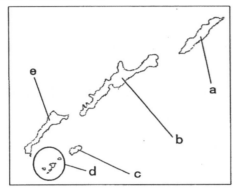

問2　Bについて，沖縄は，日本に復帰する前はアメリカ合衆国が治めていました。このことを定めた条約の名前を答えなさい。

問3　Cについて，すすめられた改革として，誤っているものを次のア〜エの中から，1つ選び，記号で答えなさい。

ア　小作農家も自分の農地をもてるようになった。
イ　労働組合の結成がすすめられ，労働者の権利が保障されるようになった。
ウ　20歳以上の男女が選挙権を持つことができるようになり，女性議員が誕生した。
エ　教育制度の改革が行われ，義務教育が6年間となった。

問4　Dについて，これより前に起こったものを次のア〜エから，すべて選び，記号で答えなさい。

ア　日本と韓国がサッカーワールドカップを共同で開さいした。
イ　東日本大震災が起こった。
ウ　阪神・淡路大震災が起こった。
エ　青函トンネルが開通した。

6　次の太郎さんと山田先生の会話を読んで，あとの問いに答えなさい。

太郎さん「国民と①国会と内閣と②裁判所とのかかわりについて調べる宿題について質問があります。」

山田先生「どんな質問ですか？」

太郎さん「国民を中心に，三つの機関がおたがいをチェックするようになっているのはわかりますが……」

山田先生「教科書に出ている，③三権分立を表した三角形の図のことね。」

太郎さん「そうです。国民からの矢印が国会に対して『選挙』，裁判所に対して『国民審査』なのはわかります。でも内閣に対しての『世論』というのは，選挙や国民審査のような制度があるわけじゃないですよね。」

山田先生「確かにそうね。国民から選挙で選ばれるアメリカの（　④　）とちがって，日本では国会で内閣総理大臣が選ばれるしくみになっているし，国会を通じて内閣に国民の意見が反映されるしくみになっているから，政治を研究している専門家の中には，日本の三権分立のしくみをあの三角形の図で表すことに反対している人もいるわ。」

太郎さん「へえ，そうなのですか。じゃあ『世論』にはあんまり意味がないのかな。」

山田先生「そんなことはないわ。太郎さんは『いじめ』が法律で禁止されていることを知ってる？」

太郎さん「え，知りませんでした。」

山田先生「この法律は2011年に『いじめ』の事件が大きく報じられて，対策を求める『世論』が盛り上がったことをきっかけに作られたのよ。」

太郎さん「じゃあ，『世論』は実際に国の政治にえいきょうを与えることがあるのですね。」

山田先生「そうね，しかもこのときは文部科学省のさまざまな対策に加えて法律が作られたわけだから，制度ではないけれどえいきょう力はあると言ってよさそうね。もちろん選挙に行って投票することは大切よ。」

問1　下線部①について，国会のしくみや仕事として正しいものを次のア～エから，1つ選び，記号で答えなさい。

ア　衆議院議員の中から内閣総理大臣を選ぶ。

イ　話し合いは衆議院と参議院のどちらかで行われ，多数決で議決される。

ウ　法律案を提出できるのは国会議員だけである。

エ　外国と結んだ条約を承認する。

問2　下線部②について，裁判所のしくみや仕事として誤っているものを次のア～エから，1つ選び，記号で答えなさい。

ア　刑事裁判の一部では裁判員裁判が行われている。

イ　国会が決めた法律が憲法に違反していないか判断する。

ウ　判決に納得できないときは3回まで裁判を受けられる。

エ　裁判は世論に配りょして行う。

5

問1	問3
分速　m	分速　m

問1	
	問2
	(1)　m
	(2)　回

4

問1		問2	
(1)	(2)	(1)	(2)
行目			

3

問1	問2	問3
cm²	枚目	枚

2（部分）

問1	問2	問3
日		

※

※100点満点
（配点非公表）

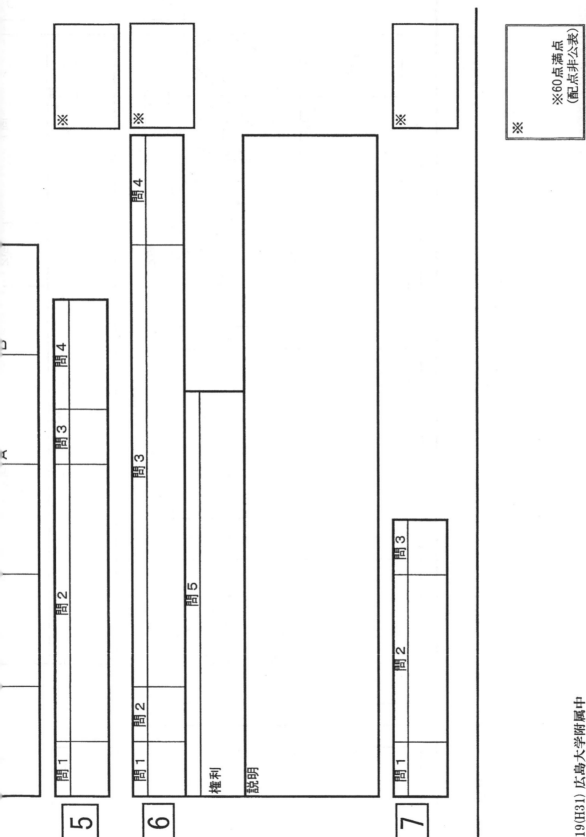

中 社 会 解 答 用 紙

受検番号

（検査時間　理科とあわせて50分）
〈注意〉※印のところには何も書いてはいけません。

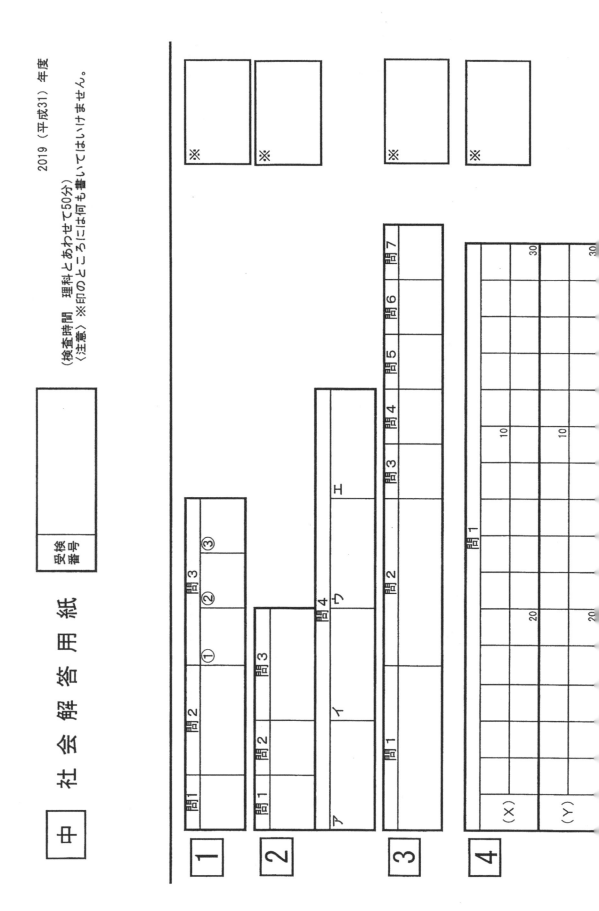

※

※

※

※

1

問1	問2	問3		
		①	②	③

2

問1	問2	問3	問4	
			ア	イ
			ウ	エ

3

問1	問2	問3	問4	問5	問6	問7

4

問1

（X）			10			20			30
（Y）			10			20			30

中 理 科 解 答 用 紙 　受検番号

2019（平成31）年度
（検査時間 社会とあわせて50分）
〈注意〉 ※印のところには何も書いてはいけません。

1

問1	問2	問3	
		(1) 　　　cm	(2)

※

2

問1			問2	問3		
①	②	③		①	②	③

問4		問5		
		①	②	③

問6		
	方法	結果
火をつける前		
火が消えたあと		

※

中　算数解答用紙

受検番号

（検査時間　50分）　　2019（平成31）年度

＜注意＞※印のところには何も書いてはいけません。

1

問1　（1）　　　　　　　（2）

問2　（2）

問2　（1）

問3　　　　本

問4　　　　人

1cm
1cm
O

※

問3　下線部③のしくみが作られた目的を説明した次の文の空らん（あ）に入る言葉を書き，文を完成させなさい。

> 三つの機関がおたがいをチェックし，（　　　　　　　　あ　　　　　　　　）。

問4　（　④　）に入る，アメリカの行政権の長の役職名を答えなさい。

問5　民主主義のしくみをうまく働かせるためには，選挙などの「参政権」以外にもさまざまな権利が保障されている必要があります。民主主義のしくみをうまく働かせるためには，どのような権利が保障されている必要がありますか。会話の中に出てくる，選挙などの「参政権」以外に，日本国憲法で保障されていると考えられている権利の中から，1つ選んで答えなさい。また，その権利がどのように民主主義のしくみをうまく働かせているか，説明しなさい。

7　国際連合（国連）について，次の文を読んで，あとの問いに答えなさい。

　国際社会には①すべての国は平等だという原則があります。国連も原則として全ての国を平等にあつかい，②戦争を防ぎ，国どうしの良好な関係を発展させることをめざしています。そのために国連を中心にさまざまな③国連機関やNGO（非政府組織）が協力しています。また，「持続可能な開発」のように目標と期間を定めて世界の国々に問題解決を働きかけることもしています。

問1　下線部①について，全ての国が平等であるという原則がえいきょうしている例として誤っているものを次のア〜エから，1つ選び，記号で答えなさい。

ア　領土問題ではどちらの国の言い分も同じようにあつかわれる。
イ　国連の総会では発展途上国のえいきょう力が小さくなっている。
ウ　どの国に対しても，条約を結ぶことを強制することはできない。
エ　人権しん害につながる法律を作った国があっても，他国は変えさせることができない。

問2　下線部②について，国連の中で，戦争を防ぐための話し合いを中心的に行っている機関の名前を答えなさい。

問3　下線部③について，国連機関であるものを次のア〜エのうちから，1つ選び，記号で答えなさい。

ア　国境なき医師団　イ　青年海外協力隊　ウ　ユニセフ　エ　ペシャワール会

4 はじめさんは夏休みの宿題で，近代において活やくした人物Aと人物Bについて調べ学習を行い，次のような年表にまとめました。あとの問いに答えなさい。

人物A

1864年	江戸で生まれた。
1871年	①使節団とともにアメリカ合衆国へわたった。
1882年	日本に帰国した。
1883年	②伊藤博文の家で住み込みの家庭教師となった。
1889年	再びアメリカ合衆国に留学した。
1900年	女子英学塾を開校した。
1903年	女子英学塾から初めて8名の卒業生を送り出した。
1929年	鎌倉で亡くなった。

人物B

1876年	福島県で生まれた。
1878年	いろりにおちて，左手に大やけどを負った。
1897年	医師の試験に合格した。
1900年	アメリカ合衆国へわたった。
（あ）	
1914年	アメリカ合衆国で発表した研究で，③ノーベル賞候補となった。
1918年	黄熱病の研究をはじめた。
1928年	黄熱病のためアフリカのガーナで亡くなった。

問1 下線部①の使節団の目的は，不平等条約の改正を進めるためでした。次の文は，条約の取り決めが，日本の社会や産業に与えたえいきょうについてのべたものです。空らん（X）と（Y）に入る説明を，それぞれ30字以内で書き，文を完成させなさい。

領事裁判権（治外法権）を認めているため，（   X   ）。
関税自主権が認められていないため，（   Y   ）。

問2 下線部②の人物は，大日本帝国憲法の草案づくりの中心となった人物です。下線部②の人物が参考にした憲法は，どこの国のものですか。国名を答えなさい。

問3 下線部③について，日本人として初めてこの賞を受賞した人物の名前を答えなさい。

問4 人物Bの年表中の（あ）の時期に発生した戦争に関して，次のア～オの中から，日本についてのべた文として，誤っているものをすべて選び，記号で答えなさい。

ア 南満州の鉄道の権利を得た。
イ 台湾とリヤオトン（遼東）半島を領土にした。
ウ 日本海海戦では，東郷平八郎の指揮で勝利をおさめた。
エ 当時の日本の国家予算の約3倍の賠償金を得た。
オ 樺太（サハリン）の南半分を領土にした。

問7　次の①〜⑥は，歴史上のある時期についてのべたものです。A〜Fの書物や作品ができた時期と同じ時期になる組み合わせとして正しいものを，あとのア〜カから，1つ選び，記号で答えなさい。

① 大名は，1年ごとに江戸と自分の領地を行き来して，幕府の決めた命令に従っていた。
② フランシスコ＝ザビエルが鹿児島に来て，キリスト教を伝えた。
③ 田楽や猿楽が，観阿弥・世阿弥父子によって能として大成された。
④ 農民は，租や庸・調などの税をかけられて，きびしい生活を送っていた。
⑤ 元が襲来したが，武士の活やくなどでげき退することができた。
⑥ まちには馬車が走り，ガス灯がともされ，牛肉を売る店もできた。

　　ア　A−①　　　イ　B−②　　　ウ　C−③　　　エ　D−④　　　オ　E−⑤
　　カ　F−⑥

2 日本のさまざまな産業について，次の問いに答えなさい。

問1 下の図2は，きゅうりとキャベツについて，東京都中央卸売市場の1月と7月の月別入荷量の合計と産地上位6都道府県からの入荷量を示したものです。AとBはきゅうりの入荷量を，CとDはキャベツの入荷量を表しています。

　　次のア～エのうち，1月の入荷量として，正しい組み合わせを1つ選び，記号で答えなさい。

　　ア A―C　　イ A―D　　ウ B―C　　エ B―D

きゅうり

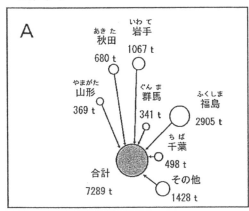 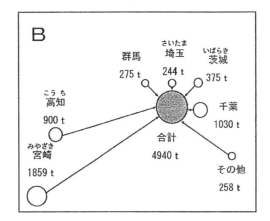

キャベツ

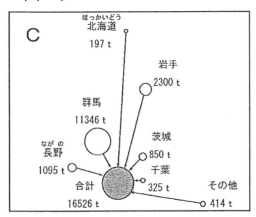 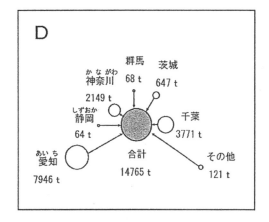

図2　きゅうりとキャベツの東京都中央卸売市場の月別入荷量と産地（2017年）

（東京都中央卸売市場の資料より作成。灰色の円（合計）は東京都中央卸売市場の月別入荷量の合計です。また，数字と白色の円は，それぞれの都道府県からの月別入荷量を表しています。ただし，それぞれの都道府県とその他の月別入荷量は，四捨五入しているため，それらをすべて足しても，図中の合計とは同じになりません。）

問3　次のア～ウの図は，図1中の線①～③のいずれかに沿った地形の断面を表したもの
　　で，図1と断面図の●印と○印は対応しています。線①～③の断面として適する図
　　を，ア～ウからそれぞれ選び，記号で答えなさい。ただし，ア～ウの縦軸は土地の高
　　さを表しており，また，横軸の縮尺は同じではありません。

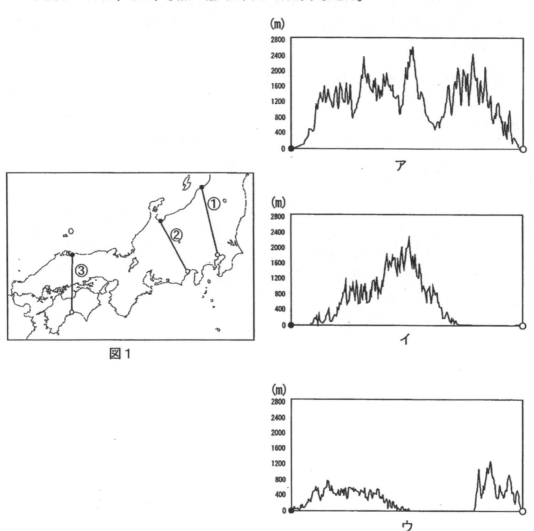

B　9月のある晴れた日の午後8時ごろに，夏の大三角を観察しました。図3はそのときの星のようすを表したものです。なお，★は1等星を，◆は2等星を，●は3等星以下を表しています。次の問いに答えなさい。

図3

問4　夏の大三角を線で表しなさい。

問5　デネブはどの星ですか。△で囲みなさい。

問6　こと座の星はどれですか。〇で1つずつ**すべて**囲みなさい。

問7　時間がたつと図3の夏の大三角は，どの向きに移動しますか。図4中の**ア～エ**から最も適切なものを1つ選び，記号で答えなさい。

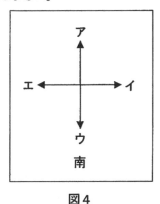

図4

| 4 | 次のAとBに答えなさい。

A 太陽の向きとかげの向きとの関係を調べるために，円形の紙に4本の線を引いた記録用紙を用意しました。これを用いて，4月のある晴れた日の午前10時にかげの観察を行いました。まず，方位磁針で東西南北を確認し，次に，4本の線が交わるところにぼうを立て，できたかげをなぞりました。図1はその結果を表しています。

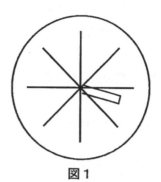

図1

問1 午前10時に，太陽はぼうから見てどの向きにありましたか。解答用紙中の図の中心から→（矢印）で示しなさい。

問2 北はどの向きですか。図2中の①〜⑧のうち，最も適切なものを1つ選び，番号で答えなさい。

図2

問3 午前10時の観察から2時間後に，再び観察を行い，同じ記録用紙にできたぼうのかげをなぞりました。この結果として最も適切なものを，次のア〜クから1つ選び，記号で答えなさい。

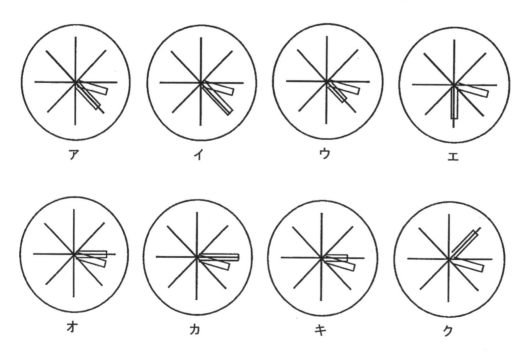

ア　　　イ　　　ウ　　　エ

オ　　　カ　　　キ　　　ク

2 ろうそくを使って [実験1] と [実験2] を行いました。あとの問いに答えなさい。

[実験1] ガラスのつつ，ねん土，ろうそく，ふたを用意し，図1のようにして，ろうそくに火をつけたあとにふたをすると，しばらく燃えたのちに火が消えました。

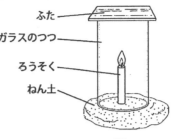

図1

問1　[実験1] で，ろうそくに火をつける前のガラスのつつの中の空気中にふくまれる酸素と二酸化炭素の量と，ろうそくの火が消えたあとのガラスのつつの中の空気中にふくまれる酸素と二酸化炭素の量を，それぞれ気体検知管を用いて調べました。このとき用いた検知管は①酸素用検知管（6～24％用），②二酸化炭素用検知管（0.5～8％用），③二酸化炭素用検知管（0.03～1.0％用）の3種類です。火をつける前と，火が消えたあとについて調べた3種類の検知管のようすとして，最も適切なものを次のア～ケから1つずつ選び，それぞれ記号で答えなさい。

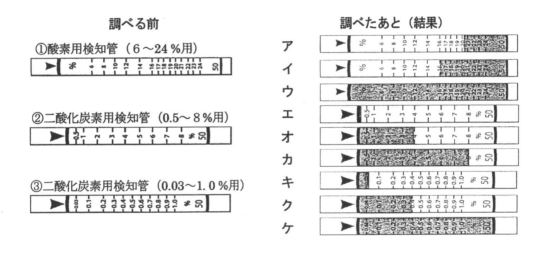

問2　[実験1] で，ろうそくの火が消えたあとのガラスのつつの中に，火のついたろうそくを入れるとどうなりますか。次のア～ウから最も適切なものを1つ選び，記号で答えなさい。

　　ア　すぐに消える
　　イ　しばらく燃えたあと，消える
　　ウ　燃え続ける

問3　図3は，ふりこの長さと1往復する時間の実験結果をグラフにかいたものです。この結果を用いて，あとの（1）と（2）の問いに答えなさい。

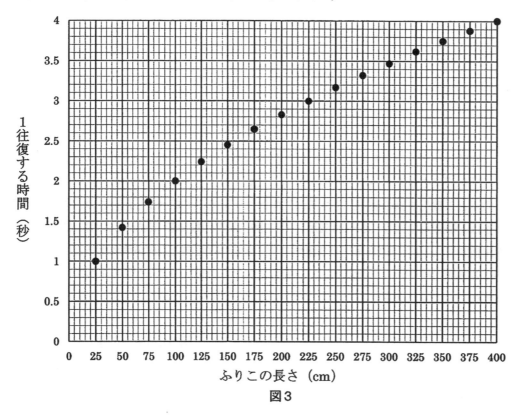

図3

（1）1往復する時間が3秒になるようなふりこにするには，ふりこの長さを何 cm にすればよいですか。

（2）ある長さのふりこを用意し，その長さを 25 cm 変えて1往復する時間を調べました。変える前と比べて1往復する時間の差はどうなりますか。時間の差について説明した次のア〜エの中から，正しいものを1つ選び，記号で答えなさい。

　ア　用意したふりこの長さが短いときほど，長さを変える前と後の1往復する時間の差は小さくなる。

　イ　用意したふりこの長さが短いときほど，長さを変える前と後の1往復する時間の差は大きくなる。

　ウ　用意したふりこの長さには関係なく，長さを変える前と後の1往復する時間の差は一定である。

　エ　図3の結果だけからは，ふりこの長さを変えたときの1往復する時間の差は説明できない。

問3　みなみさんは，A 地点からB 地点まではひろしさんと同じ速さでジョギングし，
　　B 地点から A 地点までは，ひろしさんよりも速い一定の速さでジョギングします。
　　みなみさんはひろしさんと同時に A 地点を出発し，ジョギングコースを止まること
　　なく何往復かします。ひろしさんが 3 往復して A 地点に着いたとき，ちょうど後ろ
　　からみなみさんが追いつきました。また，それまでに，みなみさんはひろしさんと何
　　回かすれちがいましたが，後ろから追いぬくことはありませんでした。みなみさんが
　　B 地点から A 地点に向かってジョギングするときの速さは分速何mですか。

4　次の問いに答えなさい。

問1　次のように，「1」，「2」，「3」，・・・・・・，「196」という196種類の数が5個ずつ並んでいます。

1, 1, 1, 1, 1, 2, 2, 2, 2, 2, 3, 3, 3, 3, 3, 4, 4, ・・・・・, 195, 195, 196, 196, 196, 196, 196

これらの数を，下のように，表の左上から順に入れていきます。この表のたての並びを「列」，横の並びを「行」と呼ぶことにすると，この表は，左から順に1列目，2列目，・・・，7列目まであり，上から順に1行目，2行目，・・・，140行目まであります。

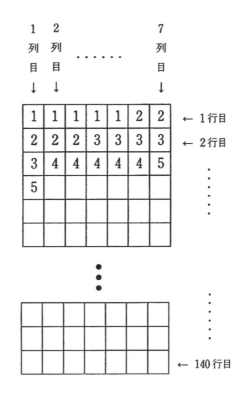

（1）　一番最初に「132」が入るのは上から何行目ですか。

（2）　「1」から「196」までの数で，7列目に入らない数が何種類かあります。そのような数の中で，2番目に大きい数は何ですか。

問3　図形アを4枚使って半径6cmの円を作ります。
　　そして，その円を，図5のように円の中心が一直
　　線に並ぶように下に6cmずつずらしながら重ね
　　てはり合わせ，新しい図形を作ります。この図形
　　の周りの長さ（太い線の部分）が163.28cmであ
　　るとき，図形アは全部で何枚使用しましたか。

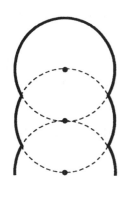

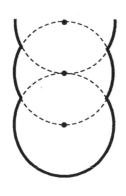

図5

2

次の表は 2018 年 7 月の広島市の日ごとの平均気温，最高気温，最低気温を示したものです。あとの問いに答えなさい。

表　2018年7月の気温（広島市）　　　　　　　　（単位は ℃）

日	平均気温	最高気温	最低気温
1	27.1	31.2	22.9
2	28.3	32.4	24.6
3	26.2	27.5	24.5
4	26.8	29.7	24.9
5	24.6	26.7	23.3
6	23.0	23.7	22.4
7	23.4	27.1	21.5
8	23.1	25.0	21.8
9	27.1	32.7	21.9
10	28.4	33.5	23.7
11	28.6	32.0	24.6

日	平均気温	最高気温	最低気温
12	29.5	33.5	25.9
13	29.8	33.3	25.7
14	30.4	34.3	26.4
15	30.3	34.3	26.4
16	30.3	34.6	26.3
17	30.6	35.2	26.7
18	31.1	34.9	27.1
19	31.9	36.7	27.3
20	31.3	36.7	27.3
21	30.9	35.1	27.1
22	30.9	34.9	27.5

日	平均気温	最高気温	最低気温
23	31.1	35.4	28.1
24	32.0	36.4	27.7
25	31.7	36.4	26.9
26	31.9	35.9	29.1
27	31.2	35.4	28.6
28	30.7	36.3	26.7
29	28.3	30.2	26.1
30	30.5	34.9	27.3
31	31.3	35.9	28.0

気象庁の資料(2018年)より作成

問1　「猛暑日」とは，最高気温が 35 ℃以上の日のことです。2018 年 7 月の広島市では猛暑日は何日ありましたか。

問2　2018 年 7 月の広島市の気温について，次のア〜オの中から正しいものをすべて選び，記号で答えなさい。

ア　日ごとの平均気温は，すべて 22 ℃をこえている。

イ　日ごとの平均気温は，前の日に比べて常に高くなっている。

ウ　猛暑日は 6 日以上は続いていない。

エ　平均気温が一番高い日は，最高気温も一番高い日である。

オ　日ごとの最高気温と最低気温の差は，7 月の初めの 2 日間の平均より，7 月の終わりの 2 日間の平均の方が小さい。

問3　図1のような小さなバケツに水が入っています。また，図2のような，1辺の長さ
　　が6cmの立方体を8個組み合わせた形の透明の容器があります。この容器の中には
　　何も入っていません。まず，図2の容器を，図3のように，面⒜が上側にくるよう
　　にテーブルに置き，面⒜を取り外します。そこからバケツに入った水をすべて入れ
　　たところ，水面が底から7cmの高さになりました。それから，バケツに容器の水を
　　すべてもどします。そして，図2と同じ形，同じ大きさの，中に何も入っていない別
　　の容器を，図4の面⒤と面⒰が上側にくるようにしてテーブルに置き，その面⒤
　　と面⒰を取り外して，面⒰があったところから，バケツに入っている水をもう一度
　　すべて入れました。このとき，水面は底から何cmの高さになりますか。ただし，
　　容器の厚さは考えないものとします。

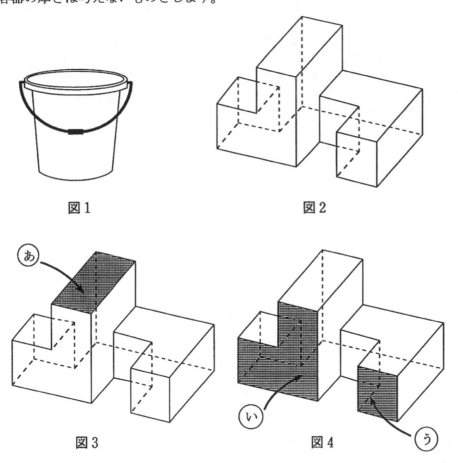

図1　　　　　　　　　　　　図2

図3　　　　　　　　　　　　図4

問4　あるボランティアに中学生と高校生が参加しました。参加した中学生と高校生の
　　人数の比は4：5で，参加した男子と女子の人数の比は4：3でした。また，参加した
　　中学生の男子と中学生の女子の人数は同じでした。高校生の男子の人数が30人以下
　　であるとき，高校生の女子の人数は何人ですか。

算　数　　　　（検査時間　50分）

<受検上の注意>　答えは，すべて解答用紙に記入しなさい。

1　次の問いに答えなさい。

問1　次の計算をしなさい。

$$\left(\frac{4}{7}-\frac{8}{63}\right)\times 2.7-\frac{9}{20}$$

問2　ある本を読むのに，毎日15ページずつ読むつもりだったのですが，
はじめの日だけ15ページより多く読んでしまいました。2日目からは，
毎日15ページずつ読んだので，5日目で全体の $\frac{1}{4}$，14日目で全体の $\frac{2}{3}$ まで
読み進めることができました。はじめの日に読んだページ数を求めなさい。

問3　右の図のストップウォッチは，長い針は1分で1周し，
短い針は10分で1周します。また，時間を計り始める
ときは，どちらの針も10を指す位置にあります。
（右の図は，1分18秒を表しています。）
　このストップウォッチで時間を計るとき，1分から
2分の間で，長い針と短い針のつくる角のうち，
小さい方の角の大きさが126°になることが2回あります。
2回目に126°になるのは1分何秒のときかを答えなさい。

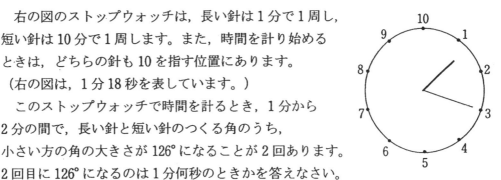

問2　下のグラフは，点Pが点Cを出発してから40秒後までの，点Eと点Pの間の
　　長さの変化の様子を表したものです。
　　　同じように，点Qが点Dを出発してから40秒後までの，点Aと点Qの間の
　　長さの変化の様子を表すグラフをかきなさい。

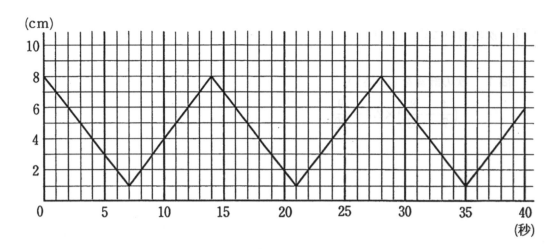

問3　点Pが点Cを，点Qが点Dを同時に出発してから，はじめて四角形AEPQが
　　平行四辺形になるのは，出発してから何秒後ですか。
　　　また，点Pが点Cを，点Qが点Dを同時に出発してから，4回目に四角形
　　AEPQが平行四辺形になるのは，出発してから何秒後ですか。

問4　点Pが点Cを，点Qが点Dを同時に出発してから，2回目に ▨ の部分の
　　面積が2cm²になるのは，出発してから何秒後ですか。

3 次の問いに答えなさい。

問1 図1は，三角柱の展開図の一部です。

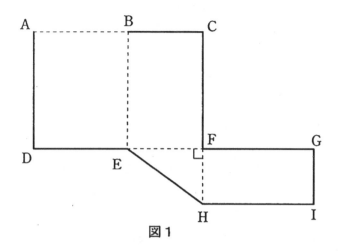

図1

（1） 図1の辺 AB の上側に三角形をつけて，展開図を完成させます。
下の あ ～ え の三角形のうち，どの三角形をつければよいですか。
あ ～ え の中から1つ選び，記号で答えなさい。
ただし， あ ～ え にかかれている点 A，点 B は，図1の点 A，点 B に
対応する点とします。

（2） 図1で，三角形 EFH は，辺 EF が4cm，辺 EH が5cm で，辺 EF と
辺 FH が垂直に交わる直角三角形です。また，長方形 FGIH の辺 HI は
6cm で，辺 GI は3cm です。
このとき，（1）で完成させた展開図を組み立ててできる三角柱の体積を
求めなさい。

5　　35人のクラスで国語と算数のテストをしました。国語のテストは1問1点の10問で10点満点，算数のテストは1問2点の5問で10点満点です。両方のテストとも，各問題は正解か不正解のいずれかで得点を計算します。

　　国語と算数の得点にしたがって，35人を次の4つのグループに分けます。

　　　　グループA　……　国語も算数も8点以上
　　　　グループB　……　国語は8点以上，算数は8点未満
　　　　グループC　……　算数は8点以上，国語は8点未満
　　　　グループD　……　国語も算数も8点未満

　このとき，次の問いに答えなさい。

問1　グループAとグループBはあわせて20人いて，その人たちの国語の得点の合計は188点でした。また，グループCとグループDをあわせた15人の国語の得点の平均はちょうど6.6点でした。
　　　このクラス全体の国語の得点の平均を求めなさい。

問2　このクラス全体の算数の得点の合計は264点で，8点以上の人と8点未満の人の人数の比は3：2でした。
　　　このとき，A〜Dのグループについて，それぞれの算数の得点の合計を計算し，クラス全体の算数の得点の合計にしめる各グループの割合を百分率で求めました。
　　　さらに，その百分率を $\frac{1}{10}$ の位で四捨五入して整数で表すと，Aが54％，Bが10％，Cが21％，Dが15％でした。

　（1）　グループAの人数を x 人とするとき，グループCの人数を x を使った式で答えなさい。

　（2）　グループCの算数の得点の合計を求めなさい。

　（3）　グループAの人数を求めなさい。

理　科　（検査時間　社会とあわせて 50 分）

<受検上の注意>　1．答えは，すべて解答用紙に書きなさい。
　　　　　　　　　2．字数制限のある問題では，句読点も 1 字に数えます。

1　AさんとBさんは電磁石の性質を調べるために，それぞれ 10 m のエナメル線を用いて次に示した方法でコイルを 2 つずつつくりました。

┌──┐
│ ＜Aさんのコイルのつくり方＞ │
│ ①　100 回巻のコイルをつくり，エナメル線を切った。 │
│ ②　残りのエナメル線をすべて使ってコイルをつくったところ，300 回巻のコイルができた。 │
└──┘

┌──┐
│ ＜Bさんのコイルのつくり方＞ │
│ ①　エナメル線を半分に切り，5 m のエナメル線を 2 つつくった。 │
│ ②　一方のエナメル線で 100 回巻のコイルをつくり，巻ききれなかったエナメル線は図1のように束ねておいた。 │
│ ③　もう一方のエナメル線で 200 回巻のコイルをつくった。 │
└──┘

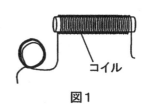

コイル

図1

問1　AさんとBさんは電磁石の強さを調べるために，図2のように鉄しんを入れたコイルとスイッチ，かん電池 1 個をつないで回路をつくりました。回路に電流を流し，電磁石をゼムクリップがたくさん入った容器の中に入れ，電磁石につり下げられたゼムクリップの数を数えました。表には，それぞれ 5 回調べた結果の平均を示しています。あとの問いに答えなさい。

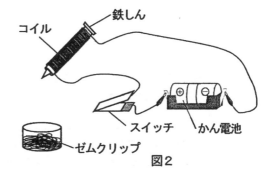

鉄しん
コイル
スイッチ　かん電池
ゼムクリップ
図2

表	ゼムクリップの数（個）
Aさんの 100 回巻のコイル	8.8
Aさんの 300 回巻のコイル	15.8
Bさんの 100 回巻のコイル	6.4
Bさんの 200 回巻のコイル	12.2

（1）　図2のように電磁石の強さを調べる実験をするとき，コイルに電流を流したままにすると危険です。なぜ危険なのですか。15 字以内で答えなさい。

（2）　AさんとBさんは 100 回巻のコイルの実験結果から，Aさんの電磁石とBさんの電磁石の強さにちがいがあることに気づきました。電磁石の強さにちがいが生じたのはなぜですか。20 字以内で答えなさい。

（3）　AさんとBさんは実験結果から，「コイルの巻き数が多いほど強い電磁石になる」と考えました。コイルの巻き数と電磁石の強さの関係について，正しく比べることができるのはどの組み合わせですか。正しい組み合わせをア～エから 1 つ選び，記号で答えなさい。

問3 図3は,【観察4】で観察したヘチマのおばなとめばなの花のつくりを示したものです。ヘチマ,アブラナ,アサガオの花のつくりをそれぞれ比べたとき,アブラナとアサガオだけにみられる共通点はどんなことですか。25字以内で答えなさい。

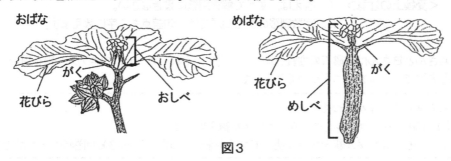

おばな　めばな

がく　花びら　おしべ　花びら　めしべ　がく

図3

問4 図4は,【観察5】のけんび鏡で観察したときのようすを示したものです。花粉が中央にくるようにするには,スライドガラスをどの向きへ動かせばよいですか。図5のア〜エから正しいものを1つ選び,記号で答えなさい。

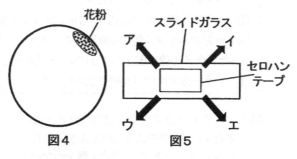

花粉　スライドガラス　セロハンテープ

ア　イ　ウ　エ

図4　図5

問5 下線部①がなぜ起こるのかを調べるために,もう一度翌年の4月からヘチマを育てました。8月になり,おばなやめばながさいたころに,次の実験を行いました。あとの問いに答えなさい。

【方法】1. 次の日にさきそうなめばなのつぼみを2つ選び,これらをA,Bとした。A,Bそれぞれのつぼみに紙のふくろをかぶせて,口をひもでしばった。
2. Aは,めばながさいたら,紙のふくろを取り外して,めしべの先におしべの花粉をつけてから,もう一度ふくろをかぶせて口をひもでしばった。Bは,めばながさいても,紙のふくろをかぶせたままにしておいた。
3. A,Bそれぞれのめばながしぼんだら,紙のふくろを取り外して,その後に実ができるかどうかを調べた。
【結果】Aは実ができたが,Bは実ができなかった。

(1) 自然の状態では,ヘチマの花粉はこん虫によってめしべに運ばれます。次のア〜エの植物のうち,こん虫によって花粉が運ばれないものを1つ選び,記号で答えなさい。

　ア アサガオ　　イ アブラナ　　ウ トウモロコシ　　エ トマト

(2) 実験の結果から,下線部①の「めばなによっては実ができていないものもあった」のはなぜだと考えられますか。次の文章の（　）に20字以内で適切なことばを入れ,文章を完成させなさい。

　めばながさいている間に（　　　　　　　　　　　　）から。

問6　下線部②について，12月のうちに，実からこぼれ落ちていたヘチマの種子を，4月と同じように土を入れたビニルポットに植えて，水をじゅうぶんにあたえましたが，発芽しませんでした。この場合，発芽に必要な条件として不足しているものは何だと考えられますか。10字以内で答えなさい。

3　空気や水を用いて力を加えたりあたためたりする実験や，金属を熱する実験を行いました。あとの問いに答えなさい。

【実験1】
① 図1のように注射器に空気を閉じこめ，空気がもれないようにゴムせんでふたをして，机の上に垂直に立てました。
② 図2のようにピストンを2目盛り分おし下げたときの手ごたえを調べました。
③ 図3のように②のときから，さらに2目盛り分おし下げたときの手ごたえを調べました。

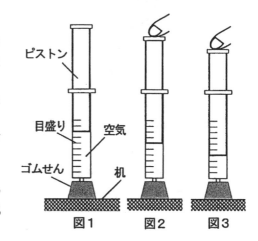

図1　　図2　　図3

問1　② (図2) と③ (図3) のときの手ごたえについて，次のア～ウから正しいものを1つ選び，記号で答えなさい。

ア　②のときの手ごたえと③のときの手ごたえは同じである。
イ　②のときの手ごたえの方が，③のときの手ごたえよりも大きい。
ウ　③のときの手ごたえの方が，②のときの手ごたえよりも大きい。

【実験2】
① 実験1で用いた注射器とゴムせんを用いて，図4のように注射器に実験1のときの半分の体積の空気を閉じこめ，机の上に垂直に立てました。
② 図5のようにピストンを2目盛り分おし下げたときの手ごたえを調べました。

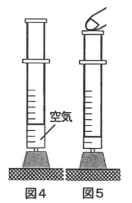

図4　　図5

問2　実験1の② (図2) のときの手ごたえと実験2の② (図5) のときの手ごたえについて，次のア～ウから正しいものを1つ選び，記号で答えなさい。

ア　実験1の②のときの手ごたえと実験2の②のときの手ごたえは同じである。
イ　実験1の②のときの手ごたえの方が，実験2の②のときの手ごたえよりも大きい。
ウ　実験2の②のときの手ごたえの方が，実験1の②のときの手ごたえよりも大きい。

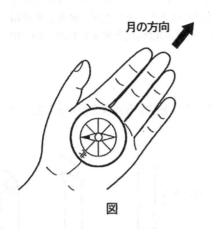

図

月の方向

表	月がのぼって見え始める時刻	太陽がしずんで見えなくなる時刻
1日	午前 11 時 10 分	午後 6 時 6 分
2日	午後 0 時 0 分（正午）	午後 6 時 7 分
3日	午後 0 時 54 分	午後 6 時 8 分
4日	午後 1 時 53 分	午後 6 時 9 分
5日	午後 2 時 55 分	午後 6 時 10 分
6日	午後 4 時 0 分	午後 6 時 11 分
7日	午後 5 時 6 分	午後 6 時 11 分
8日	午後 6 時 14 分	午後 6 時 12 分
9日	午後 7 時 23 分	午後 6 時 13 分
10日	午後 8 時 33 分	午後 6 時 14 分

問1　下線部について，月はどの方位に見られましたか。次のア～クから1つ選び，記号で答えなさい。

ア　北　　イ　北東　　ウ　東　　エ　南東
オ　南　　カ　南西　　キ　西　　ク　北西

問2　次の文章は，1日から5日までの間における月の動きを説明したものです。①，②にあてはまる方位をア，イから1つずつ選び，それぞれ記号で答えなさい。

> 月は，いつも（①ア　東　　イ　西）の方からのぼった。また，同じ場所から午後4時に月を見ると，月が見える方位は日がたつにつれて（②ア　東　　イ　西）の方へずれた。

問3　1日から10日までの間において，次の（1）と（2）の月はそれぞれ何日に見られたかを答えなさい。ただし，見られなかったときは×で答えなさい。

（1）　満月
（2）　下げんの月

問4　次の文章は，月の表面について説明したものです。下線部ア～エのうち，正しいものはどれですか。2つ選び，記号で答えなさい。

> 月の表面には，たくさんのくぼみがあり，それらは ア クレーターとよばれています。これらのくぼみは，イ 月の表面で起こった地震によってできた ものです。くぼみの中に，くぼみのふちの影が，ウ 太陽の反対側にできている ことがあります。このことから，エ 月は太陽の光を吸収して光っている ことがわかります。

社 会

＜受検上の注意＞　答えはすべて黄色の解答用紙に記入しなさい。

1　次の問いに答えなさい。

問1　右の地図記号は，ある施設を表しています。こ
　　の地図記号の一部には，この施設で利用される道
　　具がえがかれています。この地図記号が表す施設
　　の名前を答えなさい。

問2　まちの施設のはたらきを説明した文として誤っているものを次のア〜エから1つ
　　選び，記号で答えなさい。

　　　ア　じょう水場では，家庭や工場などで使われた水をきれいにしてから，川や海
　　　　へ流している。
　　　イ　消防本部の通信指令室では，119番の電話通報を受け，火事や救急について
　　　　の対応を行っている。
　　　ウ　清掃工場では，燃えるごみを燃やしている。燃やしたあとに出る灰は，処分
　　　　場に運ばれる。
　　　エ　警察本部の通信指令室では，110番の電話通報を受け，無線を使ってパトロ
　　　　ールカーや近くの警察署などに連絡を行っている。

問3　日本の都道府県は，自然環境にさまざまな共通点があります。次の道と県のすべ
　　てに見られる自然環境として正しいものを1つ選び，ア〜エの記号で答えなさい。

　　　　　　北海道　　　　熊本県　　　　山梨県　　　　滋賀県

　ア　湾　　　　イ　火山　　　　ウ　半島　　　　エ　盆地

問4　次の表1は，仙台市，富山市，広島市，高知市の気温と降水量について，1月と
　　7月の値を示したものです。仙台市と高知市をそれぞれア〜エから1つずつ選び，
　　記号で答えなさい。

表1　気温と降水量

都市	気温（℃）		降水量（mm）	
	1月	7月	1月	7月
ア	1.6	22.2	37.0	179.4
イ	6.3	26.7	58.6	328.3
ウ	5.2	27.1	44.6	258.6
エ	2.7	24.9	259.5	240.4

（気象庁ウェブサイトより作成。気温と降水量は1981年から2010年までの平均。）

絵図の説明

A	風景などをえがいたすみ絵
B	銀座(ぎんざ)の鉄道馬車をえがいた浮世絵(うきよえ)
C	南蛮寺(なんばんじ)をえがいた絵図
D	歌舞伎(かぶき)を楽しむ人々をえがいた浮世絵
E	『源氏物語(げんじものがたり)』をえがいた絵巻物(えまきもの)の一場面
F	外国の兵士と戦う騎馬武者(きばむしゃ)をえがいた絵巻物の一場面

問1　Aの絵図について説明した次の文中の（　1　），（　2　）に入る適当な語句を答えなさい。（　1　）は人物の名前，（　2　）は国の名前です。国の名前は漢字1字で答えなさい。

　　　　Aの絵図をえがいた（　1　）は，（　2　）にわたって絵の勉強をし，帰国後『天橋立図(あまのはしだて)』などをえがいて，日本で芸術としてすみ絵を大成させました。

問2　Bの絵図にえがかれている時代を次のア～エから1つ選び，記号で答えなさい。

　　ア　室町(むろまち)時代　　イ　江戸(えど)時代　　ウ　明治(めいじ)時代　　エ　大正(たいしょう)時代

問3　Cの絵図について，南蛮寺は何のために建てられましたか。簡潔に説明しなさい。

問4　Dの絵図のようすは，次のうちどの時期に最も近いですか。ア～エから1つ選び，記号で答えなさい。

　　ア　安土城(あづち)が築かれた。
　　イ　参勤交代(さんきんこうたい)が制度として始まった。
　　ウ　御成敗式目(ごせいばいしきもく)が出された。
　　エ　遣唐使(けんとうし)が廃止(はいし)された。

問5　Eの絵図には，当時の貴族の女性が正装としていた衣装(いしょう)がえがかれています。この衣装の名前を答えなさい。

問6　Fの絵図について，この兵士たちの国の名前を漢字1字で答えなさい。

問7　A～Fの絵図について，えがかれた年代の古い順にならべかえなさい。

4 歴史上の人物に関する次の資料を読み，あとの問いに答えなさい。

①1794 年に生まれ，1809 年に海軍に入隊した。イギリスやメキシコとの戦争で活躍し，蒸気船を主力とする海軍の強化を進めた。1852 年 11 月に，アメリカ合衆国大統領の手紙を持ってバージニア州ノーフォークから出航し，艦隊をひきいて日本へ向かい，ケープタウン・シンガポール・シャンハイ・②琉球を経由し，1853 年 7 月 8 日に浦賀に現れた。幕府が開国について話し合うための時間を求めたため，いったん中国に引き上げた。1854 年 2 月 13 日に現在の横浜市の沖に現れ，3 月 31 日に日米和親条約を結んだ。③1858 年 3 月 4 日にニューヨークで亡くなった。

問1　この資料が説明している人物の名前を答えなさい。

問2　下線部①のころに活躍していた人物に本居宣長がいます。この人物についてのべた文として正しいものを次のア〜エから 1 つ選び，記号で答えなさい。

　　　ア　『古事記』の研究を行った。
　　　イ　全国を測量して歩き，正確な日本地図をつくった。
　　　ウ　『解体新書』を出版した。
　　　エ　『東海道五十三次』などの風景画をえがいた。

問3　下線部②に関連して，琉球王国についてのべた文 A，B の正誤の組み合わせとして正しいものを次のア〜エから 1 つ選び，記号で答えなさい。

　　　A　17 世紀はじめに薩摩藩にせめられ，政治をかんとくされた。
　　　B　大正時代に沖縄県として日本に統合された。

　　　ア　A－正　　B－正
　　　イ　A－正　　B－誤
　　　ウ　A－誤　　B－正
　　　エ　A－誤　　B－誤

問4　下線部③の年に結ばれた日米修好通商条約について，この条約が不平等条約と言われる理由を 40 字以内で説明しなさい。句読点も 1 字に数えます。

7 次の文章を読み，あとの問いに答えなさい。

　1950 年代から 1960 年代まで，日本の各地で公害問題が起こっていました。
　（　1　）県の水俣市では，①水俣病が起こりましたが，その後，水俣市の人々は，
環境に配慮したまちづくりに取り組んできました。また国は，水俣病の発生後，（　2　）
庁[現在の（　2　）省]を設置して公害の解決に取り組んできました。
　1970 年代以降，地球的規模の環境問題が国際社会でも取り上げられるようになりま
した。②地球温暖化の問題もその１つでした。この問題に対して，1997 年に日本で
（　3　）議定書が採択され，2005 年に発効しました。（　3　）議定書の期限が切れた
あとは，新たな国際社会の取り決めを話し合い続けて，2015 年に（　4　）協定が調印
されました。しかし，2017 年に就任したアメリカの（　5　）大統領は，（　4　）協定
からの離脱を表明しました。

問1　文中の（　1　）〜（　5　）に入る適当な語句を答えなさい。

問2　下線部①は，その後訴訟になりました。日本の裁判の仕組みとして，裁判の判
　　決に納得できないときに，上級の裁判所に訴えることができます。地方裁判所の
　　判決に納得できないときに，多くの場合次に訴える裁判所を答えなさい。

問3　下線部②について，太平洋にある島国のツバルでは，地球温暖化によってどのよ
　　うな被害が起こると考えられていますか。その被害を１つ答えなさい。

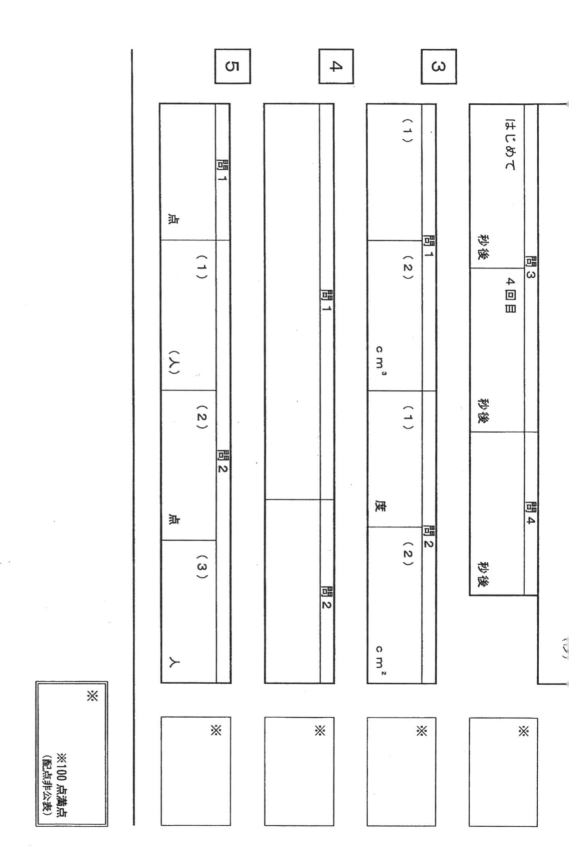

3

問3			問4
はじめて	4回目		
秒後		秒後	秒後

※

4

問1	問2
(1)	(1)	(2)
cm³	度	cm²

※

5

問1		問2
	(1)	(2)	(3)
	(人)	人	人

問1　点　　問2　点

※　　※

※

※100点満点
（配点非公表）

3

問1	
問2	
問3	
問4	↓　↓　↓

問5

問6

※

※

4

問1	
問2	① ②
問3	(1) (2)
問4	と

※

※60点満点
（配点非公表）

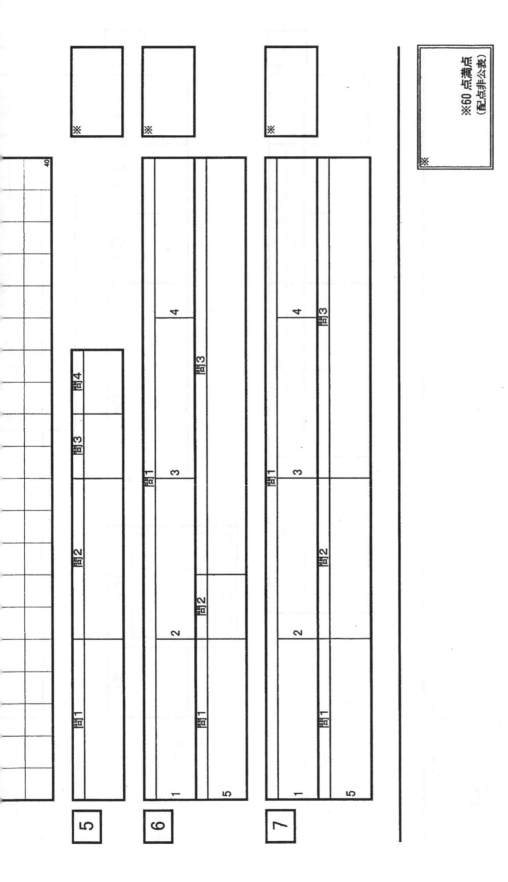

2018（平成30）年度

中　社 会 解 答 用 紙

受検番号

（検査時間　理科とあわせて50分）

〈注意〉　※印のところには何も書いてはいけません。

1

問1　問2　問3　問4　仙台市　高知市　問5

※

2

問1　→　→　→　問2　問3　問4　問5　2　問4

※

3

問1　1　問2　問5　問3　問6　問7　→　→　→　→　→

※

4

問1　問2　問3

※

中 理 科 解 答 用 紙

受検番号

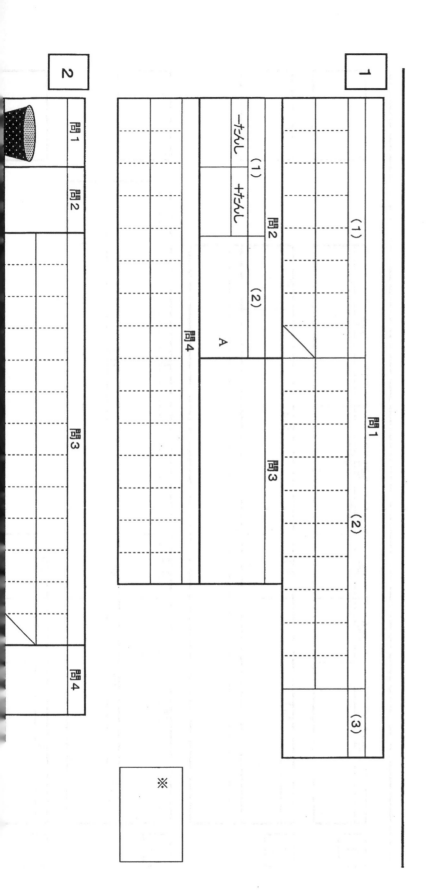

1

問1　(1)　　(2)　　(3)

問2　(1)　ーたんし　＋たんし　(2)

問3

問4　A

2

問1　問2　問3　問4

※

中

算数解答用紙

2018（平成30）年度

受検番号

（検査時間 50分）

＜注意＞※印のところには何も書いてはいけません。

1

問1	問2	問3		問4	
	ページ	1分 秒	（1） 割	（2） m	

※

2

問1　c m²

問2

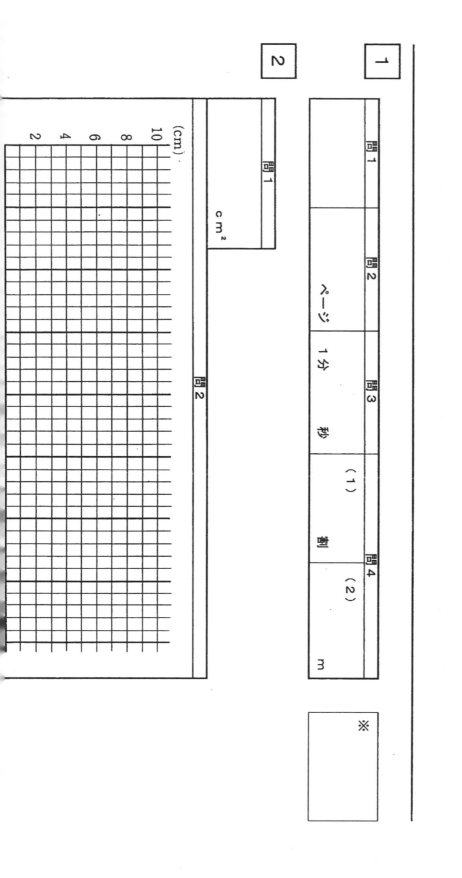

(cm)
10
8
6
4
2

6 次の文章を読み，あとの問いに答えなさい。

　2011年3月11日，東北地方の太平洋側の沖を震源とする地震が発生し，非常に大きな被害が出ました。また地震のあとに，海から押し寄せた（　1　）によって，被害はいっそう深刻なものとなりました。

　この災害に対処するため，（　2　）県の気仙沼市に，災害対策本部が設置されました。

　（　2　）県は，気仙沼市や他の市町村から被害の報告を受け，必要物資を送る準備を始め，災害救助法を適用しました。そして国のもとにある（　3　）の災害派遣を要請しました。（　3　）は他の県からも派遣を要請されたため，国は（　2　）県をふくめた各県と連絡を取りながら，（　3　）の派遣人数を調整しました。また国は復旧を進めるために，①国会での審議をへて，第一次補正予算を成立させ，被災者のための仮設住宅をつくりました。

　被害は（　2　）県以外の県でも出ました。特に（　4　）県では，地震やその後の（　1　）による直接の被害に加え，（　5　）の建物で爆発事故が起こり，広い地域で多くの住民が避難しなければならなくなりました。県内では，②地表の土をはぎ取ったり，建物のかべを洗い流したりする取り組みもありました。また人々の健康管理も行われました。

問1　文中の（　1　）～（　5　）に入る適当な語句を答えなさい。

問2　下線部①に関連して，国会の仕事は予算の審議以外にもいろいろあります。国会の仕事として**誤っているもの**を次のア～エから1つ選び，記号で答えなさい。

　　　ア　法律を制定する。
　　　イ　内閣総理大臣を指名する。
　　　ウ　最高裁判所の長官を指名する。
　　　エ　内閣を信任しないことを決議する。

問3　下線部②について，何のためにこのような取り組みを行うのでしょうか，説明しなさい。

5 歴史上の人物に関する次の資料を読み，あとの問いに答えなさい。

　　1844年に生まれる。坂本龍馬と行動をともにし，（　　　　）が責任者であった海軍操練所で学んだ。明治新政府軍と旧江戸幕府軍の戦いである戊辰戦争後は明治政府につかえ，廃藩置県によりできた神奈川県知事に就任した。その後，地租改正局長として地租改正を進めた。①1886年には外務省で働き，やがて外務大臣となった。その後，イギリスとの条約改正について交渉し成功した。②日清戦争の下関講和会議では代表の1人として活躍した。戦争中から体調をくずしていたため，1896年5月に外務大臣を辞任し，1897年8月24日に亡くなった。

問1　この資料が説明している人物の名前を答えなさい。

問2　文中の（　　　）には，戊辰戦争のときに江戸城の明けわたしで活躍した人物が入ります。この人物の名前を答えなさい。

問3　下線部①の時期に起こった出来事についてのべた文として正しいものを次のア～エから1つ選び，記号で答えなさい。

　　ア　西郷隆盛を中心とした鹿児島の士族たちが反乱を起こした。
　　イ　明治政府によって3年間軍隊に入ることを義務づける徴兵令が制定された。
　　ウ　岩倉具視を大使とする使節団がアメリカやヨーロッパを訪問した。
　　エ　日本人乗客全員がおぼれて死ぬノルマントン号事件が起こった。

問4　下線部②に関連して，日本が参加した戦争についてのべた文として正しいものを次のア～エから1つ選び，記号で答えなさい。

　　ア　日清戦争では，日本海での戦いで東郷平八郎らが活躍した。
　　イ　日露戦争の講和条約では，台湾を日本の植民地にした。
　　ウ　第一次世界大戦では，日本は戦勝国の1つとなった。
　　エ　太平洋戦争では，満州事変をきっかけにアメリカとの戦争が始まった。

3 教科書には，さまざまな絵図がのせられています。次のA〜Fの絵図について，あとの問いに答えなさい。A〜Fの絵図はそれぞれ作品の一部を表したものです。

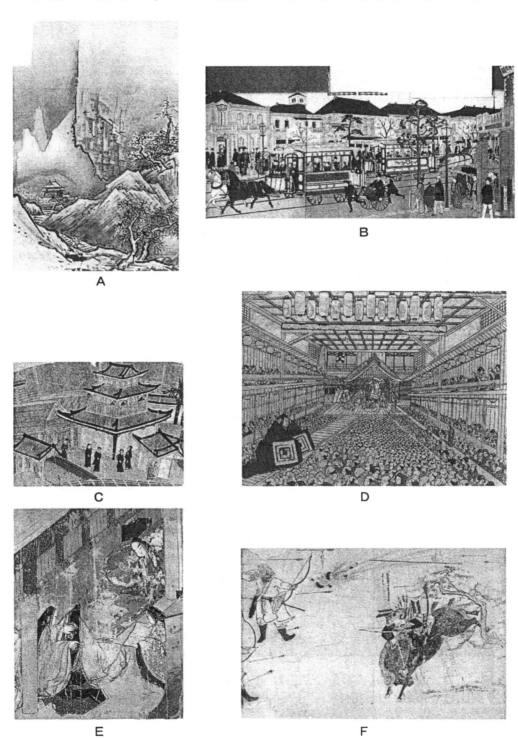

A

B

C

D

E

F

問5 防災について，次の文中の □ に入る適当な語句を答えなさい。

　山のしゃ面につくられた □ は，「天然のダム」と呼ばれます。それは，雨水を受け止めて水をたくわえることにより，森林と同じようにこう水や土砂くずれを防ぐはたらきをするからです。

2　日本の産業について，次の問いに答えなさい。

問1 日本の食料自給率（2015年）について，**高い順に**ア〜エをならべかえ記号で答えなさい。

　　ア 野菜　　イ くだもの　　ウ 米　　エ 小麦

問2 日本の米づくりについて説明した文として**誤っている**ものを次のア〜エから1つ選び，記号で答えなさい。

　　ア 品種改良により，おいしく育てやすい米を生産できるようになった。
　　イ 米の生産調整により，稲の作付面積を増やすことができた。
　　ウ 耕地整理により，大型の農業機械が利用できるようになった。
　　エ 田植え機などの農業機械の使用により，農作業の時間が短くなった。

問3 自動車工場について，次の文中の □ に入る適当な語句を答えなさい。

　多くの自動車工場では，自動車の組み立てに必要な部品を必要な時刻までに関連工場から送り届けてもらう □ 方式が整えられています。この方式では，組み立て工場が在庫をもたないため保管費用を減らすことができますが，地震などで関連工場の生産が止まると自動車の組み立てができないこともあります。

問4 次の表2は，平成26年度の日本の工場数・従業者数・出荷額について，合計と中小工場・大工場それぞれが全体に占める割合を示しています。中小工場は従業者1人以上299人以下，大工場は従業者300人以上の工場です。この表からわかる日本の工業の特徴として適当なものをア〜エから1つ選び，記号で答えなさい。

表2　日本の工場数・従業者数・出荷額

	合計	中小工場	大工場
工場数	39万7735	99%	1%
従業者数	779.0万人	70%	30%
出荷額	307.0兆円	48%	52%

（経済産業省「工業統計調査」（平成26年度）より作成。）

　　ア 工場の総数は，中小工場の全体より大工場の全体のほうが多い。
　　イ 従業者の総数は，中小工場の全体より大工場の全体のほうが多い。
　　ウ 工場でつくる製品の価格は，中小工場のほうが大工場より高い。
　　エ 従業者1人あたりの出荷額は，中小工場のほうが大工場より小さい。

問5 日本各地の漁業協同組合では，漁で使う網の目を大きくする取り組みが増えています。網の目を大きくする理由を「持続可能」という言葉を用いて答えなさい。

【実験5】
① 正方形の金属の板から，図8のように，一部を切り取った金属の板を用意しました。
② 図8のように，金属の板の表面に，ろうを8か所つけました。
③ 図8の★印のところを，矢印の方向から熱し，ろうがとける順番を観察し，金属がどのようにあたたまるのかを調べました。

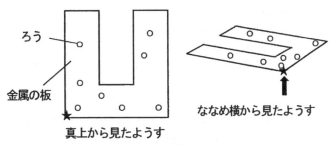

ろう
金属の板
真上から見たようす
ななめ横から見たようす
図8

問5　6番目にとけたろうの位置を黒くぬりつぶしなさい。

【実験6】
図9のような中央に穴の開いた金属の板を熱しました。

図9

問6　熱するとどのようになると考えられますか。次のア〜エから最も適切なものを1つ選び，記号で答えなさい。ただし，点線は熱する前を表しています。

ア

イ

ウ

エ

4　月や太陽に関する次の文章を読み，あとの問いに答えなさい。

　図は，月の方位を調べるために，月の方向に指先を向け，手のひらに方位磁針を水平にのせたときのようすです。このあと，針のN極と文字ばんの北を合わせ，月の方位を読みとりました。表は，広島県において，3月1日から10日までの間，月がのぼって見え始める時刻，太陽がしずんで見えなくなる時刻を調べてまとめたものです。

【実験3】

① 実験1で用いた注射器とゴムせんを用いて，図6のように注射器に空気と水を閉じこめ，机の上に垂直に立てました。

② ピストンをおし下げたとき，注射器の中の空気と水の体積がどのようになるのかを調べました。

問3　ピストンをおし下げたとき，注射器の中の空気と水の体積はどのようになりますか。次のア～オから最も適切なものを1つ選び，記号で答えなさい。

図6

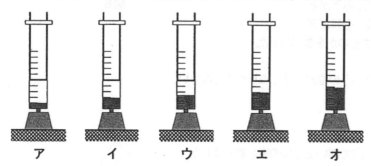

【実験4】

① 実験1で用いた注射器とゴムせんをそれぞれ4つ用意し，空気や水の体積を変えて注射器に閉じこめたものを準備しました。

② 4つの注射器ア～エをお湯の入った容器に同時に入れて，ピストンが動くようすを調べました。図7は，4つの注射器ア～エをお湯に入れた直後のようすで，ピストンが動く前のはじめの状態を表しています。

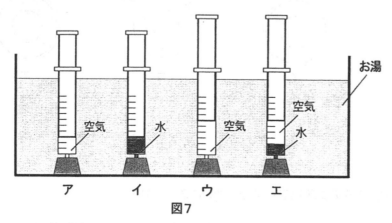

図7

問4　はじめの位置からピストンがどれだけ移動したかを比べたとき，移動した長さが長い方から順に，ア～エの記号で答えなさい。

2 次の表は，ヘチマを種子から育てたときの成長の記録と，観察した内容について示したものです。これについて，あとの問いに答えなさい。

表

4月	図1のようなビニルポットに土を入れ，ヘチマの種子を植えた。ヘチマの芽が出た。 【観察1】ヘチマの子葉を観察した。
5月	ヘチマの葉の数が3〜4枚になったので，ビニルポットから，土ごと花だんに植えかえた。ヘチマのくきを棒で支えるようにした。
6月	ヘチマのくきの長さが約50cmほどになった。 【観察2】ヘチマのくきの成長と葉のつき方を観察した。
7月	ヘチマのくきの長さが約200cmほどになった。 【観察3】ヘチマのくきの成長と葉のつき方を観察した。
8月	花がさき始めた。はじめにおばながさき，続いてめばながさいた。 【観察4】ヘチマのおばなとめばなの花のつくりを観察した。 【観察5】ヘチマのおばなから花粉をとって，けんび鏡で200倍に拡大して観察した。
9月	ヘチマの花がさき終わり，実ができはじめた。 ①実はめばなの一部分が成長してできていたが，めばなによっては実ができていないものもあった。
10月	ヘチマの実が大きくなり，約60cmほどになった。くきはほとんど成長していなかった。
11月	ヘチマの実がかれて表面の色が変わっていた。葉もかれていた。
12月	ヘチマの実や葉だけでなく，くきや根もかれていた。 ②実からはたくさんの種子がこぼれ落ちていた。

問1　【観察1】で観察したヘチマの子葉を，解答用紙中の
　　　図にかき入れなさい。

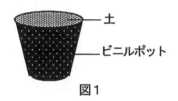

土
ビニルポット
図1

問2　図2は，【観察2】で観察したヘチマを示したものです。【観察3】で観察したヘチマでは，葉の数やつき方はどのようになっていましたか。次のア〜カから最も適切なものを1つ選び，記号で答えなさい。

ア　図2と数は同じで，くきの先から下に向かって約50cmの間についていた。
イ　図2と数は同じで，地面から上に向かって約50cmの間についていた。
ウ　図2と数は同じで，くきの先から地面までかたよりなくついていた。
エ　図2よりも数はふえて，くきの先から下に向かって約100cmの間についていた。
オ　図2よりも数はふえて，地面から上に向かって約100cmの間についていた。
カ　図2よりも数はふえて，くきの先から地面までかたよりなくついていた。

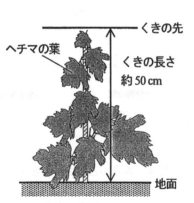

くきの先
ヘチマの葉
くきの長さ約50cm
地面
図2

ア　Aさんの100回巻のコイルとAさんの300回巻のコイル
イ　Aさんの100回巻のコイルとBさんの200回巻のコイル
ウ　Bさんの100回巻のコイルとBさんの200回巻のコイル
エ　Bさんの200回巻のコイルとAさんの300回巻のコイル

問2　AさんとBさんは電流計と導線を数本用意し，それぞれの100回巻のコイルに流れる電流の大きさを調べることにしました。次の問いに答えなさい。

（1）図2の回路に新たに電流計をつなぎます。図3に示す電流計の　マイナス−たんしと　プラス＋たんしは，回路の点a，b，cのうち，どこにつなげばよいですか。それぞれ記号で答えなさい。

（2）　5　アンペアAの−たんしにつないだとき，電流計の目盛りが図4のようになりました。電流の大きさは何Aですか。

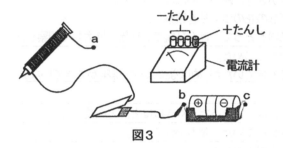

図3

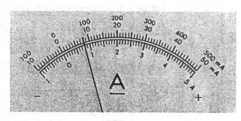

図4

問3　AさんとBさんはAさんの300回巻のコイルを使って，かん電池の数やつなぎ方を変えたとき，電磁石の強さがどのように変わるのかを調べることにしました。次のア〜オのようにかん電池をつないだとき，ゼムクリップをつり下げることができるものをすべて選び，つり下げることができるゼムクリップの数が多いものから順に，ア〜オの記号で答えなさい。ただし，ゼムクリップの数が同じと考えられるものがある場合は，例にならって（　　）の中にまとめて書きなさい。

（例）　ア→（イ　ウ）→ エ → オ

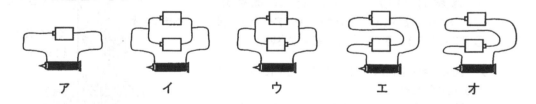

ア　　　　　イ　　　　　ウ　　　　　エ　　　　　オ

問4　AさんとBさんは電磁石がどのようなところに使われているのかを調べたところ，リサイクルセンターなどにある図5のようなクレーンに使われていることを知りました。クレーンに磁石（永久磁石）ではなく電磁石を使うのは，どのような利点があるからでしょうか。30字以内で説明しなさい。

図5

中(理科)①

4　次の①〜④のようなきまりにしたがって，数の並びを作ります。

①　1, 2, 3, 4の中から異なる2つの整数を選び，1番目と2番目の数とします。
②　1番目と2番目の数の積を5で割った余りを3番目の数とします。
③　2番目と3番目の数の積を5で割った余りを4番目の数とします。
④　あとは②や③と同じように，前の2つの数の積を5で割った余りを次の数としていきます。

　　例えば，1番目の数が3，2番目の数が4のときは，3番目の数は2，4番目の数は3，5番目の数は1になります。

　　さらに，1番目の数がAで2番目の数がBのときにできる数の並びを，(A，B)と表すことにします。

問1　7番目の数が2となるような数の並びを，上の表し方を使ってすべて答えなさい。

問2　(4，2)で表される数の並びにおいて，100番目の数を求めなさい。

問2　次のような直角二等辺三角形あ，直角二等辺三角形い，円の半分うを使って，
図2のような図形をかき，図形の頂点にAからEの記号をつけました。このとき
辺ACと辺DEは垂直に交わっています。さらに，図3では，図2に点Aと点D，
点Bと点Eを結ぶ直線を加えました。

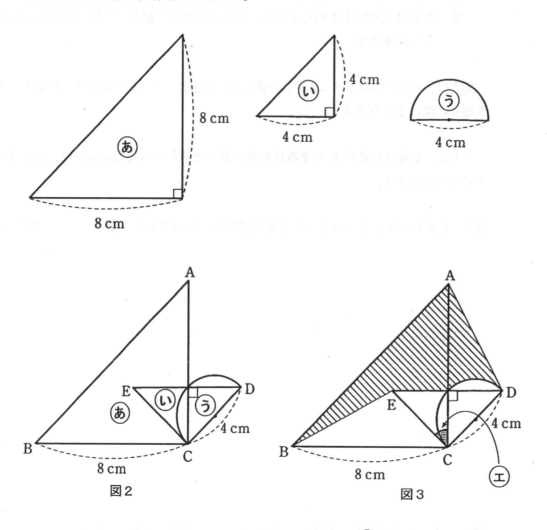

図2

図3

（1）　図3の中に示された，辺ACと辺ECでできる角エの大きさを求めなさい。

（2）　図3の ▨▨ の部分の面積を求めなさい。ただし，円周率は3.14とします。

2 　縦 4 cm，横 10 cm の長方形 ABCD があります。
　　右の図のように，辺 BC の上で，
BE が 2 cm になる位置に点 E をとり，
さらに EF が 1 cm になる位置に点 F を
とります。

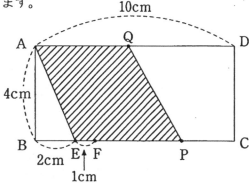

　　点 P は，点 C を出発し，秒速 1 cm で，点 C と点 F の間を止まることなく往復し続け
るように動きます。点 Q は，点 D を出発し，秒速 2 cm で，点 D と点 A の間を止まる
ことなく往復し続けるように動きます。

　　いま，点 P は点 C を，点 Q は点 D を同時に出発しました。

　　このとき，4 点 A，E，P，Q で囲まれる部分（図の中の /////// の部分）の面積を
考えます。この部分の形は，ほとんどは四角形になりますが，点 Q が点 A に重なるとき
だけは三角形になります。

問1　点 P が点 C を，点 Q が点 D を同時に出発してから 11 秒後の /////// の部分の
　　面積を求めなさい。

問4　下の表は，ある小学校の男子60人のソフトボール投げの記録です。また，グラフ
　　はソフトボール投げの記録のちらばりの様子をまとめたものです。

表　　　男子60人のソフトボール投げの記録 (m)

12.5	18.9	16.0	37.9	26.0	24.6	10.8	41.4	30.8	19.0
18.6	21.8	17.7	13.3	31.3	26.9	13.9	18.0	10.1	16.4
19.8	22.7	20.3	18.7	34.3	29.9	15.9	20.7	15.2	25.4
20.8	27.8	22.2	20.1	36.3	32.5	24.2	23.5	19.3	27.5
11.5	31.6	26.2	24.3	37.4	33.0	20.4	23.6	17.4	16.8
13.4	13.7	26.4	24.4	24.4	9.1	21.3	25.6	18.5	29.2

グラフ　　　男子60人のソフトボール投げ

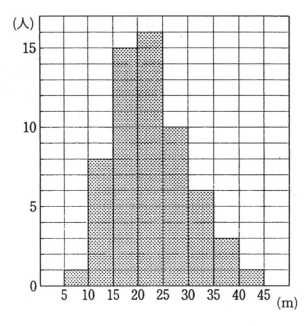

（1）　ソフトボール投げの記録が20m未満の人が全体にしめる割合は，
　　　何割になるかを求めなさい。

（2）　表に示された60人の記録のうち，よい方から数えて20番目の記録を
　　　答えなさい。

算　数　　　　　（検査時間　50分）

<受検上の注意>　答えは，すべて解答用紙に記入しなさい。

1　次の問いに答えなさい。

問1　次の計算をしなさい。

$$3\frac{1}{2} \times \frac{5}{6} - \frac{2}{3} \div \frac{4}{11} - \frac{1}{3}$$

問2　54と126の公約数のうち，素数でないものは何個あるか答えなさい。

問3　Aさん，Bさん，Cさんの3人がかべにペンキをぬります。Aさんは，1時間で2.25 m²の広さのかべにぬることができます。Bさんが1時間でぬることができるかべの広さは，Aさんの1.6倍です。Cさんは，Aさんが2時間かけてぬることのできる広さのかべをぬるのに3時間かかります。

（1）　Bさんが1時間でぬることができるかべの広さは何m²になるか求めなさい。

（2）　17.64 m²の広さのかべに，Aさん，Bさん，Cさんの3人がいっしょにぬるとすると，何時間何分でぬり終わるか求めなさい。

問2　別の日に5人で森に出かけ，順番にどんぐりをひろいました。1番目の人は
　　　どんぐりを1個ひろいました。2番目の人は1番目の人がひろったどんぐりの数の
　　　2倍より1個多くひろいました。同じように，3番目の人は2番目の人がひろった
　　　どんぐりの数の2倍より1個多くひろいました。このように，前の順番の人が
　　　ひろった数の2倍より1個多くひろうことを5番目の人までくり返しました。

（1）　下の表は，5人のどんぐりをひろった順番とひろったどんぐりの数との関係を
　　　まとめようとしたものです。う，えにあてはまる数を答えなさい。

どんぐりをひろった順番（番目）	1	2	3	4	5
ひろったどんぐりの数（個）	1	3	7	う	え

（2）　今度は，1番目の人がどんぐりを何個かひろい，あとは同じように，前の順番の
　　　人がひろった数の2倍より1個多くひろうことを5番目の人までくり返しました。
　　　その結果，5人のひろったどんぐりは全部で150個になりました。1番目の人が
　　　ひろったどんぐりの個数は何個か求めなさい。

3 　1800 mのランニングコースを，AさんとBさんの2人が同時にスタートして走ります。
　　Aさんはランニングコースを5等分して，最初の区間は2分間，次の区間は3分間，……
　　と，1つの区間を走る時間を1分ずつのばしながら，最後の区間まで休まず走りました。
　　Bさんはランニングコースを3等分して，どの区間も5分間で走りましたが，1つの区間
　　を走り終えた後には，1分間ずつその場で休みました。なお，2人とも1つの区間を走る
　　間は一定の速さで走るものとします。

問1　下のグラフは，スタートしてから最初の2分間について，Aさんのスタートして
　　　からの時間（分）と走った道のり（m）との関係を表したものです。Aさんがゴール
　　　するまでの，スタートしてからの時間と走った道のりとの関係を表すグラフを
　　　かきなさい。

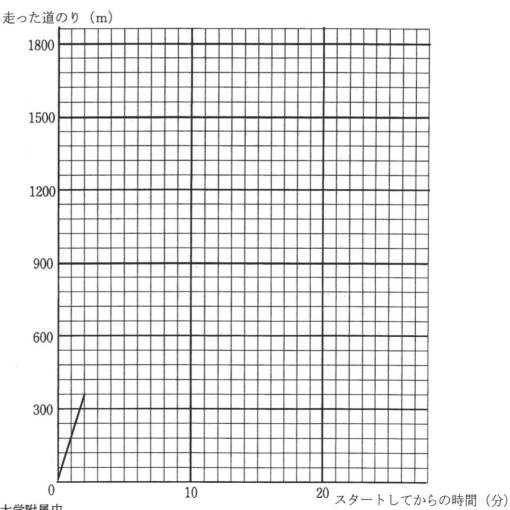

走った道のり（m）

5 ある花屋さんでは，下のように A〜E の 5 種類の花束を売っています。特売日には，
ふだんは定価で売られている花束が，下に書かれているように値引きされます。

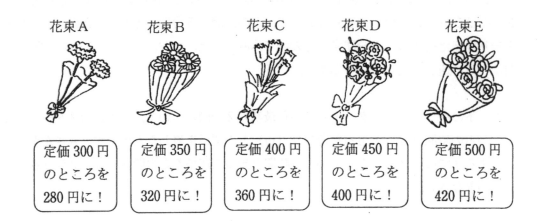

花束A　　　花束B　　　花束C　　　花束D　　　花束E

定価300円
のところを
280円に！

定価350円
のところを
320円に！

定価400円
のところを
360円に！

定価450円
のところを
400円に！

定価500円
のところを
420円に！

　今日は特売日で，この 5 種類の花束の中から 3 種類の花束を選んで 1 つずつ買います。
ここで，例えば，花束Aと花束Bと花束Cを買うことを（ A，B，C ）のように，記号
で表すことにします。このとき，次の問いに答えなさい。ただし，消費税は値段にふくま
れています。

問1　代金が全部で 1020 円以下になるような花束の組み合わせをすべて記号で
　　　答えなさい。

問2　3 つの花束の定価の合計と値引きされた値段の合計を比べて，値引きの割合が
　　　ちょうど 1 割になるような花束の組み合わせを記号で答えなさい。

理　科　（検査時間　社会とあわせて 50 分）

〈受検上の注意〉答えは，すべて解答用紙に記入しなさい。

1　モンシロチョウに関する以下の文章を読み，あとの問いに答えなさい。

　モンシロチョウは，「卵 → 幼虫 → さなぎ → 成虫」の順に育ちます。1ぴきのモンシロチョウの一生を1世代といい，広島では3月から 11 月までの間に6〜7世代ほどのモンシロチョウが生まれます。その年の最後の世代が産んだモンシロチョウは，（　A　）の状態で数か月の冬を過ごします。下の図は，モンシロチョウの幼虫をスケッチしたものです。①と④〜⑦の部分には，きゅうばんのようにはたらくものが 10 本ありました。また，⑩〜⑫には，ふしのあるあしが6本ありました。

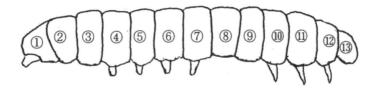

問1　モンシロチョウは，卵をキャベツなどの葉に産みます。葉のどこに，どのように産みますか。最も適当なものを，次のア〜エから1つ選び，記号で答えなさい。

　ア　葉の表に，数十個をひとかたまりで産む。
　イ　葉の裏に，数十個をひとかたまりで産む。
　ウ　葉の表に，1個ずつあちこちに産む。
　エ　葉の裏に，1個ずつあちこちに産む。

問2　文中の（　A　）に入るのに最も適した語句を，次のア〜エから1つ選び，記号で答えなさい。

　ア　卵　　イ　幼虫　　ウ　さなぎ　　エ　成虫

問3　モンシロチョウの幼虫に，下線部のようなものがあることは，どのような点でつごうがよいですか。句読点をふくめて 15 字以内で答えなさい。

問4　モンシロチョウの幼虫の胸は，どこですか。あてはまる部分の番号をすべて答えなさい。

問5　モンシロチョウは，幼虫のあいだに だっ皮 をくり返しますが，それは何のためか答えなさい。

3　流れる水とそのはたらきについて，次のA，Bの問いに答えなさい。

A　図1は，ある川を図にしたものです。

問1　川原(かわら)ができていると考えられるのは，①〜④のうちのどこですか。2つ選び，番号で答えなさい。

問2　①や②には，角ばった石が多くあり，③や④には，丸みをおびた石が多くありました。①や②と，③や④にみられる石には，他にどのようなちがいがありますか。

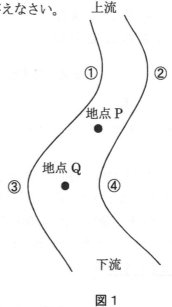

図1

問3　地点Pと地点Qでの川の断面(だん)のようすはどのようになっていると考えられますか。次のア〜カからそれぞれ1つずつ選び，記号で答えなさい。ただし，図は上流側からみたものとします。

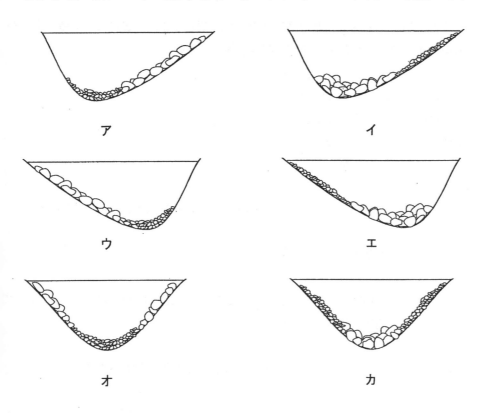

ア　　　　　　　　　　　　　イ

ウ　　　　　　　　　　　　　エ

オ　　　　　　　　　　　　　カ

B　図2は，ある地層の一部をスケッチしたものです。この地層を観察する
と，上から下へ向かって，砂岩の層（層X），角ばって表面がざらざらした
小さな穴のあいた れき や，小さなつぶを多くふくむ層（層Y），アサリの
化石を多くふくむ砂岩の層（層Z）となっていました。また，層Xには，
アサリの化石は全く見られませんでした。

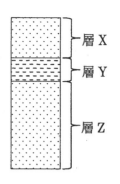

図2

問4　地層を観察する方法について，正しく述べているのはどの文ですか。次の**ア**～**エ**から１つ選び，
　　記号で答えなさい。

　ア　地層を観察するときは，まず近づいて１つ１つの層をくわしく調べたあと，遠くからながめ，
　　全体の様子をスケッチする。
　イ　地層の表面の岩石や化石を採取するときは，破片が飛び散って危ないので，保護めがねを着用
　　する。
　ウ　採取したアサリの化石を観察するときは，化石の近くで虫めがねをささえ，顔を動かして，は
　　っきりと大きく見えるところで止める。
　エ　地層を観察するときの服装は，動きやすいほうがよいので，半ズボンに半そでの服を着る。

問5　層Zは，どのような場所でできたと考えられますか。また，その理由を答えなさい。

問6　層Xで，アサリの化石が全く見られなかった理由を答えなさい。

えば次の**方法1**または**方法2**のように，おもり，皿，ひもの位置を変えて，目盛りをつけなおす方法があります。次の①〜③にあてはまるものをア，イから1つずつ選び，それぞれ記号で答えなさい。

<**方法1**> 皿とひもの位置は変えず，おもりを（① ア 重いもの イ 軽いもの）に変えて目盛りをつけなおす。

<**方法2**> おもりは変えず，皿を（② ア 重いもの イ 軽いもの）に変えて，ひもの位置を（③ ア 皿から遠ざける向き イ 皿に近づける向き）にずらして棒が水平になるようにしてから，目盛りをつけなおす。

| 社　会 | （検査時間　理科とあわせて50分） |

〈受検上の注意〉　答えは，すべて黄色の解答用紙に記入しなさい。

1　次の問いに答えなさい。

問1　次の地図はいずれかの都道府県の形をあらわしています。A〜D の都道府県名をそれぞれ答えなさい。（縮尺は同じではありません。）

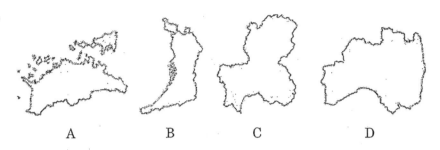

A　　　　　　　B　　　　　　　C　　　　　　　D

問2　沖縄県について誤っているものを下のア〜エから1つ選び，記号で答えなさい。

ア　気温や湿度の高い気候を生かして，パイナップルのさいばいが行われている。

イ　親潮が近くを流れ，水温が高いため ぶり や かんぱち の養しょくが行われている。

ウ　一年中あたたかい気候を生かして，米作りを年に2回行っている地域もある。

エ　水不足に備えて，屋根に給水タンクを置く家が多い。

問3　福岡県について，以下の問いに答えなさい。

（1）次の福岡県の農業について説明した文の（　あ　）〜（　う　）にあてはまる農産物をそれぞれ答えなさい。

　福岡県では，地域によってつくられている作物に特ちょうがある。農産物のうち最も生産量が多い（　あ　）は，筑紫平野や直方平野のような低い土地で多くつくられている。県南では（　い　）などのくだもののさいばいが，さかんに行われている。県南の中でも八女市など水はけのよい山のしゃ面では（　う　）が多くつくられている。

（2）インターネットを通じて，気軽に身近なできごとをしょうかいし合ったり，意見
を交流したりすることができるしくみのこと。さまざまな会社がサービスを提供し
ており，中には大きな災害に備えて活用する市町村もある。使い方によっては人間
関係のトラブルに発展することもあり，注意が必要である。

3 次の**A〜D**の文章を読んで，あとの問いに答えなさい。

A ３代将軍徳川家光（とくがわいえみつ）は，大名（だいみょう）たちに次のような法令を出した。

> 一 大名は，領地と（ 　 ）に交代で住み，毎年４月に（ 　 ）に参勤（さんきん）すること。

この制度によって，大名が定期的（ていきてき）に旅をするようになり，全国の交通路が整えられてい
った。
一方では，歌川広重（うたがわひろしげ）がかいた『東海道五十三次（とうかいどうごじゅうさんつぎ）』の絵のように，庶民（しょみん）が旅にあこがれて，
①各地のお寺や神社へお参りすることも増えたが，②旅をするのにはきびしい制限があ
った。

問1　文章中の（ 　 ）にあてはまる地名を答えなさい。（ 　 ）には，同じ地名が入りま
す。

問2　下線部①に関連して，右の絵は歌川広重がかいた，三重県（みえ）
にある神社へ向かうたくさんの人びとのようすです。この神
社の名まえを答えなさい。

問3　下線部②に関連して，関所（せきしょ）では特に，「入（い）り鉄砲（てっぽう）と出女（でおんな）」に注意がはらわれました。
「出女」に注意する理由を説明しなさい。

B　九州の守りを命じられた御家人たちが待ちかまえる中，元は２度にわたってせめてきた。この戦いで奮戦したが，ほうびを得られなかった竹崎季長は，（　　　）まで行き，幕府に直接訴えた。

問４　文章中の（　　）にあてはまる地名を答えなさい。

問５　竹崎季長が幕府に直接訴えたのは，戦いで奉公すれば，将軍はほうびとして土地をあたえてくれると考えていたからだとされています。このように，将軍が御家人に土地をあたえたり守ったりすることを何というか答えなさい。

C　奈良時代の農民たちは，税として（　　　）・塩・鉄などの産物を運ぶため，苦労して都に出かけた。往復の旅で必要な食料などは，農民自身が用意した。

問６　文章中の（　　）にあてはまる産物は，生活用品としても貴重で，税の代表的な品物でした。それは何か答えなさい。

問７　奈良時代に，農民が現在の広島市付近から都へ税を運ぶのにかかった日にちは，およそどれくらいですか。もっとも近いものを下のア～エから１つ選び，記号で答えなさい。

　　　　ア　２日　　　イ　２週間　　　ウ　３か月　　　エ　半年

問８　奈良時代の税に関連して，当時の関東地方の農民の歌に次のようなものがあります。「わたし」が子どもらを家において旅立った理由を，行き先とともに説明しなさい。

　　着物のすそに取りついて泣く子どもらを，わたしは家においてきてしまった。母もいないのに，今ごろどうしているのだろうか。

5 下の文章を読んで，あとの問いに答えなさい。

　第二次世界大戦の後，世界の国々は国際連合のような国際機関を作るなどして平和な社会を築くことに取り組んできました。これらの国際機関は，話し合いなどによって戦争を防ぐだけではなく，①人種や文化のちがいをこえて人権を尊重する考え方を広めたり，自由な貿易のできる環境を整えたりしてきました。また，②十分な社会環境が整備されていない国々への支援などにも取り組んできました。

　しかし，現在でもテロや内戦，③環境問題など，未解決の問題は多くあります。自分たちに今できる国際協力を考えるのは意義のあることだと言えます。

問１　下線部①のためには，おたがいの文化や特ちょうを理解し合うことが大切です。次のA〜Dは，日本とつながりの深い国の特ちょうをあらわしています。特ちょうと国名の組み合わせとして正しいものを，下のア〜エから１つ選び，記号で答えなさい。

A　かつては漢字を使っていたが，現在は民族独自の文字をおもに用いている。
B　お正月にあたる春節には，多くの人が故郷に帰る習慣がある。
C　イスラム教徒の多い国で，日本は多くの石油を輸入している。
D　日系人などの移民が多く住み，ハンバーガーやジーンズなどがこの国から世界じゅうに広がった。

ア　A—中国　　B—韓国　　　C—サウジアラビア　　D—アメリカ
イ　A—中国　　B—アメリカ　C—韓国　　　　　　　D—サウジアラビア
ウ　A—韓国　　B—中国　　　C—サウジアラビア　　D—アメリカ
エ　A—韓国　　B—アメリカ　C—中国　　　　　　　D—サウジアラビア

問２　下線部②に関連して，国際機関のひとつであるユニセフが行ったものを，下のア〜エから１つ選び，記号で答えなさい。

ア　東ティモールで高速道路の建設作業を行った。
イ　スリランカの寺院を世界遺産に指定した。
ウ　戦後すぐの日本で学校給食の支援を行った。
エ　パキスタンの選挙で選挙監視団が活動した。

問３　下線部③に関連して，国際連合を中心に「将来の世代の欲求を満たしつつ，現在の世代の欲求も満足させるような開発」という考え方がとなえられています。このような開発を進める社会を何とよぶか答えなさい。

6 日本の世界遺産についてまとめた下の表を見て，あとの問いに答えなさい。

登録年	世界遺産	都道府県	種類
1993年	法隆寺地域の仏教建造物	奈良県	文化
	姫路城	兵庫県	文化
	屋久島	鹿児島県	自然
	白神山地	青森県・秋田県	自然
1994年	古都京都の文化財	京都府・滋賀県	文化
1995年	白川郷・五箇山の合掌造り集落	岐阜県・（ A ）県	文化
1996年	①原爆ドーム	広島県	文化
	厳島神社	広島県	文化
1998年	古都奈良の文化財	奈良県	文化
1999年	日光の社寺	（ B ）県	文化
2000年	琉球王国のグスク及び関連遺産群	②沖縄県	文化
2004年	紀伊山地の霊場と参詣道	三重県・和歌山県・奈良県	文化
2005年	③知床	北海道	自然
2007年	石見銀山遺跡とその文化的景観	島根県	文化
④2011年	⑤小笠原諸島	東京都	自然
	平泉－仏国土（浄土）を表す建築・庭園及び考古学的遺跡群	（ C ）県	文化
2013年	富士山－信仰の対象と芸術の源泉	静岡県・山梨県	文化
2014年	⑥富岡製糸場と絹産業遺産群	群馬県	文化
2015年	⑦明治日本の産業革命遺産 製鉄・製鋼，造船，石炭産業	岩手県・静岡県・山口県・福岡県・熊本県・佐賀県・長崎県・鹿児島県	文化
2016年	国立西洋美術館本館（7か国にまたがる「ル・コルビュジエの建築作品－近代建築運動への顕著な貢献－」の構成資産の一つ）	東京都	文化

問1 （ A ）～（ C ）に入る県名を答えなさい。

4

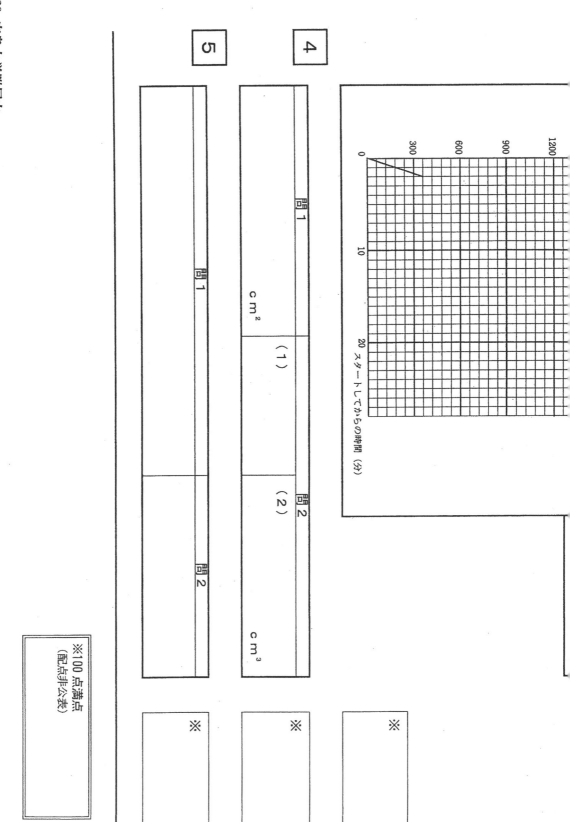

1200
900
600
300
0

10

20 スタートしてからの時間（分）

問1 〔 cm² 〕
（1）
問2
（2） 〔 cm³ 〕

※
※
※

5

問1
問1
問2

※

※100 点満点
（配点非公表）

3

問4			地点P	地点Q
	場所			
	問5			
	理由			

問6

※

4

①	②				
問1				問2	問3

(1)	(2)		(3)	
g	cm	①	②	③
問5				

問4

てこ2の力点

てこ1の作用点

※

※60 点満点
(配点非公表)

※

※60点満点
（配点非公表）

4

あ　問4　問5　い　問1　問2　問3　う　※

問9　問10　問11　※

5

問1　問2　問3　※

6

A　問3　県B　問4　問1　県C　問5　県　問2　→　→　→　※

問6　問7　問8

中 社会解答用紙

受検番号

（検査時間 理科とあわせて50分） 2017（平成29）年度

〈注意〉 ※印のところには何も書いてはいけません。

※

1
問1 A B (1) あ い C D 問3 う D (2)
問2
問4

2
問1 問2 問3 問4
(1) 問5 (2)

3
問1 問2 問3 問4 問5 問6 問7

理科解答用紙

受検番号

（検査時間　社会とあわせて 50分）　2017（平成29）年度
〈注意〉※印のところには何も書いてはいけません。

1

問1	問2	
問4		

問3

問5　問6

※

2

問1	コーヒーシュガー	デンプン
問2		g
取り出せた方	取り出せた量	
問4		g
問5		g
問6		g
問7		g

問3

と け た 量					
40g					
30g					
20g					
10g					
0g	25g	50g	75g		
		水の量			

① ②

問6

※

1

問1　（1）　　　　　　　　　%　　問4　（2）　　　　　値　　　　　（1）　　　　　　　　m²　　問3　（2）　　　　　時間　　　　分

問2

※

2

（あ）（1）　　　（い）　　　問1　（2）

（う）（1）　　　（え）　　　問2　（2）　　　　　値

※

3

走った道のり（m）

1800
1500

問1

問2

問3　　　　　分

※

問2　下線部①に関連して，下のア～エは，広島に原爆が投下されるまでにおこった出来事です。これらをおこった順に正しく並びかえ，記号で答えなさい。

　　ア　沖縄島にアメリカ軍が上陸し，はげしい戦闘（せんとう）が行われる。
　　イ　学徒出陣（がくとしゅつじん）が始まる。
　　ウ　アメリカが日本に対する石油の輸出を禁止する。
　　エ　ミッドウェー海戦で日本が敗北する。

問3　下線部②に関連して，明治政府が沖縄県を設置したときには，まだおこっていない出来事を，下のア～エから1つ選び，記号で答えなさい。

　　ア　東京・横浜間に鉄道が開通する。
　　イ　明治政府が国会を10年後に開くことを約束する。
　　ウ　徴兵令（ちょうへい）が出される。
　　エ　岩倉使節団（いわくら）が外国をおとずれる。

問4　下線部③に関連して，知床半島からまぢかに見ることができる，北方領土の一部をなす島の名まえを答えなさい。

問5　下線部④に関連して，この年，わが国でおこった大きな自然災害を何とよんでいますか。災害の名まえを答えなさい。

問6　下線部⑤に関連して，小笠原諸島は1968年までアメリカが治（おさ）めていました。小笠原諸島などをアメリカが治めることに同意した条約を何と言いますか。条約の名まえを答えなさい。

問7　下線部⑥に関連して，富岡製糸場がつくられたとき，すでにおこっていた出来事を，下のア～エから1つ選び，記号で答えなさい。

　　ア　ノルマントン号事件がおこる。
　　イ　大日本帝国憲法（ていこく）が発布される。
　　ウ　西南戦争がおこる。
　　エ　人力車が営業を始める。

問8　下線部⑦に関連して，この遺産のなかに含まれているもので，日清戦争で得た賠償（ばいしょう）金の一部を使ってつくられた施設（しせつ）の名まえを答えなさい。

問1　図中の（あ）～（う）に入る語句を答えなさい。

問2　図のようなしくみは日本国憲法に定められています。日本国憲法の内容として正しいものを，下のア～エから１つ選び，記号で答えなさい。

　　ア　大災害などの時には，内閣総理大臣は法律に従う必要はないと定められている。
　　イ　「核をもたない，つくらない，もちこませない」という原則が定められている。
　　ウ　天皇は主権者であり，自分がいつ退位するかを決めることができると定められている。
　　エ　国民から選挙で選ばれた代表者が，国の政治の方向を決めることが定められている。

問3　国会のしごとに関連して，国民の祝日を定めた法律について述べた文として誤っているものを，下のア～エから１つ選び，記号で答えなさい。

　　ア　2016年から８月11日が山の日となった。
　　イ　みどりの日は，自然に親しむとともにそのめぐみに感謝する日とされている。
　　ウ　国民の祝日は，国民のために天皇が定めたものである。
　　エ　国民の祝日の中には，日にちを固定せずに曜日などで定めたものもある。

問4　司法権に関連して，裁判所で行われる裁判について述べた文として正しいものを，下のア～エから１つ選び，記号で答えなさい。

　　ア　裁判は３回まで受けられるので，まちがった判決が出ることはない。
　　イ　裁判員制度は，国民から選ばれた裁判員だけで判決を下すしくみである。
　　ウ　すべての裁判官は，国民審査によってやめさせることができる。
　　エ　国民はだれでも裁判を受ける権利をもっている。

問5　行政権に関連して，内閣・省庁とそのしごとについて述べた文として誤っているものを，下のア～エから１つ選び，記号で答えなさい。

　　ア　内閣は，国会で選ばれた内閣総理大臣がその中心となる。
　　イ　行政のしごとの進め方は，大臣たちが集まった閣議で決められる。
　　ウ　外国と結んだ条約を承認することも内閣のしごとの一つである。
　　エ　学校の先生の数や校舎の建物についての基準を決めている。

D フランシスコ＝ザビエルが鹿児島(かごしま)に上陸してキリスト教を伝えて以来，多くの宣教師が来日してヨーロッパの文化を伝えた。織田信長(おだのぶなが)は，琵琶湖(びわこ)のほとりの（　　　）に，キリスト教の学校を建てることを認め，キリスト教を保護した。

問9　文章中の（　　）にあてはまる地名を答えなさい。

問10　南蛮(なんばん)貿易によるさまざまな利益にもかかわらず，ポルトガル船の来航が最終的に禁止されたのは，ポルトガル人が日本に来て鉄砲(てっぽう)を伝えてからおよそ何年後ですか。もっとも近い年数を下のア～エから1つ選び，記号で答えなさい。

ア　10年後　　　イ　30年後　　　ウ　50年後　　　エ　100年後

問11　鎖国(さこく)後も幕府は，ある国の商館長の報告書を通して海外の情報を得ていました。それはどの国ですか。下のア～エから1つ選び，記号で答えなさい。

ア　朝鮮(ちょうせん)　　イ　イギリス　　　ウ　スペイン　　　エ　オランダ

4　下の図は三権分立(さんけんぶんりつ)の関係を示しています。日本の三権分立のしくみについて，あとの問いに答えなさい。

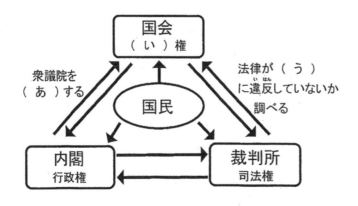

問2　次の表は，日本の主要な港の輸出額と輸入額の順位を示しています。（　　）には同じ港が入ります。あてはまる港を下のア〜エから1つ選び，記号で答えなさい。

順位	輸出額	輸入額
1	名古屋港	（　　　　）
2	（　　　　）	東京港
3	横浜港	名古屋港
4	神戸港	横浜港

（財務省貿易統計資料（2013年）より作成）

ア　大阪港　　　イ　博多港　　　ウ　成田国際空港　　　エ　関西国際空港

問3　日本の貿易や工業について述べた文として誤っているものを，下のア〜エから1つ選び，記号で答えなさい。

ア　近年では，海外生産が行われるようになり，多くの工場が海外に移転している。

イ　自由に貿易ができる取り決めを結んでいる国や地域はまだない。

ウ　1980年をすぎたころ，日本の製品が大量に輸出され相手国と貿易まさつがおこった。

エ　1980年と比べて2012年では，工業製品の輸入額が増加している。

問4　ゴミの処理について述べた文として誤っているものを，下のア〜エから1つ選び，記号で答えなさい。

ア　家電リサイクル法では，いらなくなったテレビ，冷蔵庫などは小売店が回収を行い，メーカーがリサイクルすることが定められている。

イ　家具などの大型ゴミは，事前に電話で申しこみをしたり処理券を買ったりする必要がある地域もある。

ウ　ゴミの減量を図るために，ゴミぶくろの有料化が進んでいる地域もある。

エ　ペットボトルなどを回収し，新たな製品の原料として利用することをリデュースとよぶ。

問5　インターネットの利用に関連して，以下の説明にあてはまる語句を答えなさい。

（1）「できるだけ多くの人に広めてください」などと同じ内容のメールの転送をうながす文章が書かれた電子メールのこと。

（2）次の表は，1年間に「福岡空港」から入国した外国人の数を国別にまとめたものです。表のA・Bにあてはまる国名の組み合わせを下のア～エから1つ選び，記号で答えなさい。

国名	入国者数(人)
A	336,662 人
中国	243,834 人
タイ	22,276 人
B	18,632 人
フィリピン	10,412 人

（法務省資料 (2013年) より作成，中国にはホンコン・台湾などをふくむ）

ア　　A―アメリカ　　　　B―フランス
イ　　A―フランス　　　　B―韓国
ウ　　A―韓国　　　　　　B―アメリカ
エ　　A―ブラジル　　　　B―韓国

問4　次の表は，北海道網走市・長野県松本市・静岡県静岡市の月別平均気温（単位℃）を表しています。長野県松本市にあたるものはどれですか。下のア～ウから1つ選び，記号で答えなさい。（気温の数値は，1981年から2010年までの平均です。）

月	1	2	3	4	5	6	7	8	9	10	11	12
ア	-5.5	-6.0	-1.9	4.4	9.4	13.1	17.1	19.6	16.3	10.6	3.7	-2.4
イ	6.7	7.3	10.3	14.9	18.8	22.0	25.7	27.0	24.1	18.9	13.9	9.0
ウ	-0.4	0.2	3.9	10.6	16.0	19.9	23.6	24.7	20.0	13.2	7.4	2.3

（気象庁ウェブサイトより作成）

2　次の問いに答えなさい。

問1　遠いところから食料を運んでくるよりも，住んでいるところの近くで生産された食料を積極的に消費していこうという取り組みがあります。この取り組みを何というか答えなさい。

B てこ を利用した道具につめ切りや さおばかり があります。

問4　つめ切りには２つの てこ が組み合わされています。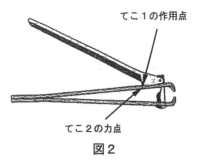
　　　図2の矢印で示した位置は，１つめの てこ（てこ１）
　　　の作用点であり，また２つめの てこ（てこ２）の力
　　　点でもあります。次の①〜④の位置を，図2のように，
　　　矢印で解答らんの図に示しなさい。

　　　　①　てこ１の力点　　②　てこ１の支点　　③　てこ２の支点　　④　てこ２の作用点

問5　さおばかりは，図3のように重さをはかりたいものを皿に
　　　のせ，おもりをつり下げる位置を調節して，さおが水平にな
　　　る位置の目盛りを読み取ることで，はかりたいものの重さを
　　　調べることができる道具です。棒，ひも，おもり，皿を使い，
　　　次のようにして，さおばかりを実際につくってみます。

---

①棒の右はしに皿を取り付け，棒が水平になる位置に
　持ち手となるひもを取りつける。
②皿に 100 g の分銅を入れ，皿の反対側におもりをつ
　り下げ，棒が水平になるようにおもりの位置を左右
　に動かして調節する。
③おもりの位置に 100 g という目盛りをつける。
④皿に入れる分銅を 200 g のものに変え，棒が水平に
　なるようにおもりの位置を左右に動かして調節し，
　おもりの位置に 200 g という目盛りをつける。
⑤同じようにして，300 g，400 g，500 g の目盛りをつ
　ける。

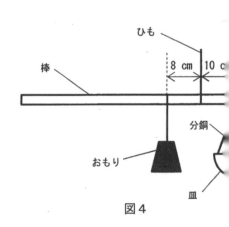

（１）図4のように，ひもの位置は棒の右はしから 10 cm のところでした。また，100 g の目盛りを
　　　つけた位置は，ひもから 8 cm のところでした。皿の反対側につり下げたおもりは何 g ですか。

（２）200 g と 300 g の目盛りの間かくは何 cm ですか。

（３）次に 600 g の目盛りをつけようとしたところ，棒の長さが足りなくなって目盛りをつけること
　　　ができませんでした。この棒を使って，600 g のものをはかることができるようにするには，例

4 てこ や てこ を利用した道具について，次の A，B の問いに答えなさい。

A　てこ をどう使えば，重いものを小さな力で持ち上げることができるかを調べる実験をするため，図1のように，ある重さの棒に等間かくにしるしをつけ，台にのせて，てこ を組み立てました。

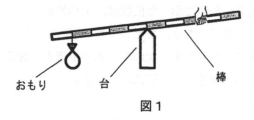

おもり　　台　　棒

図1

問1　次の①，②について調べるためには，**ア**とどれを比べるとよいですか。次の**イ〜ケ**からそれぞれ2つずつ選び，記号で答えなさい。

① 支点と力点の間のきょりと，おもりを持ち上げたときの手ごたえとの関係
② 支点と作用点の間のきょりと，おもりを持ち上げたときの手ごたえとの関係

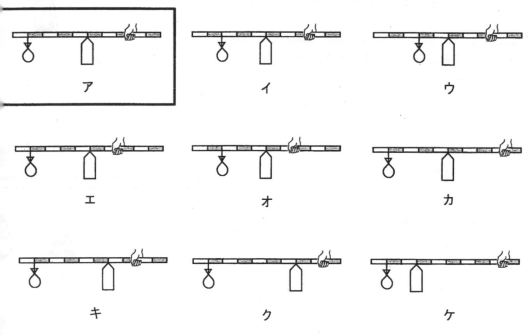

ア　イ　ウ

エ　オ　カ

キ　ク　ケ

問2　問1の**ア〜ケ**のうち，おもりを持ち上げたときの手ごたえが一番小さいものはどれですか。記号で答えなさい。

問3　問1の**ア**について，手のかわりに，手の位置と同じ位置に新たなおもりをつりさげて，つりあわせます。はじめにつりさげてあるおもりの何倍の重さのおもりをつりさげればよいですか。分数で答えなさい。

問2　20℃で100 gの水に実験3のAを50 g加えました。じゅうぶんにかき混ぜたあとに，とけ残ったAは何gですか。

問3　20℃で25 gの水，50 gの水，75 gの水に，Aがとける量は，それぞれどうなりますか。例にならって，グラフで表しなさい。

例)

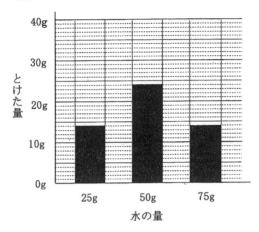

問4　60℃で100 gの水にAをとけるだけとかした水よう液があります。同じように，60℃で100 gの水にBをとけるだけとかした水よう液があります。2つの水よう液を20℃に冷やしたとき，ものがたくさん取り出せた方はどちらですか。A，Bいずれかの記号で答えなさい。また，たくさん取り出せた方は，何g取り出すことができたか答えなさい。

問5　重さが105 gのビーカーに100 gの水を入れました。さらに，30 gのAを加えてよくかき混ぜてとかしました。このとき，ビーカー全体の重さは何gになりますか。

問6　問5の水よう液を20℃で数日間放置するとAのつぶが現れていました。現れたつぶの重さは3 gでした。このことを説明した，下の文の（　①　），（　②　）に適当な数値，語句を入れなさい。
「（　①　）gの水が（　②　）したため。」

問7　60℃で100 gの水に100 gのBをとかした水よう液と，20℃で50 gの水に10 gのBをとかした水よう液があります。これら2つの水よう液を混ぜたあとしばらくおいて，40℃にしたところ，Bを取り出すことができました。取り出せたBは何gですか。

問6　モンシロチョウと同じ順番で成長するこん虫はどれですか。次の**ア**～**キ**からあてはまるものを
　　すべて選び，記号で答えなさい。

　　ア　カマキリ　　**イ**　カブトムシ　　**ウ**　コオロギ　　**エ**　トノサマバッタ
　　オ　テントウムシ　　**カ**　クマゼミ　　**キ**　アキアカネ

2　実験に関する以下の文章を読み，あとの問いに答えなさい。

[実験1] ジャガイモからデンプンを取りだすために，ジャガイモをすりつぶし，水を加えてかき混
ぜた後，布に包んで，しるをビーカーにしぼり出した。しばらくすると，ビーカーの底に白いデン
プンの粉が現れていた。上ずみ液を捨て，改めて水を加えてかき混ぜた。このデンプンを洗う操作
を，上ずみ液が無色，とう明になるまでくり返した。最後にろ過してかんそうさせ，白色のデンプ
ンを得た。

[実験2] 100 gの水に2 gのコーヒーシュガーを加えてかき混ぜたものを入れた三角フラスコと，
100 gの水に**実験1**で得られたデンプン2 gを加えてかき混ぜたものを入れた三角フラスコを用意
し，それぞれゴムせんをして7日間放置した後，変化を観察した。

[実験3] 2種類のもの AとB がある。水の温度を変化させ，100 gの水にとけるAとBの量を，
それぞれ調べたところ，表1のような結果が得られた。

表1

温度 ものの種類	20℃	40℃	60℃
A	36 g	36 g	37 g
B	32 g	64 g	109 g

問1　**実験2**の結果はどのようになりますか。コーヒーシュガーとデンプンについても最も適当なも
　　のを，次の**ア**～**ク**からそれぞれ1つずつ選び，記号で答えなさい。

　ア　全体が無色，とう明になっていた。

　イ　全体が黄色，とう明になっていた。

　ウ　全体が白くにごっていた。

　エ　全体が黄色くにごっていた。

　オ　ものが底にしずみ，上ずみ液は無色，とう明になっていた。

　カ　ものが底にしずみ，上ずみ液は黄色，とう明になっていた。

　キ　ものが底にしずみ，白くにごっていた。

　ク　ものが底にしずみ，黄色くにごっていた。

4 次の問いに答えなさい。

問1 下の ⑯ と ⑰ は，円を4等分したものを組み合わせてつくった図形です。⑯ と ⑰ の 部分の面積の差は何 cm² になるか答えなさい。ただし，円周率は 3.14 とします。

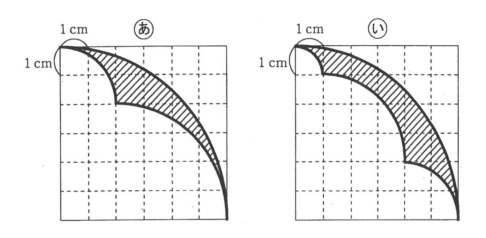

問2 右の図は，ある四角柱の展開図の一部です。

（1） この四角柱のもうひとつの底面を，側面⑰の下につけて，展開図を完成させようと思います。下の四角形①，②のうち，どちらをつければよいですか。記号で答えなさい。

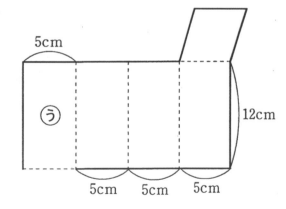

（2） 底面の対角線のうち，長いほうが 8 cm，短いほうが 6 cm だとすると，この四角柱の体積は何 cm³ になるか求めなさい。

問2　BさんがAさんに追いつくのは，スタートしてから何分後か求めなさい。

問3　Bさんはゴールした直後に，休んだ場所にタオルを忘れてきていることに気が
つきました。そのため，忘れたタオルを取りに，いま走ってきたランニングコースを
ゴール地点からスタート地点に向けて，ゴールしてから30秒後に走り始めました。
Bさんはゴールするまでと同じ速さで走るとして，AさんとBさんがすれちがう場所
はゴール地点から何mはなれているか求めなさい。

2 次の問いに答えなさい。

問1 ある日，5人で川原（かわら）に出かけ，順番に小石をひろいました。1番目の人は小石を
　　　5個ひろい，2番目の人は1番目の人より5個多く小石をひろいました。同じように，
　　　3番目の人は2番目の人より5個多く小石をひろいました。このように，前の順番の
　　　人より5個多くひろうことを5番目の人までくり返しました。

（1）　下の表は，5人の小石をひろった順番とひろった小石の数との関係をまとめよう
　　　としたものです。⑧ ，ⓘ にあてはまる数を答えなさい。

小石をひろった順番（番目）	1	2	3	4	5
ひろった小石の数（個）	5	10	15	⑧	ⓘ

（2）　小石をひろった順番を x 番目，ひろった小石の数を y 個とするとき，x と y の
　　　関係を式に表しなさい。

問4　ある小学校で，給食について一番好きな食べものを調べたところ，左下の表の
　　　ようになりました。この表をもとに，一番好きな食べものごとの人数の割合をグラフ
　　　で表すと，右下の円グラフのようになりました。

一番好きな食べもの

食べもの	人数(人)
からあげ	120
ハンバーグ	85
カレー	66
オムライス	あ
スパゲティ	い
その他	67
合計	425

一番好きな食べものの割合

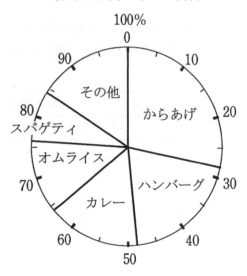

（1）　からあげが一番好きな人は全体の何％になりますか。
　　　$\frac{1}{10}$ の位を 四捨五入 して答えなさい。

（2）　オムライスが一番好きな人は，全体の何％になるかを求めて，$\frac{1}{10}$ の位を
　　　四捨五入したところ，12％でした。また，スパゲティが一番好きな人の人数の
　　　らん い にあてはまる数は，7の倍数でした。このとき，オムライスが一番好きな
　　　人の人数のらん あ にあてはまる数を求めなさい。

算　数　　　　　（検査時間　50分）

＜受検上の注意＞　　答えは，すべて解答用紙に記入しなさい。

1　次の問いに答えなさい。

問1　次の計算をしなさい。

$$\left(1\frac{1}{4}-\frac{5}{6}\div 3\right)\div 1.4-\frac{4}{9}$$

問2　ある中学校には通学に自転車を使っている生徒が35人いて，生徒全体の25%にあたります。また，通学に自転車を使っていない生徒のうちの4割が女子です。通学に自転車を使っていない男子は何人いますか。また，通学に自転車を使っていない男子は生徒全体の何%にあたりますか。

3 2以上の整数の中から1つの数を選んで，「最初の数」とします。その数について，次のわくで囲まれたきまりにしたがって1になるまでくり返し計算します。

> ぐう数の場合は2でわる。
> き数の場合は5をたして2でわる。

たとえば，「最初の数」が6のときは，

$$6 \quad \xrightarrow[\text{(1回め)}]{\text{2でわる}} \quad 3 \quad \xrightarrow[\text{(2回め)}]{\substack{\text{5をたして}\\\text{2でわる}}} \quad 4 \quad \xrightarrow[\text{(3回め)}]{\text{2でわる}} \quad 2 \quad \xrightarrow[\text{(4回め)}]{\text{2でわる}} \quad 1$$

のように計算し，4回めの計算で1になります。このとき，次の問いに答えなさい。

問1　「最初の数」が2016のとき，何回めの計算で1になりますか。

問2　6回めの計算で1になったとき，「最初の数」として考えられるもののうち，最も大きい数と最も小さい数をそれぞれ答えなさい。

問3　ある整数を「最初の数」に選んだとき，何回計算しても1になりませんでした。そのような整数は，2から30までに何個ありますか。

4 　図1のように，1辺が2cmの正方形①があります。この正方形①の右側に
　同じ大きさの正方形②をはりあわせて図2のような長方形をつくります。また，
　図2の長方形の下側に，1辺の長さが図2の長方形の長いほうの辺と同じ長さ
　の正方形③をはりあわせて図3のような長方形をつくります。さらに，図3の
　長方形の左側に，1辺の長さが図3の長方形の長いほうの辺と同じ長さの
　正方形④をはりあわせて図4のような長方形をつくります。さらに，図4の
　長方形の上側に正方形⑤をはりあわせて図5のような長方形をつくります。
　このようにして，長方形の右側，下側，左側，上側というように時計まわりの
　順に正方形⑥，正方形⑦，正方形⑧，正方形⑨，……と，はりあわせて長方形
　をつくるとき，あとの問いに答えなさい。ただし，正方形をはりあわせるとき
　は辺がぴったり重なるようにします。

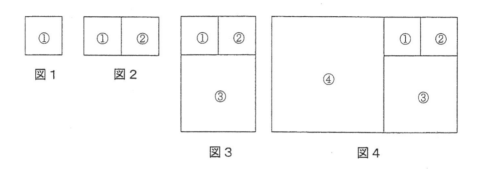

図1　　図2　　　図3　　　　　図4

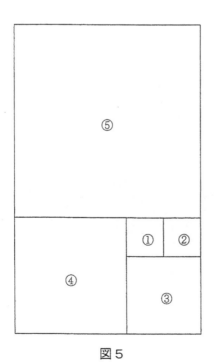

図5

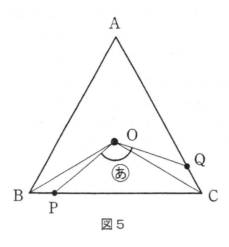

図5

（1）　あ の角度は何度ですか。

（2）　図6のように，直線OPをのばして，長さが辺ABの2倍になるよう
　　　に辺OXをかきます。さらに，直線OQをのばして，長さが辺ABの
　　　2倍になるように辺OYをかき，三角形OXYをつくります。色のつ
　　　いた部分の面積は図1の正三角形の面積の何倍ですか。

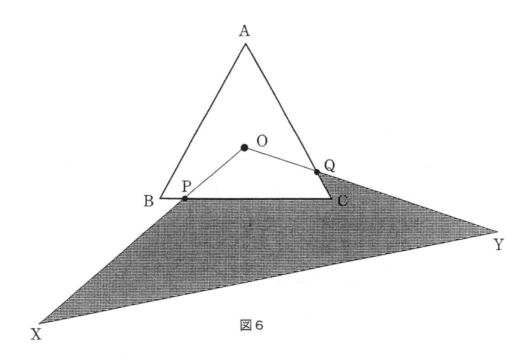

図6

〈受検上の注意〉答えは，すべて解答用紙に記入しなさい。

$\boxed{1}$ 次の文章を読み，あとの問いに答えなさい。

　植物で養分がどのようにしてつくられ，食べ物にふくまれる養分を人がどのように取り入れるのかを調べるために，養分の１つであるでんぷんに着目して，［実験１］と［実験２］を行いました。

［実験１］
① 学校の畑に植えてあるジャガイモAとBに，実験を行う前日の午後から，図１のようにおおいをして，日光が当たらないようにした。
② 翌日の朝，Aはおおいをしたままにし，Bはおおいを外して，それぞれ５時間日光を当てた。
③ ②のあと，AとBから葉を１枚ずつつみ取った。
④ つみ取った葉を熱い湯につけたあと，あたためたエタノールにしばらく入れた。
⑤ ふたたび湯につけて葉を洗い，葉をうすいヨウ素液にひたし，葉の色の変化を調べた。その結果をまとめると，表１のようになった。

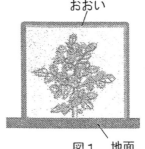

図１　地面

表1

葉	葉の色の変化
Aの葉	変化しなかった
Bの葉	青むらさき色に変化した

⑥ ②のあと，Aはおおいをしたままにし，Bにもふたたびおおいをした。
⑦ 次の日の朝，Aは，図２のようにおおいを外して，１枚の葉をアルミニウムはくですべておおい，これを あ とし，おおわない別の葉を い として，おおいを外したままにした。また，Bは，一度おおいを外して，１枚の葉をアルミニウムはくですべておおい，これを う とし，おおわない別の葉を え として，続いて図３のようにすぐにおおいをした。
⑧ おおいを外したAと，おおいをしたままのBの両方に５時間日光を当てたあと，あ，い，う，え の葉をそれぞれつみ取り，④，⑤と同じ操作を行った。

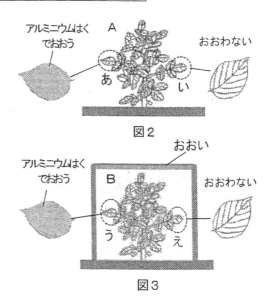

図２

図３

問3　図1のような びん と ふた を用意して，図4のように，
火のついた木をびんの中に入れました。しばらくすると火が
消えたので，木を取り出し，すぐにふたをしました。このと
き，びんの中の空気の成分である ちっ素，酸素，その他の気
体 の体積の割合はそれぞれどのようになったと考えられま
すか。ちっ素，酸素，その他の気体 それぞれについて，次の
ア〜キから1つずつ選び，記号で答えなさい。

火のついた木

図4

　　ア　体積の割合は0になる。
　　イ　グラフで示された体積の割合のおよそ5分の4になる。
　　ウ　グラフで示された体積の割合のおよそ半分になる。
　　エ　グラフで示された体積の割合のおよそ5分の1になる。
　　オ　グラフで示された体積の割合のおよそ3倍になる。
　　カ　グラフで示された体積の割合のおよそ5倍になる。
　　キ　体積の割合は変化しない。

3　次の文章を読み，あとの問いに答えなさい。

　9月のある日の朝，広島市内の小学校に通う太郎さんは，ホウセンカをさした花びんの水が，
前の日と比べて減っていることに気づきました。太郎さんは「減った花びんの水はどこへいった
のか」ということに疑問をもち，9月のある1日を通して晴れた日を選び，次の[実験1]と[実
験2]を行いました。

[実験1]図1のように，葉，くき，根のついたホウセ
ンカを，赤く着色した水の入った容器に入れ，部屋
内の日当たりの良い場所に3時間放置して，容器内
の水の減り方とホウセンカのようすを調べた。その
結果，容器内の水が減っていたとともに，葉，くき，
根がそれぞれ赤くそまっていた。

[実験2]図2のように，葉，くき，根のついたホウセ
ンカを，水の入った容器に入れ，葉がついている部
分にとう明なポリエチレンのふくろをかぶせて，く
きの部分を輪ゴムでしばった。部屋内の日当たりの
良い場所に30分ほど放置して，容器内の水の減り方
とポリエチレンのふくろの内側のようすを調べた。
その結果，容器内の水が減っていたとともに，ポリ
エチレンのふくろの内側に水てきがたくさんついて
いた。

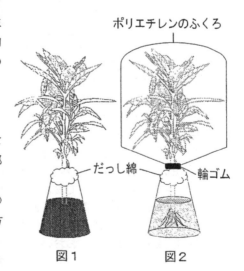

ポリエチレンのふくろ

だっし綿　　　輪ゴム

図1　　　　図2

問1　太郎さんが［実験1］と［実験2］を行った日の午前6時の日本付近における雲のようす
　　として最も適当なものを，次のア～エから1つ選び，記号で答えなさい。

ア　　　　　　　　　　　　　　　　　　イ

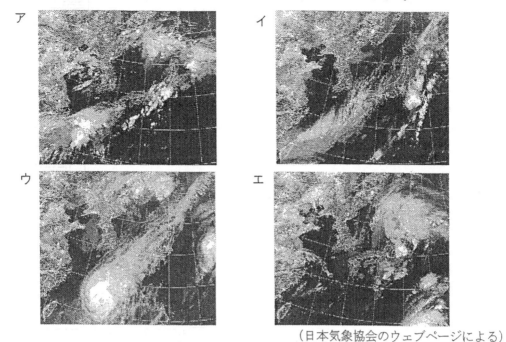

ウ　　　　　　　　　　　　　　　　　　エ

（日本気象協会のウェブページによる）

問2　太郎さんが［実験1］と［実験2］を行った日に，どちらの実験でも容器内の水の減り方
　　が最も大きくなった時間帯は，次のア～エのうち，どれだと考えられますか。最も適当なも
　　のを1つ選び，記号で答えなさい。

　　　ア　午前6時～午前9時　　　　　イ　午前9時～正午
　　　ウ　正午～午後3時　　　　　　　エ　午後3時～午後6時

問3　太郎さんは［実験1］の結果を確認したあと，ホウセンカのくきを横に切って，切り口の
　　ようすを観察し，その結果を記録しました。切り口のようすを示したものとして最も適当な
　　ものを，次のア～エから1つ選び，記号で答えなさい。なお，図中で黒くぬりつぶしてある
　　部分は，赤く着色した水でそまっている部分を示しています。

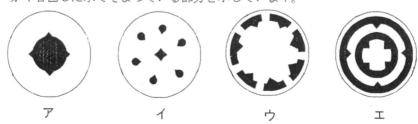

　　　　ア　　　　　　　　イ　　　　　　　　ウ　　　　　　　　エ

問4　太郎さんは［実験1］と［実験2］の結果から，「容器内の水は，根から吸い上げられて，
　　くきを通って葉まで行き，葉から水蒸気として空気中へ出ていくのではないか」と考えまし
　　た。このことについて，次の（1），（2）に答えなさい。

　（1）植物の葉から水蒸気が出ていくことを何といいますか。漢字2字で答えなさい。

（2）光電池に当てる光の強さや光を当てる角度は変えないで，図8のA，
　　Bのように，光を通さない厚紙を使って光電池に当たる光をさえぎり，
　　流れる電流の強さを測りました。図中の矢印は厚紙を動かす向きを表し
　　ています。また，図ではわかりやすくするために，厚紙がすけて見える
　　ようにしています。

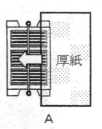

　　Aの場合は，光をさえぎる面積を大きくするにつれて，しだいに電流は
　　弱くなっていき，すべて光をさえぎるとほとんど0になりました。一方，
　　Bの場合は，少しでも光をさえぎると，電流の強さはすぐにほとんど0
　　になり，そのあとさえぎる面積を大きくしても電流の強さはほとんど0
　　のままで変わりませんでした。

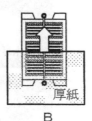

　　次に，ア〜エのように，2枚の光電池を組み合わせ，光をさえぎる場所
　　を変え，図中の●印で示した2点間に流れる電流の強さを測りました。そ
　　の結果について述べた次の①〜③に当てはまるものを，ア〜エの中から
　　それぞれすべて選び，記号で答えなさい。

図8

　①　電流は最も強かった。
　②　電流の強さはほとんど0だった。
　③　電流の強さはたがいにほとんど同じだった。

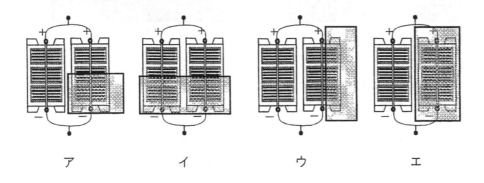

ア　　　　　　　イ　　　　　　　ウ　　　　　　　エ

〈受検上の注意〉　答えは，すべて黄色の解答用紙に記入しなさい。

1　次の問いに答えなさい。

問1　次の地図の矢印①～④の向きに，それぞれ飛行機で進んだとします。矢印①～④
　　飛行機が通る地形の順との組み合わせとして正しいものを，下のア～エから１つ選び
　　記号で答えなさい。

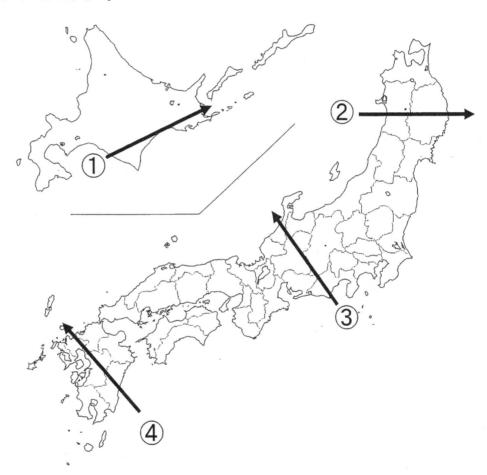

ア　矢印①：北見山地（きたみさんち）⇒十勝平野（とかち・いや）⇒根釧台地（こんせんだいち）
イ　矢印②：北上高地（きたかみこうち）⇒奥羽山脈（おうさんみゃく）⇒出羽山地（でわ）
ウ　矢印③：木曽山脈（きそ）⇒赤石山脈（あかいし）⇒飛驒山脈（ひだ）
エ　矢印④：宮崎平野（みやざき）⇒九州山地（きゅうしゅう）⇒筑紫平野（つくし）

3　次のＡ～Ｄの文章を読んで，それぞれの問いに答えなさい。

> Ａ　大宝律令には税についての定めがありました。税として（１）へ運ばれる荷物に付けられる荷札には，「伊豆国……堅魚……」，「阿波国……若海藻……」などと記されました。このような税は（２）とよばれました。

問１　Ａの空らん（１），（２）のそれぞれに当てはまる語句を答えなさい。

問２　Ａの下線部のような内容を記した荷札のことを何といいますか，答えなさい。

> Ｂ　この建物には，（３）天皇の持ち物や大仏の開眼式に用いた道具など，多くの宝物が納められています。その中には（４）などが持ち帰った，中国やインド，西アジアなどから伝えられたガラスの器や水さしなどもあります。

問３　Ｂの空らん（３），（４）のそれぞれに当てはまる語句を答えなさい。

問４　Ｂの下線部の名前を答えなさい。

> Ｃ　鉄砲が伝わってまもなく，（５）や（６）の船が，おもに九州各地の港に来て貿易をおこないました。これを南蛮貿易といいます。いろいろなものが日本に伝えられ，パンやカルタのように日本語に取り入れられたものもあります。

問５　Ｃの空らん（５），（６）に当てはまる国名を答えなさい。

問６　Ｃの下線部について，この貿易をおこなうことによって栄えた商人が住んでいた，現在の大阪府の都市の名前を答えなさい。

> Ｄ　江戸時代の初めころは，（７）や商人たちが東南アジアにさかんに貿易船を向かわせ，各地に日本人が移り住んで，（８）ができました。しかし，1635 年に幕府は□□□□を禁止しました。

問７　Ｄの空らん（７），（８）のそれぞれに当てはまる語句を答えなさい。

問８　Ｄの空らん□□□□に入る内容を適切な言葉で答えなさい。

4 健太君の学校では，日本と周りの国々との関係を調べるという宿題が出ました。健太君は，兄がもっていた高校の教科書などを参考に日本とロシアとの関係を調べ，おもな出来事を下のような年表にまとめました。あとの問いに答えなさい。

A	1792年	ロシア人のラクスマンが根室に来航する。
B	1804年	ロシア人のレザノフが長崎に来航する。
C	1854年	日露和親条約が結ばれ，①日本とロシアとの国境が決まる。
D	1875年	樺太・千島交換条約が結ばれる。
E	1895年	②ロシアが日本に領土の返還を要求する。
F	1905年	ポーツマス条約が結ばれる。
G	1918年	日本がシベリア出兵をおこなう。
H	1941年	日ソ中立条約が結ばれる。
I	1945年	第二次世界大戦で，③ソ連が日本に宣戦する。
J	1956年	日ソ共同宣言が結ばれ，日本とソ連の□□□が回復する。
K	④1967年	東京とモスクワとの間で航空路が開かれる。
L	1980年	日本がモスクワオリンピックへの参加をボイコットする。
M	1991年	ソ連の指導者としてはじめてゴルバチョフが日本を訪問する。

問1　下線部①に関して，このとき，二つの島の間に国境線が引かれました。二つの島のうち，日本の領土と決まった島の名前を答えなさい。

問2　下線部②に関して，このときロシアは，他の二つの国を誘って，日本に領土の返還を要求しました。返還を要求された領土の名前を答えなさい。

問3　下線部③に関して，ソ連が日本に宣戦した時期はいつですか。次のア～エから最も適切なものを選び，記号で答えなさい。

ア　アメリカが沖縄を占領した直後
イ　日本がポツダム宣言を受け入れた直後
ウ　アメリカが東京に大空襲をおこなった直後
エ　アメリカが広島に原爆を投下した直後

問3　下線部③に関連して，行政・立法・司法を担当している国の機関の関係について述べた文として誤っているものを，次のア〜エから1つ選び，記号で答えなさい。

　　ア　裁判所は，内閣(ないかく)の仕事が憲法に違反(いはん)していないか判断することができる。
　　イ　衆議院は，内閣の不信任を決議することができる。
　　ウ　内閣は，衆議院を解散することができる。
　　エ　内閣は，不適切な裁判官をやめさせることができる。

問4　下線部④について述べた文として適切なものを，次のア〜エから1つ選び，記号で答えなさい。

　　ア　広島市の収入は，市民や企業(きぎょう)から集めた税金だけである。
　　イ　広島市の予算は，市議会で議決されたあとに，国の許可を得て決定される。
　　ウ　広島平和記念公園で8月6日におこなわれる平和記念式典は，広島市の予算が使われている。
　　エ　平成26年度の広島市の予算は，同じ年度の大阪市の予算よりも多い。

問5　下線部⑤に関連して，わが国における国民の政治参加や国民主権について述べた文として適切なものを，次のア〜エから1つ選び，記号で答えなさい。

　　ア　選挙権があるのに選挙に行かなかった人には，罰金(ばっきん)が科せられる。
　　イ　納税をしていない人は，選挙権がない。
　　ウ　国民の声を政治に反映させる方法は，選挙だけである。
　　エ　選挙権が18才から与えられることが，平成27年に決まった。

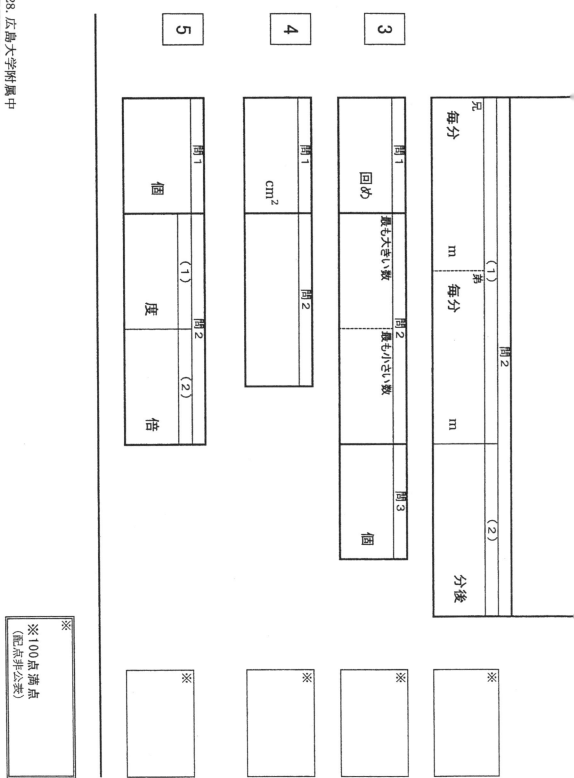

| 3 | 問1 | 回め | | 最も大きい数 | 問2 | 最も小さい数 | | 問3 | 値 | ※ |

| 4 | 問1 | cm² | 問2 | | | ※ |

| 5 | 問1 | 値 | 問2 | (1) 度 | (2) 倍 | ※ |

兄 毎分 m (1) 弟 毎分 m 問2 (2) m 分後

問2

※100点満点
（配点非公表）

※

3

問1	問2	問3

(1)

問4
(1)
(2)

問5
(2)

※

4

問1

(1)

より明るい	ほぼ同じ明るさ	つかない

(2) ① ② ③

問2 (1) (2) (3)

問3

※

※

※60点満点
（配点非公表）

4

問1　問2　問3　問4

問8

（7）　（8）

問5　問6

ア　イ　ウ　エ　オ

5

問1　（ア）　（イ）　（ウ）

問2

6

問1　問2　問3　問4　問5

※　※　※　※

中 社会解答用紙

受検番号

（検査時間 理科とあわせて50分） 2016（平成28）年度

〈注意〉 ※印のところには何も書いてはいけません。

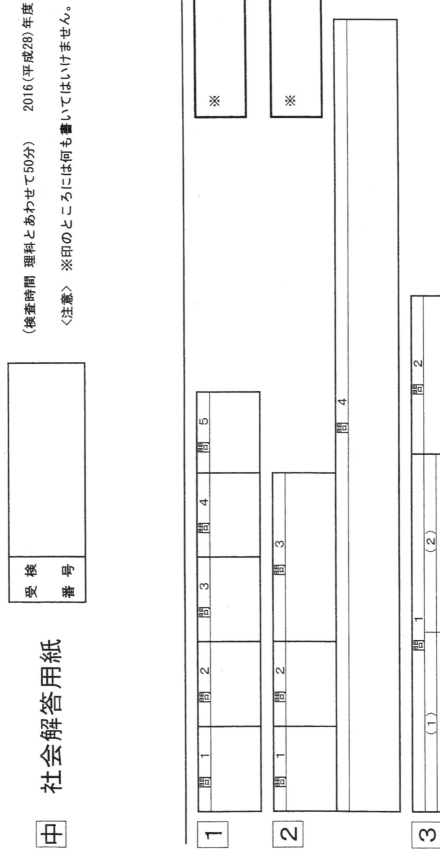

1

問1	問2	問3	問4	問5

※

2

問1	問2	問3

問4

※

3

問1		問2	
（1）	（2）		
問3		問4	
（3）	（4）		
問5		問6	
（5）	（6）		

※

中 | 理科解答用紙

受検番号

（検査時間 社会とあわせて 50 分） 2016（平成 28）年度
〈注意〉※印のところには何も書いてはいけません。

1

問1	問2				問3
	あ	い	う	え	

問4

	問5		
（1）	（ b ）	（ c ）	（2）

※

2

問1	問2		問3		
	（1）	（2）	ちっ素	酸素	その他の気体
→ → →					

※

1

問1	（1）	問3	（2）	問2
	cm³		cm	人
				％

2

ア	問1	（1）	イ

（2）

※

6 次の文章を読んで，あとの問いに答えなさい。

太郎さんは，冬休みの①<u>自由研究</u>として，平成 26 年 8 月 20 日におこった広島市の土砂災害について調べることにしました。

災害がおこったとき，市や県，国がどのようなことをするかということは②<u>法律</u>で定められていて，まず，市が被災（ひさい）の状況（じょうきょう）を確認して救助にあたるとともに県に報告し，県から国へ被害状況の報告や，必要に応じて自衛隊（じえいたい）の派遣要請（はけんようせい）がおこなわれることになっていることがわかりました。また，ボランティアについて調べてみると，広島市などの③<u>行政機関</u>と，ＮＰＯ（非営利団体（ひえいりだんたい））が協力していることもわかりました。復興にむけて広島市では，「復興まちづくりビジョン」がつくられ，平成 27 年度の④<u>広島市の予算</u>では「復興まちづくりビジョン」実現のための予算が確保されていました。

調べているうちに，災害復旧だけではなく社会保障でも市や県の役割が大きいことや，「地方自治は⑤<u>民主主義</u>の学校」という言葉を知り，太郎さんは，春休みの自由研究では，地方自治についてもっとくわしく調べてみたいと思いました。

問１　下線部①について，自由研究のすすめ方を述べた文として最も適切なものを，次のア～エから選び，記号で答えなさい。

ア　インターネットで調べていたら，「新聞が伝えない真実」と書いてある資料があったので使用した。

イ　有名な新聞や雑誌に書いてあることでも，もとのデータや資料を確認して使用した。

ウ　日本の小学生の標準的な意見をグラフに表したかったので，クラスの友だちにアンケートをした結果を使用した。

エ　インターネットで調べていたら，ちょうど良い文章があったので，そのまま自分の文章として使用した。

問２　下線部②に関連して，法律を定める手続きについて述べた文として適切なものを，次のア～エから１つ選び，記号で答えなさい。

ア　国会に法律案を提出できるのは，国会議員だけである。

イ　法律案は，衆議院（しゅうぎいん）または参議院（さんぎいん）のいずれかで可決されると，法律となる。

ウ　天皇は，個人の判断で，法律を公布するかどうか決めることができる。

エ　法律を定めることができるのは，国会だけである。

問4　下線部④に関して，このころ日本は産業や経済が著しく発展し，やがて経済大国とよばれるようになりました。この著しい発展のことを何といいますか。

問5　□□□に入る最も適切な語句を答えなさい。

問6　次のア～オの出来事を，年表に書き加えるとすると，A～Mのどのあとに当てはまりますか。それぞれ，A～Mの記号で答えなさい。

ア　25才以上のすべての男子に選挙権が与えられる。
イ　日本と韓国がサッカーワールドカップを共同で開く。
ウ　鹿鳴館ができる。
エ　サウジアラビアなどの産油国が原油価格を大幅に引き上げ，石油危機がおこる。
オ　幕府の元役人が，大阪の大商人のやしきなどにせめ入る。

5　次の文章を読んで，あとの問いに答えなさい。

> 花子「ねえ聞いて。社会の授業で裁判員制度について習ったのよ。」
> 太郎「裁判員って，どんなことをするのか興味があるなあ。」
> 花子「裁判員が担当するのは，（　ア　）裁判の中でも重大な事件なのよ。」
> 太郎「裁判員だけで判決を下さないといけないのかな。」
> 花子「いいえ，（　イ　）といっしょに有罪か無罪かといったことなどを判断するの。」
> 太郎「それなら心強いね。でも裁かれる人にとっては，裁判員裁判であるかどうかに関わらず，裁判の結果に納得できないこともあるだろうね。」
> 花子「だいじょうぶよ。裁判は全部で（　ウ　）回まで受けることができるようになっているのよ。」

問1　（　ア　）～（　ウ　）に当てはまる語句または数字をそれぞれ答えなさい。

問2　裁判員制度が取り入れられた目的は何ですか。2つ，説明しなさい。

2 次の問いに答えなさい。

問1 庄内平野の農家では，さまざまな工夫をして米づくりがおこなわれています。その工夫の例を述べた文として**誤っているもの**を，次の**ア～エ**から1つ選び，記号で答えなさい。

ア 4月ごろ，なえはビニルハウスの中で温度を調節しながら育てる。

イ 5月ごろ，田植えの前に，田に水を入れ土の表面を平らにする。

ウ 6月から7月ごろ，根をよく伸ばすために，いったん田の水をぬく。

エ 8月ごろ，田の土を良い土にするために，たい肥をあたえる。

問2 災害に備えたまちづくりの例を述べた文として**誤っているもの**を，次の**ア～エ**から1つ選び，記号で答えなさい。

ア 東京都には，大雨に備えて地下に大きな放水路をつくっている地域がある。

イ 和歌山県には，津波に備えて避難するやぐらをつくっている地域がある。

ウ 熊本県には，土砂崩れに備えて砂防ダムをつくっている地域がある。

エ 新潟県には，大雪に備えて水屋をつくっている地域がある。

問3 自然を守るための代表的な取り組みとして，次の3つがあげられます。 [   ] に入る最も適切な語句を答えなさい。

世界遺産条約	貴重な自然や文化財を守るための条約
ラムサール条約	水鳥などのすみかとしての湿地を守るための条約
[ ] 運動	募金などで土地を買い取り，自然を守る運動

問4 次の表は，十勝平野のある農家が，畑Aから畑Eの農地をどのように利用しているかを表したものです。この表を見ると，それぞれの畑で，前の年とはちがった作物をつくるように工夫していることがわかります。その理由を説明しなさい。

	畑A	畑B	畑C	畑D	畑E
1年目	じゃがいも	小麦	てんさい	とうもろこし	あずき
2年目	あずき	じゃがいも	小麦	てんさい	とうもろこし
3年目	とうもろこし	あずき	じゃがいも	小麦	てんさい
4年目	てんさい	とうもろこし	あずき	じゃがいも	小麦

問2　世界各国は，海岸から最大で 200 海里の範囲を排他的経済水域としています。200
　　海里は，次のア～エのどの都市間の距離に最も近いですか。記号で答えなさい。

　　　　ア　東京と静岡　　イ　東京と大阪　　ウ　東京と広島　　エ　東京と札幌

問3　ニューヨーク・ペキン・ローマは，世界地図で見るとおよそ同じ緯度にあります。
　　その緯度に最も近いものを，次のア～エから選び，記号で答えなさい。

　　　　ア　北緯 20 度　　イ　北緯 30 度　　ウ　北緯 40 度　　エ　北緯 50 度

問4　次の①～④の地図記号の説明として誤っているものを，下のア～エから1つ選び，
　　記号で答えなさい。

　　　　　　①　　　　　　　　②　　　　　　　　③　　　　　　　　④

　　ア　①は，交番の地図記号で，けい棒を交差させたようすを表している。
　　イ　②は，裁判所の地図記号で，情報を伝える立て札を表している。
　　ウ　③は，消防署の地図記号で，むかし火を消すために使った道具を表している。
　　エ　④は，工場の地図記号で，ものをつくる機械の歯車を表している。

問5　次の4つの県を比較したとき，風力発電の設備の数が最も多い県はどれですか。
　　ア～エの記号で答えなさい。

　　　　ア　奈良県　　イ　長野県　　ウ　広島県　　エ　青森県

（3）図3は，発光ダイオードを示しています。長いたん子が＋（プラス）極を，それより短いたん子が－（マイナス）極を表しています。図4のように，直列につないだ2個のかん電池に発光ダイオードの＋極，－極をつないだ場合，発光ダイオードは明かりがつきます。一方，図5のように1個のかん電池の場合，また，2個のかん電池を直列につないでも，発光ダイオードの＋極，－極を逆にしてつないだ場合は，明かりがつきません。**イ～ク**で示した豆電球を発光ダイオードにつなぎ変えたとき，明かりがつくのはどれですか。すべて選び，図4にならって図をかいて答えなさい。このとき，発光ダイオードのたん子の長さのちがいがはっきりわかるようにしなさい。

図3

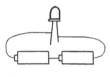

図4　明かりがつく

図5　明かりがつかない

問3　図6で示した光電池に光を当てると，電気を発生させることができます。また，光電池は光の当て方によって流れる電流の強さが変化します。このことについて，次の（1），（2）に答えなさい。

（1）流れる電流をできるだけ強くするには，光電池に対してどのように光を当てればよいですか。「光の強さ」，「光を当てる角度」の両方の語句を使って説明しなさい。ただし，「光を当てる角度」とは，図7で示した角度とします。

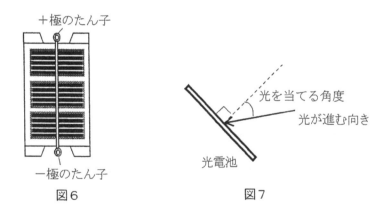

図6

図7

（2）太郎さんは，植物の葉から水蒸気が出ていくことを確かめるために，［実験2］から条件を1つだけ変えて別の実験を行いました。その条件を変えるために行ったことは何ですか。15字以内で答えなさい。

問5　太郎さんは［実験2］を終えたあと，図2のポリエチレンのふくろをホウセンカからすばやく取り外してポリエチレンのふくろの口を輪ゴムでしばり，気体を閉じこめたままでポリエチレンのふくろにある操作を行いました。その結果，ポリエチレンのふくろの内側にさらにたくさんの水てきがつきました。このことについて，次の（1），（2）に答えなさい。

（1）下線部で示したある操作として考えられることは何ですか，答えなさい。

（2）太郎さんが（1）の操作を行ったあと，ポリエチレンのふくろの中にある水蒸気の量は，操作の前と比べてどのようになりましたか。次のア～ウから1つ選び，記号で答えなさい。

　　ア　増える　　　イ　減る　　　ウ　変わらない

4　かん電池や光電池をつかって，電気のはたらきについて調べる実験をしました。次の問いに答えなさい。

問1　かん電池は，図記号で図1のように表します。豆電球は，図記号でどのように表しますか，答えなさい。

　　　　　　　　　　　　　　　　　　　　　　　　　　　　　　　　図1

問2　かん電池2個と豆電球を次のア～クのようにつなぎました。このことについて，あとの（1）～（3）に答えなさい。ただし，使ったかん電池はすべて同じものとします。

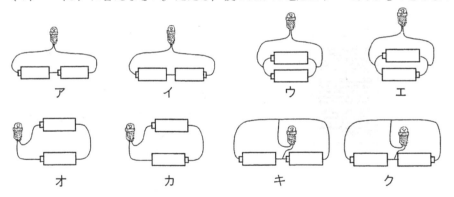

（1）図2は，かん電池1個と豆電球をつないだときのようすを示しています。このときの豆電球の明るさと比べて「より明るい」，「ほぼ同じ明るさ」となる豆電球をア～クの中からそれぞれすべて選び，記号で答えなさい。また，豆電球がつかないつなぎ方をすべて選び，記号で答えなさい。

図2

（2）ア～クの中で，このまま豆電球をつないでいると，大変危険なつなぎ方があります。それはどれですか。すべて選び，記号で答えなさい。

2 次のグラフは，空気中の ちっ素，酸素，その他の気体 の体積の割合を表しています。あとの問いに答えなさい。

グラフ

ちっ素（78%）　　　　　酸素（21%）　その他の気体（1%）

問1　グラフが示すように，空気の成分の1つとして酸素があります。酸素は，2つのものを混ぜ合わせることで発生させることができます。この2つのものとは何ですか。次の**ア〜カ**から2つ選び，記号で答えなさい。

ア　アルミニウム　　イ　二酸化マンガン　　ウ　塩酸　　エ　炭酸水
オ　アンモニア水　　カ　オキシドール

問2　図1のような びん と ふた を用意しました。次に，図1のびんに石灰水を入れたあと，図2のように，びんの中に ①火のついた木を入れました。しばらくすると火が消えたので，木を取り出し，②ふたをしてしっかりとびんをふりました。このことについて，次の（1），（2）に答えなさい。

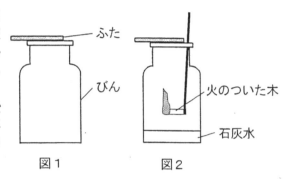

図1　　　　図2

（1）下線部①の木には，ガスバーナーを用いて火をつけました。ガスバーナーに火をつけるとき，どのような操作をすればよいですか。図3を参考にして，操作を示した次の**ア〜エ**の文を正しい順序に並べかえ，その順序を記号で答えなさい。

ア　空気調節ねじを少しずつ開け，空気を入れる。
イ　ガス調節ねじを少しずつ開け，ガスを出す。
ウ　ガスの元せんを開ける。
エ　マッチに火をつける。

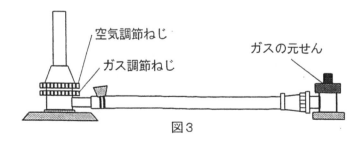

図3

（2）下線部②の結果，石灰水が白くにごりました。このことから，木が燃えてできたものは何だと考えられますか。その名前を答えなさい。

問1　[実験1]の④で，下線部の操作を行ったのはなぜですか。次のア～エから正しいものを1つ選び，記号で答えなさい。

　　ア　葉をやわらかくして，ヨウ素液による色の変化を見やすくするため。
　　イ　葉の表面のよごれをとって，ヨウ素液にそまりやすくするため。
　　ウ　葉の緑色をぬいて，ヨウ素液による色の変化を見やすくするため。
　　エ　葉から余分なでんぷんをとりのぞき，ヨウ素液にそまりやすくするため。

問2　[実験1]の⑧で，あ ～ え の葉について，④，⑤と同じ操作を行った結果，葉の色の変化はどうなったと考えられますか。青むらさき色に変化したものには〇の記号を，変化しなかったものには×の記号を使って，それぞれ答えなさい。

[実験2]
①　少量のご飯と水を乳ばちに入れ，ご飯つぶの形がなくなるまで乳棒ですりつぶした。
②　①で得られた上ずみ液を2本の試験管C，Dにそれぞれ同じ量だけ入れた。
③　試験管Cには，ストローを使って だ液 を少量入れてよくかき混ぜた。試験管Dには試験管Cに入れた だ液 と同じ量の水を入れた。
④　ビーカーに 40℃程度の湯 を入れ，その中に試験管C，Dを入れた。
⑤　10分間程度放置したあと，うすいヨウ素液を，試験管C，Dにそれぞれ数てき加え，色の変化を調べた。その結果をまとめると，表2のようになった。

表2

試験管	色の変化
試験管C	変化しなかった
試験管D	青むらさき色に変化した

問3　[実験2]の④の下線部について，40℃程度の湯を用いたのはなぜですか。その理由について述べた次の文の（　a　）に当てはまる語句を答えなさい。
　　（　a　）と同じくらいの温度に近づけて実験を行うため。

問4　[実験2]の結果からわかったことを，30字以内で答えなさい。

問5　次の文章は，「食べ物にふくまれる養分を人がどのように取り入れるのか」についてまとめたものです。このことについて，あとの（1），（2）に答えなさい。

　　口から入った食べ物は歯などで細かくされ，食べ物にふくまれる養分は，口から，胃などを通る間に，さらにからだに吸収されやすい養分に変えられる。このはたらきを（　b　）という。からだに吸収されなかったものは，こう門からからだの外へ出される。口から，食道，胃，小腸，大腸を通って，こう門までの1本の通り道を（　c　）という。

（1）文章中の（　b　），（　c　）に当てはまる語をそれぞれ答えなさい。

（2）食べ物にふくまれる養分をおもに吸収するのは，次のア～エのうちどれですか。1つ選び，記号で答えなさい。

　　ア　食道　　イ　胃　　ウ　小腸　　エ　大腸

5 図1のような正三角形をもとに，いろいろな
形を考えます。次の問いに答えなさい。

図1

問1 図1の正三角形を図2のように
12個組み合わせました。この図の
中に，ひし形は何個ありますか。

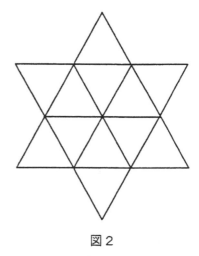

図2

問2 図1の正三角形を図3のように9個組み合わせて点Oの位置を決め，
図4のような正三角形ABCをつくりました。この正三角形ABCにおい
て，図5のように，辺BCの上に点Pを決めて，三角形OBPをつくりま
した。さらに，辺CAの上に点Qを決めて，三角形OCQをつくったとき，
三角形OBPと三角形OCQは合同になりました。このとき，あとの（1），
（2）に答えなさい。

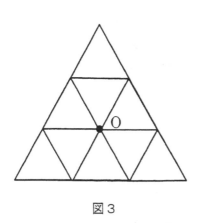

図3

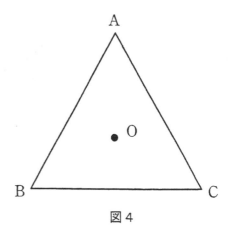

図4

問1　正方形⑧までをはりあわせてつくった長方形と，正方形⑥までをはり
　　あわせてつくった長方形の面積の差を求めなさい。

問2　図6のように，それぞれの正方形の1辺の長さを半径とする円の一部を
　　つないで，うずまき型の太線をつくります。さらに正方形をはりあわせて，
　　太線をのばしていくとき，太線の長さがはじめて450cmをこえるのは，
　　何番の正方形をはりあわせたときですか。「正方形④」のように答えなさ
　　い。ただし，円周率は3.14とします。

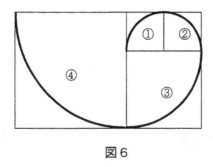

図6

2 次の問いに答えなさい。

問1　1から5までの5つの整数の中から異なる2つの数を選び，次の式の
　　　ア，イにあてはめます。このとき，あとの（1），（2）に答えなさい。

$$11 \div \dfrac{4}{\boxed{ア}} - 2 \times \dfrac{\boxed{イ}}{5}$$

（1）　ア，イにどの数をあてはめたとき，式を計算した答えが最も大きく
　　　なりますか。ア，イにあてはめた数を，それぞれ答えなさい。

（2）　（1）で選んだ数をあてはめたときに式を計算した答えが最も大きく
　　　なるのはなぜですか。説明しなさい。

問2　1200mはなれたA地点とB地点の間を，2人の兄弟が歩いて往復します。
　　　2人はA地点を同時に出発して，それぞれ一定の速さで歩きます。出発し
　　　てからの時間と2人の間のきょりとの関係を，とちゅうまでグラフに表す
　　　と下のようになりました。兄の歩く速さは弟の歩く速さより速いとします。
　　　このとき，あとの（1），（2）に答えなさい。

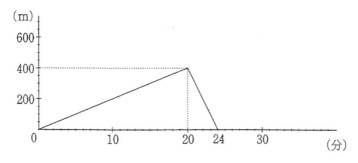

（1）　兄と弟の歩く速さはそれぞれ毎分何mですか。

（2）　2人が往復を続けるとき，初めて同時にA地点に帰ってくるのは出発
　　　してから何分後ですか。

問3　下の図のような，直方体から直方体を切り取った形をした容器があり，水が容器いっぱいに入っています。このとき，あとの（1），（2）に答えなさい。ただし，容器の厚さは考えないものとします。

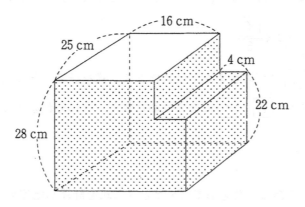

（1）　この容器の容積は何 cm³ ですか。

（2）　この容器から 2.5 L の水をくみ出すと，水面の高さは容器の底から何 cm になりますか。

2015（平成27）年度
中学校入学検査問題

算　数

（検査時間　50分）

<受検上の注意>　　1．答えは，すべて解答用紙に記入しなさい。
　　　　　　　　　　2．円周率は3.14として計算しなさい。

1　次の問いに答えなさい。

問1　次の計算をしなさい。

$2\dfrac{2}{5} \div 0.75 - 0.48 \times 5$

問2　28の約数すべての和を求めなさい。

問3　右の図は正十角形です。あの角の大きさを
　　　求めなさい。ただし，点Aは円の中心です。

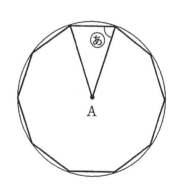

3　次の問いに答えなさい。

問1　対称の軸が2本以上ある線対称な**六角形**のうち，2本の対称の軸が垂直に交わるものを解答らんの方眼に，1つかきなさい。図の中に対称の軸をかいていてもかまいません。

問2　右の図1は，点対称な六角形をかこうとして，3つの辺をかいたところです。解答らんに，残りの辺をかき加えて，六角形を完成させなさい。

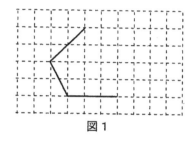

図1

問3　右の図2のような四角形を，2本の対角線で4つの三角形に分けます。
　　このとき，もっとも面積が小さい三角形の面積を求めなさい。

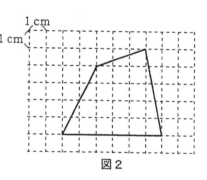

図2

問2　図3のように8個のおもりを入れた水そうに，1分間あたり一定の量の
　　水を入れました。入れはじめてからの時間と水面の高さの関係をグラフに
　　表すと次のようになりました。
　　　このとき，（1），（2）に答えなさい。

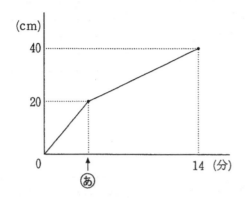

（1）　入れた水は1分間あたり何 cm³ ですか。

（2）　グラフ中の⑧にあてはまる数を答えなさい。

問3　図3のように8個のおもりを入れた水そうに，さらにおもりを何個か入
　　れて，積み重ねました。キ，ク，ケの上には置かないことにします。その
　　あとこの水そうに1分間あたり1000 cm³ の水を入れたところ，入れはじめ
　　てからの時間と水面の高さの関係をグラフに表すと次のようになりました。
　　　このとき，（1），（2）に答えなさい。

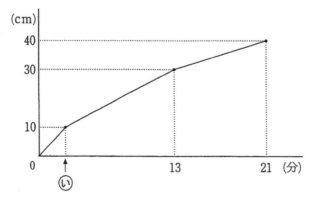

（1）　さらに積み重ねたおもりの個数は何個ですか。

（2）　グラフ中の⑪にあてはまる数を答えなさい。

理　科

<受検上の注意>　答えは，すべて白色の解答用紙に記入しなさい。

1　動物の呼吸について，次の問いに答えなさい。

問1　人の体内における肺の様子として最も適当なものを，次のア〜エから選び，記号で答えなさい。

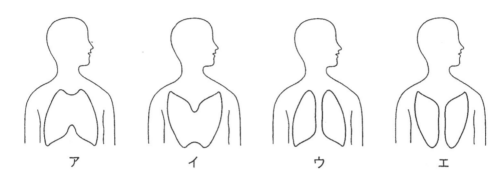

問2　人の鼻や口からとり入れた空気は，のどのあとにどこを通って肺に運ばれますか。その部分の名前を漢字2字で答えなさい。

問3　図1の器具を使って，人が吸う空気とはき出した息のそれぞれにふくまれる，酸素と二酸化炭素の割合を調べます。人が吸う空気または，はき出した息が入ったポリエチレンのふくろに検知管の先を入れたあと，どのような操作をすればよいですか。次のア〜エから1つ選び，記号で答えなさい。

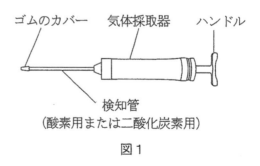

図1

　　ア　ハンドルを強く一気に引いてから押しもどし，直ちに検知管の目もりを読む。
　　イ　ハンドルを強く一気に引いてから押しもどし，決められた時間まで待ったのちに検知管の目もりを読む。
　　ウ　ハンドルを強く一気に引き，最後まで引いたら直ちに検知管の目もりを読む。
　　エ　ハンドルを強く一気に引き，最後まで引いたら決められた時間までそのまま待ったのちに検知管の目もりを読む。

問3　次に，2種類の異なる豆電球 X，Y を用いて，手回し発電機のハンドルの手ごたえとコンデンサーにたまった電気のはたらきについて調べる実験をしました。[操作]①〜⑥はこの実験方法の順序を示しています。また，[操作 ⓐ]を[操作]②〜⑥の間で2回行いました。あとの（1），（2）の問いに答えなさい。

[操作]
①　豆電球 X を手回し発電機に取りつけハンドルを回転させ，ハンドルの手ごたえを調べた。

②　次に，豆電球 X を取り外し，代わりに豆電球 Y を手回し発電機に取りつけ，ハンドルを回転させ，ハンドルの手ごたえを調べた。

③　豆電球 Y を取り外し，代わりにコンデンサーを手回し発電機に取りつけ，手回し発電機のハンドルを一定の速さで30回まわし，コンデンサーに電気をためた。

④　手回し発電機を外し，図4のように，豆電球 X，電流計，③で電気をためたコンデンサーをつなぎ，コンデンサーをつないだ直後の電流の強さとそのときの豆電球 X の明るさ，豆電球 X が消えるまでの時間をそれぞれ調べた。豆電球 X が消えると，すぐにコンデンサーを外した。

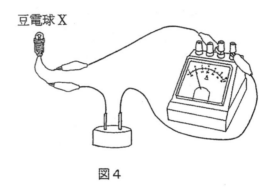

豆電球 X

図4

⑤　このコンデンサーを手回し発電機に取りつけ，ハンドルを一定の速さで30回まわし，再びコンデンサーに電気をためた。

⑥　図4中の豆電球 X を豆電球 Y に取りかえ，⑤で電気をためたコンデンサーをつなぎ，コンデンサーをつないだ直後の電流の強さとそのときの豆電球 Y の明るさ，豆電球 Y が消えるまでの時間をそれぞれ調べた。

[操作 ⓐ]

コンデンサーの ＋たんし と －たんし を導線でつないで，しばらく待った。

（1）どの[操作]とどの[操作]の間で[操作 ⓐ]を行いましたか。適当なものを，次のア〜エから2つ選び，記号で答えなさい。

　　ア　②と③の間　　イ　③と④の間　　ウ　④と⑤の間　　エ　⑤と⑥の間

（2）次の表は，この実験の結果をまとめたものです。a〜fに当てはまる適当な語句を，あとのアとイからそれぞれ選び，記号で答えなさい。

表

	手ごたえ	電流の強さ	豆電球の明るさ	消えるまでの時間
豆電球X	重い	a	c	e
豆電球Y	軽い	b	d	f

電流の強さ の結果に当てはまる語句　・・・　　ア　強い　　イ　弱い
豆電球の明るさ の結果に当てはまる語句　・・・　　ア　明るい　　イ　暗い
消えるまでの時間 の結果に当てはまる語句　・・・　　ア　長い　　イ　短い

3　　食塩が水にとける量を調べるために，次のような実験をしました。実験に関する次の文章を読んで，あとの問いに答えなさい。

[実験]

ビーカーに50gの水を入れ，ビーカー全体の重さをはかった（番号1）。これに6gの食塩を少しずつ加えてよくかき混ぜ，とけるかどうかを観察し，6gの食塩をすべて加えたあと，ビーカー全体の重さをはかった（番号2）。さらに6gの食塩を少しずつ加えて，とけるかどうかを観察し，すべて加えたあと，ビーカー全体の重さをはかった。この操作を，加えた食塩の重さの合計が30gになるまでくり返した。下の表は実験結果をまとめたものである。

表

番号	加えた食塩の重さの合計	観察結果	ビーカー全体の重さ
1	0g		150g
2	6g	すべてとけた	156g
3	12g	すべてとけた	162g
4	18g	ちょうどすべてとけた	168g
5	24g	とけずに残った	Ag
6	30g	とけずに残った	Bg

問1　Aに当てはまる適当な数値を答えなさい。

問2　下線部②について，日本では「夕焼けになると次の日は晴れる」と言われます。このように言われるわけを説明した次の文の ＿＿＿＿＿＿ に入る適当な言葉を 10 字以内で答えなさい。

夕焼けは，太陽がしずむ夕方に西の空に雲がなく，晴れているときに見える。
そして，＿＿＿＿＿＿ ことが多いので，夕方に西の空が晴れていれば，次の日は晴れる。

問3　下線部③について，空に見える 1 等星，3 等星，太陽を明るい順に並べるとどのようになりますか。次のア～カから 1 つ選び，記号で答えなさい。

　　ア　1 等星，3 等星，太陽　　　　　イ　1 等星，太陽，3 等星
　　ウ　3 等星，1 等星，太陽　　　　　エ　3 等星，太陽，1 等星
　　オ　太陽，1 等星，3 等星　　　　　カ　太陽，3 等星，1 等星

問4　下線部④について，北極星は，北斗七星をつくる 7 つの星のうち，2 つの星を通る直線の近くにあります。解答用紙の北斗七星の図の中からその 2 つの星を選び，それらの星を線で結びなさい。

問5　里香さんは，星の観測会に参加したあとの日も，北斗七星を見ました。その結果，北と東の間の空に，北斗七星が見える日もありました。次のア～エから，東の空に最も寄った位置にある北斗七星を選び，記号で答えなさい。

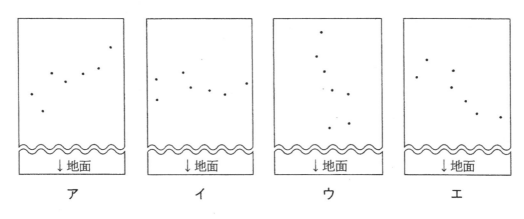

　　　　ア　　　　　　　　イ　　　　　　　　ウ　　　　　　　　エ

社　会　（検査時間　理科とあわせて50分）

＜受検上の注意＞答えは，すべて黄色の解答用紙に記入しなさい。

1　日本の漁業について，次の問いに答えなさい。

問1　漁業は海流と深い関わりがあります。日本列島の周りの海流に関する次のア～ウの
図を見て，あとの問いに答えなさい。

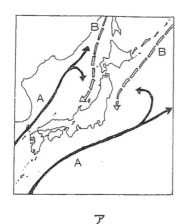 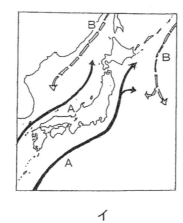 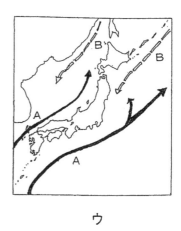

ア　　　　　　　　　　　イ　　　　　　　　　　　ウ

（1）日本列島の周りにはいくつかの海流がみられます。それらの海流を正しく表してい
る図を，ア～ウから1つ選び，記号で答えなさい。

（2）ア～ウの図には，AとBの2種類の海流が示されています。（1）で正しいと選んだ
図において，AとBの海流の違いを答えなさい。

問2　右の図は，日本の
漁業種類別の生産量
が変化している様子
を表しています。W
～Zは，養殖漁業，
沿岸漁業，沖合漁業，
遠洋漁業のいずれか
です。

この図を見て，次
の問いに答えなさい。

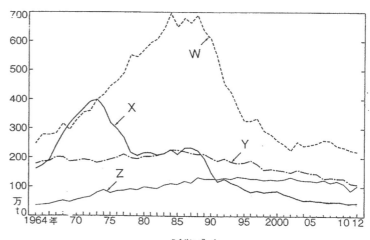

（『日本国勢図会2014/15年版』による）

問2　岡山県の様子について正しく述べている文を，次のア～オから2つ選び，記号で答えなさい。

　　　ア　山陽新幹線が，県の南部を東西に延びています。
　　　イ　山陽自動車道が，県の北部を東西に延びています。
　　　ウ　東西に連なる中国山地が，鳥取県との境界になっています。
　　　エ　岡山県の南東では，土に恵まれて，有田焼がつくられています。
　　　オ　県庁がある岡山市は，県の南部にあり，太平洋に面しています。

問3　下の図を見て，次の問いに答えなさい。

（1）次の特色をもつA，Bの県はどこですか。県名を答えなさい。また，その位置を，下の図のア～コから1つずつ選び，記号で答えなさい。

　　　A　県の北部に，白神山地がある。
　　　B　世界遺産に登録された富岡製糸場がある。

（2）下の図を参考にして，都道府県について正しく述べている文を，次の①～⑤から2つ選び，記号で答えなさい。

　　　①　最も多くの都道府県と接しているのは長野県で，9つの都道府県と接している。
　　　②　北海道と沖縄県以外の都道府県はすべて，3つ以上の都道府県と陸地で接している。
　　　③　本州の北の端があるのは青森県で，南の端があるのは和歌山県である。
　　　④　奈良県や山梨県のように海に面していない都道府県は9つである。
　　　⑤　北海道の面積は，中国地方と四国地方をあわせた面積よりも広い。

A	1868 年	①明治新政府軍と旧江戸幕府軍との戦い（戊辰戦争）がおこる。
B	1877 年	西南戦争がおこる。
C	②1894 年	日清戦争がおこる。
D	1904 年	日露戦争がおこる。
E	1914 年	③第一次世界大戦がはじまる。
F	1931 年	満州事変がおこる。
G	1939 年	第二次世界大戦がはじまる。
H	1945 年	第二次世界大戦が終わる。
I	1950 年	朝鮮戦争がおこる。
J	1965 年	＿＿＿戦争が激しくなる。
K	1978 年	日中平和友好条約が結ばれる。
L	④2003 年	イラク戦争がおこる。

問1　下線部①に関して，江戸にせめこもうとした新政府軍と話し合いをすすめ，江戸城を明けわたすことを申し入れて，江戸の町を戦火から救った幕府の役人は誰ですか。人物名を答えなさい。

問2　下線部②に関して，このころ東京美術学校（現在の東京芸術大学）の校長であったある人物は，日本の古美術が海外に流出するのを心配し，日本美術のすばらしさを唱えました。ある人物とは誰ですか。人物名を答えなさい。

問3　下線部③に関して，第一次世界大戦が終わったあと，平和な世界を築くために国際連盟が発足しました。そのとき事務局次長を務め，国際連盟の発展に力をつくした日本人は誰ですか。人物名を答えなさい。

問4　下線部④に関して，この年の前年に日本はどこの代表者と初の首脳会談をおこないましたか。次のア～エから1つ選び，記号で答えなさい。

　　ア　中国　　　　イ　韓国　　　　ウ　北朝鮮　　　　エ　ロシア連邦

問5　＿＿＿に入る最も適当な語句を答えなさい。

問6　次のア～オの出来事を年表に書き加えるとすると，A～Lのどのあとに当てはまりますか。それぞれ，A～Lの記号で答えなさい。

　　ア　すみぬり教科書が使われる。
　　イ　人力車の営業がはじまる。
　　ウ　日本でテレビ放送がはじまる。
　　エ　みそ・しょうゆ・衣料品が切符制になる。
　　オ　高度経済成長が終わる。

次の文章は，大学の先生が高校生の内山さんに行った憲法に関する講義の一部です。この文章を読んで，あとの問いに答えなさい。

法律って何だろう？

◆内山　内閣か①国会議員が国会に法律案を提出して，可決されたら法律になります。

……すごく正確に知っていますね。たいしたものだ。たしかに法律案は内閣も提出できるし，国会議員も提出できます。

そしていちばん重要なのは，国会でつくったものであるということ。憲法のどこに書いてありますか？

◆内山　わかります！　41条です。

第41条　国会は，②国権の最高機関であって，国の唯一の③立法機関である。

そのとおりです。国会が「国の唯一の立法機関である」ということは，国会しか法律をつくることができないということですよね。警察官職務執行法も，国会がつくった法律です。だから，この法律を根拠にして，警察官は普通の人ができないことをすることができる。

（中略）

国会でどうやって法律をつくるのか，ということは国会法に書いていることがわかりました。でも，国会法自体も法律です。法律をつくる手続きが，法律で決まっている。そうなると，やはりもう一段階上の根拠が必要でしょう。それが憲法なのです。

たとえば憲法には，どうすれば国会議員になれるのかが書いてあるはずですよね。

◆内山　43条です。

第43条①　両議院は，全国民を代表する④選挙された議員でこれを組織する。
　　　　②　両議院の議員の定数は，法律でこれを定める。

（中略）

6 　2014（平成26）年のニュースをまとめる宿題が出たたろうさんは，国際的な問
　　題をテーマにして次のように選びました。

　　1．ウクライナ東部の分離独立をめぐる問題
　　2．ブラジルでの①サッカーワールドカップの開催
　　3．イスラエルのガザ地区での戦闘
　　4．アフリカ地域での②エボラ出血熱の流行
　　5．イラクでの過激派組織の勢力拡大

　これを見て，次の問いに答えなさい。

問1　国際的な問題に関わって，いろいろな国際問題の解決のために多くの国連機関が活
　　動しています。国連機関のひとつであるユネスコの仕事に当てはまるものを，次のア
　　～エから1つ選び，記号で答えなさい。

　　ア　国連平和維持活動の実施　　　イ　伝染病の予防
　　ウ　世界自然遺産の登録　　　　　エ　民主的な選挙のための監視

問2　下線部①について，スポーツを通じた交流は国際平和のためにも重要であると考え
　　られていますが，スポーツには健康の増進や地域の活性化など，ほかにもいろいろな
　　効果が期待されています。わが国でスポーツの振興の基本的な計画を担当している省
　　庁はどこですか。次のア～エから1つ選び，記号で答えなさい。

　　ア　厚生労働省　　イ　総務省　　ウ　外務省　　エ　文部科学省

問3　下線部②について，国連機関や各国政府のほかにも「国境なき医師団」などの民間
　　の団体が医療活動の支援を行っています。このような国連や政府から独立して活動し
　　ている民間の団体を何といいますか。アルファベット3文字で答えなさい。

4

問1			
ア	イ	ウ	エ

問2　りんご　袋　みかん　袋

問3　りんご　袋　みかん　袋

※

5

問1　cm

問2　(1)　cm³　(2)

問3　(1)　個　(2)

※

4

の量

0　5

加えた食塩の量
0　5　10　15　20　25　30 (g)

g

問1　あ　い

問2

問3

問4

問5

※

※

※

※60点満点
（配点非公表）

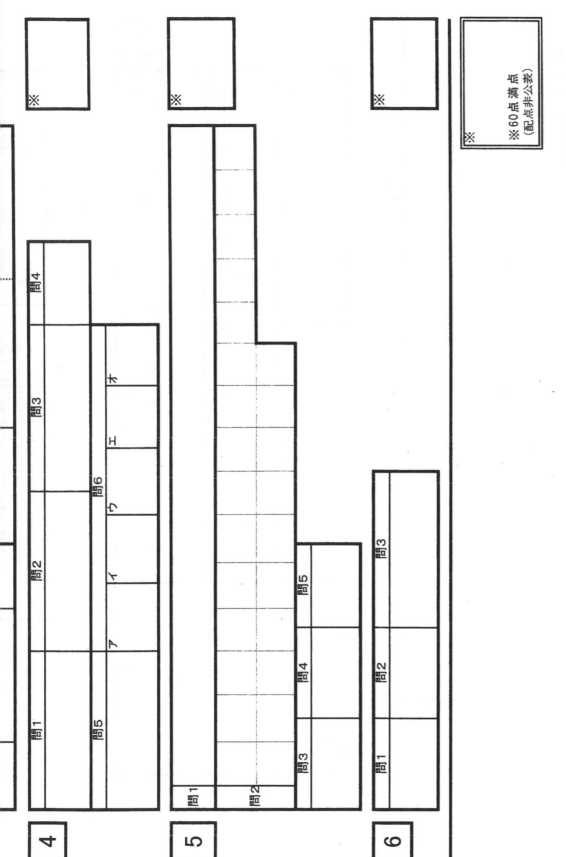

※60点満点
（配点非公表）

H27. 広島大学附属中
区数理出版

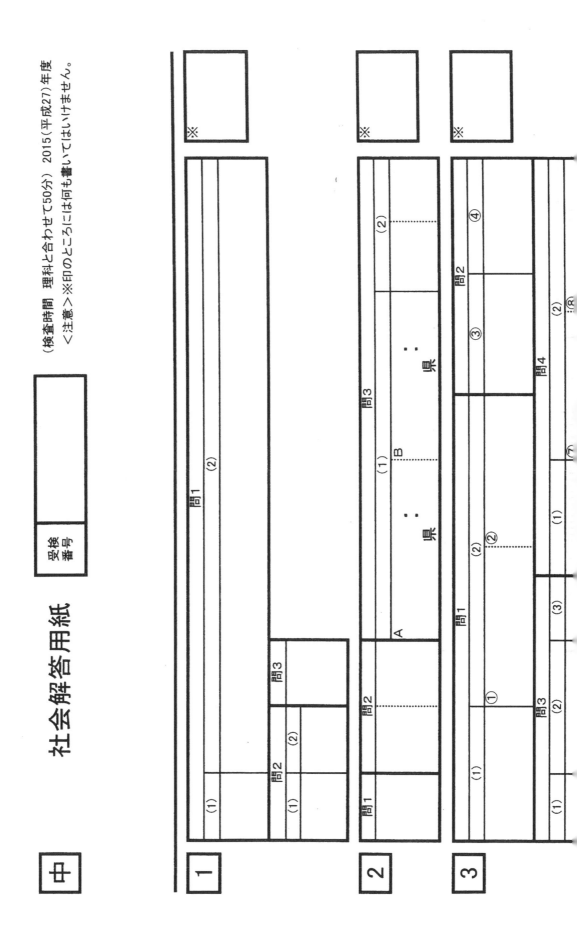

社会解答用紙

中

受検番号

（検査時間　理科と合わせて50分）　2015（平成27）年度
＜注意＞※印のところには何も書いてはいけません。

1
　問1
　　(1)　(2)
　問2
　　(1)　(2)
　問3
　※

2
　問1
　問2
　問3
　　(1)　A　　　　県　・・　B　　　　県　・・
　　(2)
　※

3
　問1
　　(1)　(2)　①　②
　問2
　　(1)　(2)　(3)
　問3
　　(1)　(2)　③　④
　問4
　　(1)　(2)　⑦　⑧
　※

中

理科解答用紙

受検番号

（検査時間　社会とあわせて 50 分）　2015（平成 27）年度
〈注意〉※印のところには何も書いてはいけません。

1

問1	問2	問3	問4	問5

※

2

問1	問2	問3						
		(1)			(2)			
			a	b	c	d	e	f

※

3

問1	問2	問3	問4
			g

問2

（g）
30
とけずに残った 25
　　　　　　　　20
　　　　　　　　15

問2

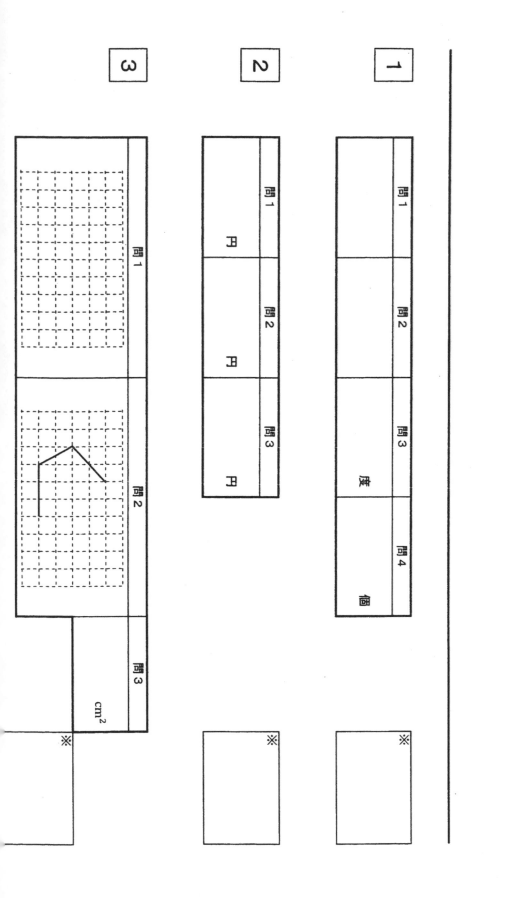

算数解答用紙

（検査時間　50分）　　2015（平成27）年度

中

受検番号

＜注意＞※印のところには何も書いてはいけません。

1

問1	問2	問3 度	問4 個

※

2

問1 円	問2 円	問3 円

※

3

問1	問2	問3 cm²

※

問4　下線部④について，現在，わが国では国会議員選挙の投票率を向上させることが課題となっています。このことに関する文として**誤っているもの**を，次の**ア～エ**から1つ選び，記号で答えなさい。

　　ア　参議院選挙についてみると，21世紀に入ってからの選挙ではいずれも投票率が60％を下回っている。

　　イ　投票日の前に投票をすることができる期日前投票の制度があるが，仕事などでやむを得ない場合に限られる。

　　ウ　仕事や留学で海外にいても投票することができる。

　　エ　病気で入院していても投票することができる。

問5　日本国憲法に定められた考え方として，**当てはまらないもの**を次の**ア～エ**から1つ選び，記号で答えなさい。

　　ア　人は生まれながら自由，平等などの基本的人権をもっている。

　　イ　国家間の問題を戦争によって解決することはしない。

　　ウ　国の政治のありかたを最終的に決めるのは国民である。

　　エ　天皇（てんのう）は憲法にしばられずに仕事をすることができる。

人は普通，なぜ警察官には職務質問(注)をする権限があるのだろうとか，そもそもあの人たちはなぜ警察官だと言えるのかといったことは考えません。国会中継が本当に日本の国会の中継なのか，といった疑いも持たないでしょう。

　そういう普通の人が考えないことを，いまわざと考えてみました。すると，憲法とは日本という国がしっかりと機能していくための最終的な根拠を定めているものであることがわかる。

　日本以外でも，いまではたいていの国がこういうシステムを取っています。たとえば，警察官が勝手に乱暴しては困るから，警察官ができることとできないことを法律できちんと定める。その法律というのは，昔だったら王様が思いつきで書いていたけれども，いまは国会で決める。その国会のあり方は，憲法によって定めてある。

　このように憲法は，国家システムの最終的な拠り所となっているのです。

◆内山　逆に言えば，憲法がないといろいろ困るということですよね。

　そうなんですよ。国会がいくつもできるかもしれないし，警察官や裁判官を名乗る人がいっぱい出てきたら，統制がつかなくなる。やっぱり権限－法律－憲法というピラミッドの形できちんと秩序ができていなければ困ります。

　そこで憲法98条では，憲法はピラミッドのいちばん上だということが書いてあります。

　憲法は「最高法規」であって，その「条規」つまり条文に反する法律，命令などは「その効力を有しない」と。これが，法律学的な意味での最高法規の意味です。

（南野　森，内山奈月『憲法主義　条文には書かれていない本質』を参考に作成）

　　(注)：職務質問　　警察官が不審者に質問をすること。

問1　下線部①について，国会で可決された法律に対する違憲立法審査権が裁判所に与えられています。違憲立法審査権とはどのようなものか説明しなさい。

問2　下線部②について，国会は国権の最高機関のはずなのに裁判所に違憲立法審査権があるのはなぜですか。上の講義の文章をふまえて，25字以内で説明しなさい。

問3　下線部③について，国会が立法の仕事を受けもっているのに対して，裁判所は司法の仕事を受けもっています。司法について，国民が直接関わる方法として憲法の条文で定められていることは何ですか。次のア〜エから1つ選び，記号で答えなさい。

ア　裁判員制度　　　　　イ　最高裁判所の裁判官の弾劾裁判
ウ　法科大学院　　　　　エ　最高裁判所の裁判官の国民審査

問3　Cの資料は，室町時代の近江国（滋賀県）のある村におけるおきてからいくつか取りあげたものです。

（1）このおきてを定めた人たちに当てはまるものを，次のア～エから1つ選び，記号で答えなさい。

　　ア　幕府　　　　　イ　農民　　　　ウ　寺の僧　　　エ　貴族

（2）文中の（　⑤　）には，「話し合いの場」を示す語句が入ります。当てはまる語句を答えなさい。

（3）文中の（　⑤　）の場で話し合われていた内容に当てはまらないものを，次のア～オから1つ選び，記号で答えなさい。

　　ア　五人組について　　　　　　　　イ　一揆について
　　ウ　生活上のおきてについて　　　　エ　祭りについて
　　オ　用水や山林の利用のしかたについて

D

> 全国の産物が集まり，取引される（　⑥　）は，「天下の台所」とよばれ，経済の中心地になりました。大名たちは，（　⑥　）に蔵屋敷を置き，自分の領地から運んだ年貢米や特産物を納めました。そして，商人を通してそれを市場で売りさばきました。

問4　Dの資料は，江戸時代の商業についての説明です。

（1）文中の（　⑥　）に当てはまる地名を答えなさい。

（2）下線部について，なぜ大名たちはわざわざ年貢米を（　⑥　）に運んで売ったのでしょうか。次の文中の（　⑦　），（　⑧　）に当てはまる語句を答えなさい。

> （　⑦　）より（　⑥　）で売ったほうが，米の値段が（　⑧　）から。

4　2014（平成26）年は，第一次世界大戦が始まってから100年にあたる年でした。

　里香さんは，日本が開国してからのちにおこった戦争に関わる出来事を年表にまとめてみました。

　里香さんの作成した次の年表に関連して，あとの問いに答えなさい。

3 次のＡ～Ｄの資料を見て，それぞれの問いに答えなさい。

Ａ

大徳・小徳（紫） 大仁・小仁（青） 大礼・小礼（赤）
大信・小信（黄） 大義・小義（白） 大智・小智（黒）

問1 Ａの資料は，役人の位を冠の色で分けて区別したものです。

（1）これを定めた人物名を答えなさい。

（2）（1）の人物が，Ａを定めた目的を示すものとなるように，次の文の（ ① ），
（ ② ）にそれぞれ当てはまる語句を答えなさい。

（ ① ）によらず，（ ② ）のある人を役人に取り立てるしくみをつくりました。

Ｂ

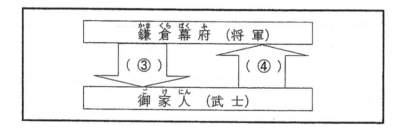

問2 Ｂの資料は，鎌倉幕府（将軍）と御家人（武士）の関係を図に表したものです。図
の（ ③ ），（ ④ ）に当てはまるものを，次のア～キからすべて選び，記号で答えな
さい。

ア 奉公すること　　　　　　　イ ご恩を与えること
ウ 幕府のために戦うこと　　　エ 領地を保護すること
オ 年貢米を納めること　　　　カ 領地をあたえること
キ 鎌倉の警備をすること

Ｃ

一、村に保証人がいない場合は，よその人を村におかないこと。
一、家を売った人は，100文につき3文ずつを村に差し出すこと。
一、村の森でかってに木を切ったりした者は，村人ならば村の（ ⑤ ）
からはずすこと。

（1）遠洋漁業に当てはまるものを，図のW〜Yから1つ選び，記号で答えなさい。

（2）図のZが示す漁業の説明として当てはまらないものを，次のア〜エから1つ選び，
記号で答えなさい。

ア　生けすなどの施設で，大きくなるまで育てています。
イ　稚魚を海に放流して，自然の中で水産資源を増やしています。
ウ　市場の売れ方に合わせて，出荷する種類や量を調節しています。
エ　病気の魚がいないか確認するなど，出荷するまで環境に気を配っています。

問3　食べ物の安全が話題になる今日，水産物でもとれた場所や温度の管理，食べさせた
えさ，出荷した日などの情報を公開するしくみがとられています。このようなしくみ
を何と言いますか。次のア〜エから1つ選び，記号で答えなさい。

ア　ナショナルトラスト　　　　　　イ　トレーサビリティ
ウ　フードマイレージ　　　　　　　エ　ライフライン

2　都道府県について，次の問いに答えなさい。

問1　広島県内で現在運行されているJRの路線を正しく表している図を，次のア〜エか
ら1つ選び，記号で答えなさい。ただし，新幹線は除きます。

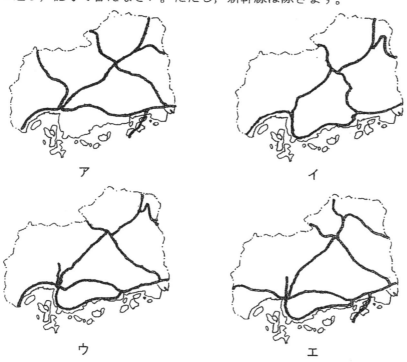

ア

イ

ウ

エ

4 次の文章や図は，小学生の里香さんがかいた日記の一部です。これを読んで，あとの問いに答えなさい。

　　今日は朝からずっと①晴れていました。夕方から家族といっしょに星の観測会に参加しました。②夕焼けがとてもきれいで，太陽がしずむと，星がたくさん見えるようになりました。③いろいろな明るさの星がありました。観測会の先生から，北斗七星や季節の星座を教わりました。④北斗七星は，北の空に見えるほとんど動かない北極星を中心に回るように動くことも教わりました。観測会が終わって帰宅するころには，北斗七星の位置は，下の図のように変わっていました。

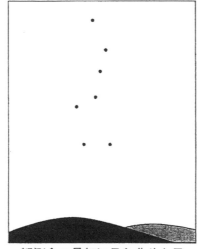

観測会の最初に見た北斗七星

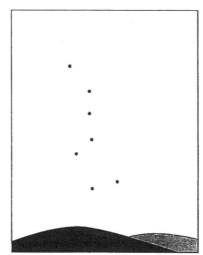

帰宅するころに見た北斗七星

問1　下線部①について，「晴れ」や「くもり」といった天気は，何によって決めますか。その決め方を説明した次の文の　あ　と　い　に入る適当な言葉をそれぞれ答えなさい。

　　　あ　を 10 としたときの，　い　がしめる量によって決める。

問2　加えた食塩の量と，とけずに残った食塩の量との関係はどのようになると考えられますか。加えた食塩の量と，とけずに残った食塩の量との関係をグラフに表しなさい。

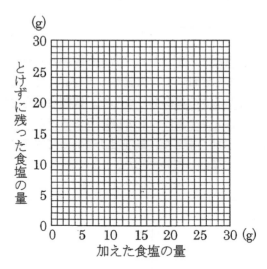

問3　番号6のビーカー全体の重さBgのうち，水よう液の重さは何gですか。

問4　番号6のビーカーの中の，とけずに残った食塩と水よう液をろ過して分けました。次の（1），（2）の問いに答えなさい。

（1）　ろ紙をろうとに取りつけたあとで，ろうとから取り外して広げてみると，ろ紙の折り目はどのように見えますか。次のア〜エから1つ選び，記号で答えなさい。

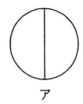

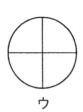

ア　　　　　　イ　　　　　　ウ　　　　　　エ

（2）　ろ過して得られた水よう液に6gの食塩を加えました。これに，番号2と同じ水よう液を少なくとも何g加えたら，加えた食塩をすべてとかすことができますか。ただし，ろ過することで，水よう液はこくなったり，うすくなったりしないものとします。

問1　図2，Aのように，手回し発電機につけた導線の先どうしをつないだ場合と，Bのように，先に何もつながない場合について，それぞれハンドルを回転させて手ごたえを比べると，AのほうがBよりも重く感じました。また，Cのように，手回し発電機の先に豆電球をつないでハンドルを回転させたときの手ごたえも調べました。A～Cのハンドルの手ごたえを重い順に並べると，どのようになりますか。あとのア～ウから正しいものを1つ選び，記号で答えなさい。

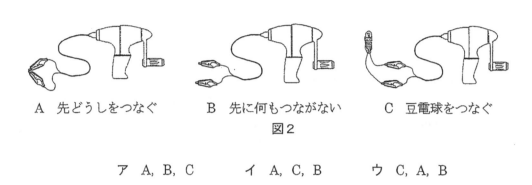

A　先どうしをつなぐ　　　B　先に何もつながない　　　C　豆電球をつなぐ

図2

ア　A，B，C　　　　イ　A，C，B　　　　ウ　C，A，B

問2　コンデンサーを使うと，電気をためることができます。図3は，手回し発電機をつかいコンデンサーに電気をためる実験の様子を示しています。ハンドルを一定の速さで回転させ，コンデンサーに電気をためていくと，ハンドルの手ごたえはしだいに軽くなりました。このとき電流計の針はどのように動きましたか。次のア～エから正しいものを1つ選び，記号で答えなさい。

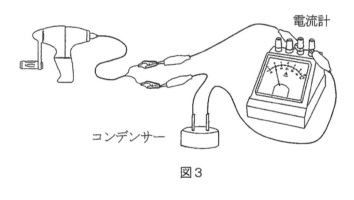

電流計

コンデンサー

図3

　　ア　はじめ弱い電流を示す位置で小さく振れ，次に強い電流を示す位置に動き，最後はそのままの位置で小さく振れていた。
　　イ　はじめ強い電流を示す位置で小さく振れ，次に弱い電流を示す位置に動き，最後は電流の強さが0の位置で小さく振れていた。
　　ウ　はじめ弱い電流を示す位置で小さく振れ，次に強い電流を示す位置に動き，再び弱い電流の位置にもどり，最後は電流の強さが0の位置で小さく振れていた。
　　エ　はじめ強い電流を示す位置で小さく振れ，次に弱い電流を示す位置に動き，再び強い電流の位置にもどり，最後はその位置で小さく振れていた。

問4　図1の器具を使って、人が吸う空気とはき出した息のそれぞれにふくまれる、酸素と二酸化炭素の割合を調べると、表のようになりました。表の（　　）に当てはまる数値として最も適当なものを、次のア～エから選び、記号で答えなさい。

表

	酸素	二酸化炭素
人が吸う空気	約21%	約0.03%
人がはき出した息	約18%	約（　）%

　　ア　3　　イ　21　　ウ　39　　エ　82

問5　図2は魚の頭部付近を上側（せびれ側）からみたときの断面の様子を表しています。魚が体内にとり入れる酸素をふくむ水の移動を⟹、魚が体の外に出した二酸化炭素をふくむ水の移動を➡によって表すとき、酸素や二酸化炭素をふくむ水の移動の様子として最も適当なものを、次のア～エから選び、記号で答えなさい。

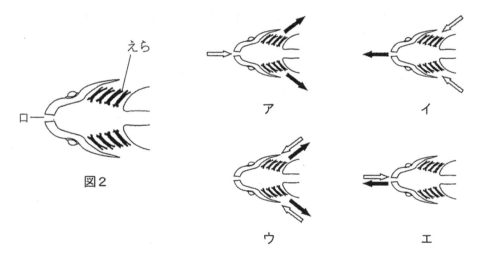

図2

ア

イ

ウ

エ

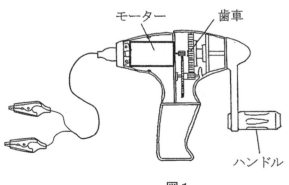

2　図1は、手回し発電機の様子を示しています。ハンドルを回転させると、モーターが回り、電気をつくることができます。この道具を用いて電気に関する実験をしました。次の問いに答えなさい。

図1

5 　図1のような直方体の水そうと，図2のような鉄でできた立方体のおもりが
いくつかあります。水そうの底面を，図1のようにア～ケの9つの正方形のま
す目にわけ，このます目にあわせておもりを積み重ねていきます。図3は，ア，
イ，エ，オの上にそれぞれ2個ずつおもりを積み重ねたものです。おもりどう
しや，おもりと水そうの間にはすき間はなく，ぴったりとくっついているもの
とします。水そうに水を入れても，おもりはういたり，ずれたりすることはあ
りません。また，水そうの厚さは考えないものとします。
　　このとき，あとの問いに答えなさい。

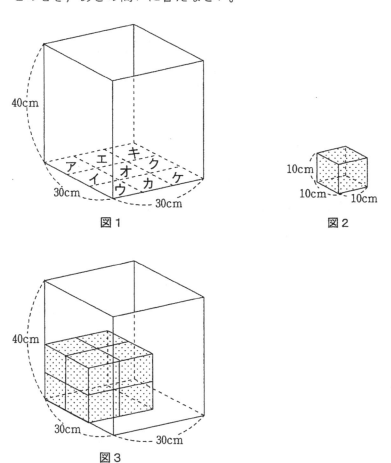

図1

図2

図3

問1　図3のように8個のおもりを入れた水そうに，水面の高さが15cmにな
　　るまで水を入れました。さらに，水の中におもりを1個しずめたところ，
　　そのおもりは完全に水につかりました。このとき，水面は何cm高くなり
　　ましたか。

4 あるお店では，りんご3個入りの袋とみかん8個入りの袋があって，それぞれ1袋270円と360円で売っています。このとき，次の問いに答えなさい。ただし，消費税は考えないものとします。

問1 下の表はりんごとみかんを合わせて10袋買うときの代金と果物の個数を表したものです。

りんご(袋)	10	9	8	7	…
みかん(袋)	0	1	2	3	…
代金(円)	2700	2790	2880	2970	…
果物の個数(個)	30	35	40	45	…

たろうさんはこの表を見て気づいたことを，次のような文章にまとめました。 ア ～ エ にあてはまる数を答えなさい。

[たろうさんの気づき]

りんごが1袋減って，みかんが1袋増えるごとに代金は ア 円ずつ増え，果物の個数は イ 個ずつ増えます。また，みかんが x 袋のときの代金を表す式は ウ × x + エ です。

問2 りんごとみかんを合わせて10袋買うとき，代金が3330円で，果物の個数が65個になるようにするには，りんごとみかんをそれぞれ何袋ずつ買えばよいですか。

問3 表からわかるように，りんご8袋，みかん2袋買うときの代金は2880円で，果物1個平均の代金は72円です。

りんごとみかんを合わせて14袋買うとき，果物1個平均の代金が60円になるようにするには，りんごとみかんをそれぞれ何袋ずつ買えばよいですか。

問4　右のような4枚のカードがあります。このカード
　　のうち，3枚を並べて3けたの整数をつくります。
　　このとき，偶数は何個できますか。

2　　あるお店では，買い物をするとき，商品に書かれた値段に消費税8％を加え
　た金額をはらいます。商品をいくつか買うときは，合計の値段に消費税8％を
　加えた金額をはらいます。ただし，消費税8％を加えた金額が1円に足りない
　はしたの数をふくむときは，そのはしたの数を切り捨てた金額をはらうものと
　します。
　　このとき，次の問いに答えなさい。

問1　ある商品アの値段に消費税を加えた金額は1350円です。商品アの消費税
　　を加える前の値段は何円ですか。

問2　消費税を加える前の1個の値段が30円の商品イがあります。商品イを
　　10個まとめて一度に買うときにはらう金額と，1個ずつ10回にわけて買
　　うときにはらう金額の差は何円ですか。

問3　消費税を加える前の1個の値段が30円より高く100円より安い商品ウが
　　あります。その値段の一の位は0です。商品ウを10個まとめて一度に買う
　　ときにはらう金額と，1個ずつ10回にわけて買うときにはらう金額の差は
　　6円です。消費税を加える前の商品ウの1個の値段は何円ですか。

算　数　　　　　（検査時間　50分）

<受検上の注意>　　1. 答えは，すべて解答用紙に記入しなさい。
　　　　　　　　　　2. 円周率は 3.14 として計算しなさい。

1　次の問いに答えなさい。
問1　次の計算をしなさい。

$$\frac{7}{4} \div \left(4.4 - \frac{8}{5}\right) \times 1\frac{7}{9}$$

問2　右の図形は正五角形に対称の軸
　　　を1本かき入れ，その軸上の1点
　　　と正五角形の4つの頂点を結んだ
　　　ものです。アの角の大きさを求め
　　　なさい。

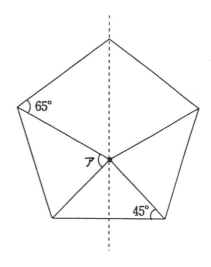

3 高さが 36 m の建物があります。この建物は 1 階から屋上まで階段があり，階段 1 段の高さはどこでも一定になっています。1 階部分，2 階部分，3 階部分は，それぞれことなる高さになっていて，3 階以上の階はすべて同じ高さになっています。また，1 階部分の高さは 4 m あり，2 階から 3 階への階段は 20 段あります。

1 階から屋上まで階段であがるとき，3 階についたところで階段全体の 5 分の 1 の段数をあがったことになり，また，3 階部分の高さは 2 階部分の高さよりもちょうど 10 ％低いことがわかりました。

このとき，次の問いに答えなさい。

問1 階段 1 段の高さは何 cm ですか。

問2 この建物は何階建てですか。

図1の図形ア，イ，ウ，エは，それぞれ円を4等分したものの1つです。
次の問いに答えなさい。

問1　ア，イ，ウ，エの面積の和を求めなさい。

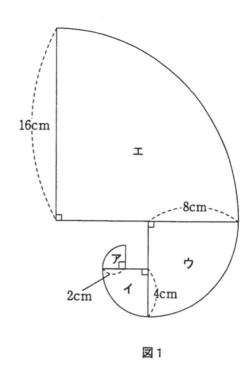

図1

問2　同じ大きさの3つの円が図2のように交わっています。点A，B，Cはそ
れぞれの円の中心です。ここで，3つの円が重なった部分を図形オとしま
す。あとの（1），（2）に答えなさい。

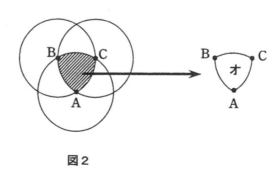

図2

問3　2人が1回目にすれちがう場所が，A～Gの7地点のうちCに最も
　　近かったとき，2回目にすれちがう場所は，A～Gの7地点のうち，
　　どの地点に最も近いといえますか。考えられるものをすべて答えなさい。

理　科　　　　　　（検査時間　社会とあわせて５０分）

<受検上の注意>　答えは，すべて白色の解答用紙に記入しなさい。

1　メダカと人の，卵と育ち方について，次の問いに答えなさい。

問１　メダカの卵の直径と人の卵の直径はどれくらいですか。最も近いものを次の**ア～ウ**から
　　それぞれ１つずつ選び，記号で答えなさい。

　　　　　ア　0.1mm　　　　　**イ**　1mm　　　　　**ウ**　10mm

問２　メダカの受精卵が「ふ化（子メダカになること）」するまでにかかる日数と，人の受精卵
　　から子どもが生まれるまでにかかる日数はどれくらいですか。最も近いものを，次の**ア～**
　　エからそれぞれ１つずつ選び，記号で答えなさい。ただし，メダカは25℃の水温の水槽で
　　育てるものとします。

　　　　　ア　10日　　　　　**イ**　30日　　　　　**ウ**　120日　　　　　**エ**　270日

問３　次の図は，メダカのめすとおすを表しています。
（１）　めすは，**ア**と**イ**のどちらですか。記号で答えなさい。

ア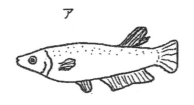　　　　　　　　　イ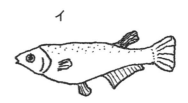

（２）　めすとおすは，２カ所のひれの違いで見分けることができます。それは何びれかを２
　　つ答えなさい。

問４　右の図は，人の母親の体の中で子どもが育っ
　　ているようすを表しています。

（１）　母親の体の中で，子どもが大きくなる右の図
　　で示した場所を何といいますか。

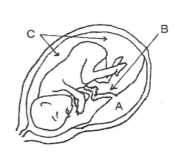

（２）　右の図中のＡとＢ，および子どものまわりに
　　あるＣの名前を答えなさい。

問5　次に，試験管内の水をはじめと同じ量，同じ温度の水に入れかえ，試験管を熱する位置を図2のBで示した位置にして，温度計①と温度計②の温度の変化のようすを調べました。温度は時間とともにどのように変化しますか。問4で示したア〜クのグラフからそれぞれ1つずつ選び，記号で答えなさい。ただし，グラフ中の点線は，図3で示した温度計①の温度の変化のようすを示しています。また，ア以外のグラフでは時間と温度の目もりと数値は省略してあります。

問6　次のア〜カの中で，水のあたたまり方と同じ熱の伝わり方にもとづくことがらはどれですか。すべて選び，記号で答えなさい。

ア　たき火に近づくと暖かい
イ　夏，上空に向かって大きくふくらんだ雲ができる
ウ　えんとつの煙が上にあがる
エ　フライパンの取っ手が木でできている
オ　羽毛製の服を着ると暖かい
カ　水とうの外側と内側の間は真空になっている

3　実験に関する文章を読んで，あとの問いに答えなさい。

[実験1]　小さくちぎったスチールウール（鉄）とアルミニウムはくを準備した。まず，スチールウールとアルミニウムはくに磁石を近づけ，引きつけられるかどうかを調べた。次に，スチールウールとアルミニウムはくを試験管に入れ，それぞれにうすい塩酸を加えた。さらに，試験管の中の水よう液を，それぞれ蒸発皿に取り，弱い火で加熱した。すると，両方の水よう液で蒸発皿に残ったものがあった。蒸発皿に残ったものを集め磁石を近づけ，引きつけられるかどうかを調べた。さらに，蒸発皿に残ったものに水を加え，変化を観察した。表1は結果の一部を示したものである。

表1

	スチールウール	アルミニウムはく
磁石を近づけたときの変化	引きつけられた	引きつけられなかった
うすい塩酸を加えたときの変化	気体を出してとけた　試験管があたたかくなった	A
蒸発皿に残ったものの色	B	白色
蒸発皿に残ったものに磁石を近づけたときの変化	引きつけられなかった	引きつけられなかった
蒸発皿に残ったものに水を加えたときの変化	C	D

問1　表1のAとBに適当な説明または語句を入れなさい。

問2　表1のCとDの観察の結果はどのようになりますか。それぞれア～エから1つずつ選び、記号で答えなさい。

　　ア　気体を発生してとける
　　イ　気体を発生しないでとける
　　ウ　とけないが気体は発生する
　　エ　とけないし気体も発生しない

[実験2]　次の(1)～(4)の操作を行い、表2に、はかった重さの一部を示した。
　(1) 300mLの丸底フラスコに水100gを入れ、ゴム栓をして全体の重さをはかった。これを重さ1とする。
　(2) 次にゴム栓をはずし丸底フラスコに二酸化炭素を入れて、ふたたびゴム栓をして全体の重さをはかった。これを重さ2とする。
　(3) ゴム栓をしたまま丸底フラスコをふり混ぜ全体の重さをはかった。これを重さ3とする。
　(4) ①ゴム栓をとり、丸底フラスコの中の水よう液をビーカーに入れた。取り出した水よう液の一部を試験管にとりBTB液を加えたところ、水よう液は黄色になった。水よう液の入ったビーカーを加熱した後、水よう液の一部を試験管にとり、②BTB液を加えたところ水よう液の色は緑色になった。

表2

重さ1	重さ2	重さ3
270.00g	270.13g	

問3　重さ3はいくらになると考えられますか。

問4　下線部①で、ゴム栓をとった瞬間に起こる気体の出入りについて正しく述べたものはどれですか。次のア～ウから1つ選び、記号で答えなさい。

　　ア　二酸化炭素がフラスコの外に出る
　　イ　空気がフラスコ内に入る
　　ウ　気体の出入りはない

問5　下線部②で、水よう液の性質は酸性、中性、アルカリ性のうちどれですか。また、なぜそうなったのですか。20字以内で答えなさい。

問5　次の文は，太郎くんが書いた観察のまとめです。⬚に入る適当なことばを
　　15字以内で答えなさい。

　　影が西から北を通って東へ動いたことから，⬚へ動いたことがわかります。

社 会 　　　　（検査時間　理科とあわせて５０分）

<受検上の注意>　答えは，すべて黄色の解答用紙に記入しなさい。

1　下の地図の地域について，あとの問いに答えなさい。

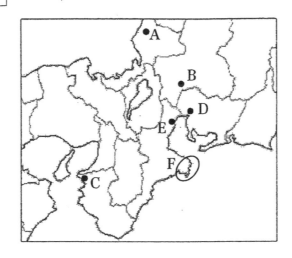

問1　地図中のA～Cの地域の気温と降水量を，ア～ウからそれぞれ一つ選び，記号で答えなさい。

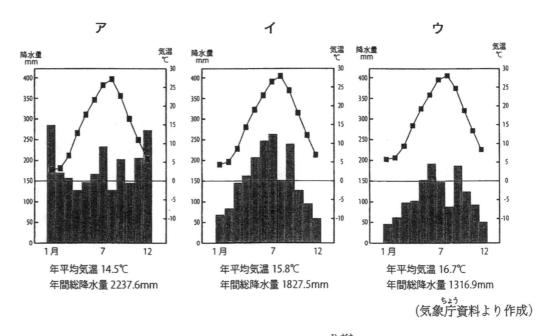

ア
降水量 mm　　気温 ℃
年平均気温 14.5℃
年間総降水量 2237.6mm

イ
降水量 mm　　気温 ℃
年平均気温 15.8℃
年間総降水量 1827.5mm

ウ
降水量 mm　　気温 ℃
年平均気温 16.7℃
年間総降水量 1316.9mm

（気象庁資料より作成）

問2　Dの地域では，条約によって水鳥などが集まる干潟を保護しています。この干潟の名前を答えなさい。

3 次の日本の災害に関する年表を見て，あとの問いに答えなさい。

869　貞観の三陸沖地震　　……①

1596　慶長伏見地震　　……②

1707　富士山宝永噴火　　……③

1783　天明浅間山噴火　　……④

1855　安政江戸地震　　……⑤

1923　関東大震災　　……⑥

1990　雲仙・普賢岳噴火　　……⑦

1995　阪神・淡路大震災　　……⑧

2011　東日本大震災　　……⑨

注：貞観・慶長・宝永・天明・安政は，いずれも昔の元号。
　　　三陸は，主に東北地方の太平洋側を指す。
　　　年号は，災害が継続していても，はじめに起きた年を記した。

問1　①の地震は，歴史書に記録が残されていましたが，最近，地震学者が内陸部に
　　残された海の砂を見つけ，実際におこったことが確かめられました。なぜ内陸部
　　に海の砂が達したのか，説明しなさい。

問2　②の慶長伏見地震は，豊臣秀吉が建設中の伏見城を倒壊させました。当時，秀
　　吉はある国と戦争をしていましたが，この城でその外国使節と会う予定でした。
　　その国をア〜エから一つ選び，記号で答えなさい。

　　ア　中国　　イ　琉球　　ウ　アメリカ　　エ　ロシア

問3　③の富士山は美しい形をした火山で，最近，世界遺産に登録されました。富士山はどこの都道府県にありますか。すべて答えなさい。

問4　④のような火山の噴火で出た噴出物は，川の水をせき止めることがあります。ここからどのような災害がおこりますか。答えなさい。

問5　⑤の安政江戸地震は，このころ日本に外国使節が来航したことと重なり，江戸の人々を不安におとしいれました。この外国使節はだれですか。答えなさい。

問6　⑥の関東大震災は大きな被害をもたらしましたが，その死者・行方不明者数はおおよそいくらでしたか。ア〜エから一つ選び，記号で答えなさい。

　　　ア　約千人　　　イ　約1万人　　　ウ　約10万人　　　エ　約100万人

問7　⑦の地方は，江戸時代のはじめ，農民たちが重い年貢の取り立てやキリスト教の取りしまりに対して一揆をおこしたことで有名です。その時の将軍はだれですか。姓名ともに答えなさい。

問8　①から⑨のうち，同じ地域に大きな被害をもたらした災害があります。次の組合せのうち，それに当てはまるものをすべて選び，ア〜オの記号で答えなさい。

　　　ア　①と⑤　　イ　①と⑨　　ウ　③と⑦　　エ　⑤と⑥　　オ　⑦と⑧

<解説>

資料は，「広島平和記念都市建設法」の草案をつくった寺光忠さんが法律に込めた思いを書いたものです。

「広島平和記念都市建設法」はどのようにしてつくられたのでしょうか。

1945（昭和20）年の（　①　），広島にはじめて原爆が投下されました。広島は一面の焼け野原となり多くの人々が亡くなりました。しかし犠牲になった人々とともに，家族や仲間を失いながら懸命に生き，復興に力を注いだ人々のことも忘れてはなりません。例えば，焼け残った（　②　）には，生き残った市内の銀行員が集まって原爆投下の二日後には銀行の仕事を再開し，支払い業務などに応じました。

終戦後，日本は a 新しい憲法を制定し，b 平和を希求する国として復興に取り組むことになりました。しかし広島市では人口の急減や建物の崩壊などによって収入源である（　③　）が減り，復興はなかなかすすみませんでした。そんな中で，はじめて選挙で選ばれた広島の市長である浜井信三さんをはじめとする広島の人たちは，平和都市として広島を復興させるための特別な法律をつくることを国にはたらきかけました。

その結果1954年5月に，憲法95条にもとづく特別法として「広島平和記念都市建設法」が c 衆議院・参議院とも満場一致で可決され，7月7日にはこの法律に対する d 広島市民の意見を聞く投票が行われました。そして投票の賛成多数を受けて同年8月6日に e 法律が公布されました。

この法律ができたことにより，平和公園や平和大通りの建設が都市計画としてすすめられたほか，f 国有地であったところを無償で市が譲り受けることなどができるようになりました。市内のいくつかの小学校や高校，市民病院の土地はこの法律にもとづいて譲り受けたものです。この法律は現在も有効で，2000年からはこの法律にもとづいて（　②　）の建物が広島市に無料で貸し出され，現在では市民の芸術文化活動の発表の場としても活用されています。

（広島市資料より作成）

写真

問1 （ ① ）に当てはまる日時を**ア～エ**から一つ選び，記号で答えなさい。

　　　ア　8月6日　午前8時15分
　　　イ　8月6日　午前11時2分
　　　ウ　8月9日　午前8時15分
　　　エ　8月9日　午前11時2分

問2　写真は，現在の②の建物です。当時はどんな建物だったのですか。**ア～エ**から一つ選び，記号で答えなさい。

　　　ア　広島県産業奨励館
　　　イ　平和記念資料館
　　　ウ　日本銀行広島支店
　　　エ　帝国銀行広島支店

問3　下線部aについて，日本国憲法が大日本帝国憲法と大きく変わったことの一つが基本的人権に対する考え方です。日本国憲法の基本的人権についての考え方として誤っているものを**ア～エ**から一つ選び，記号で答えなさい。

　　　ア　基本的人権はすべての人が生まれながらに持つものである。
　　　イ　憲法で保障された権利をおかす法律をつくることはできない。
　　　ウ　他の人の権利をおかしてしまう可能性があるときには，権利は制限されることがある。
　　　エ　基本的人権は義務をはたした人に対して国からあたえられるものである。

問4　下線部bについて，平和主義について定めているのは日本国憲法の第何条ですか。答えなさい。

問5　（ ③ ）に当てはまる語句を答えなさい。

問6　下線部cに関連して，法律の制定以外に国会はどんなはたらきをしていますか。一つ答えなさい。

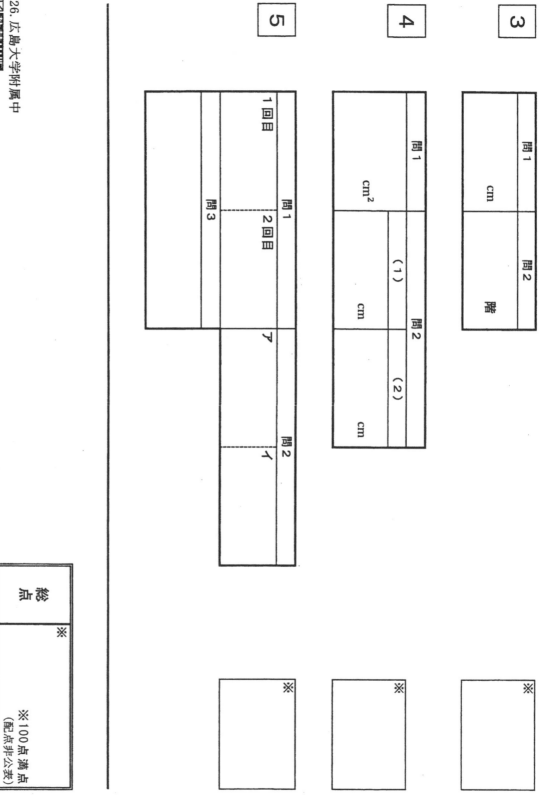

3

問1	問2
cm	階

※

4

問1	問2	
cm²	(1)	(2)
	cm	cm

※

5

問1		問3
1回目	2回目	

問1		問2	
	ア		イ

※

総点	※

※100点満点
(配点非公表)

4

問3	問4		問5	
a		性 質		

問1	問2	問3	問4	
問5				

※

※

総点	※

※60点満点
(配点非公表)

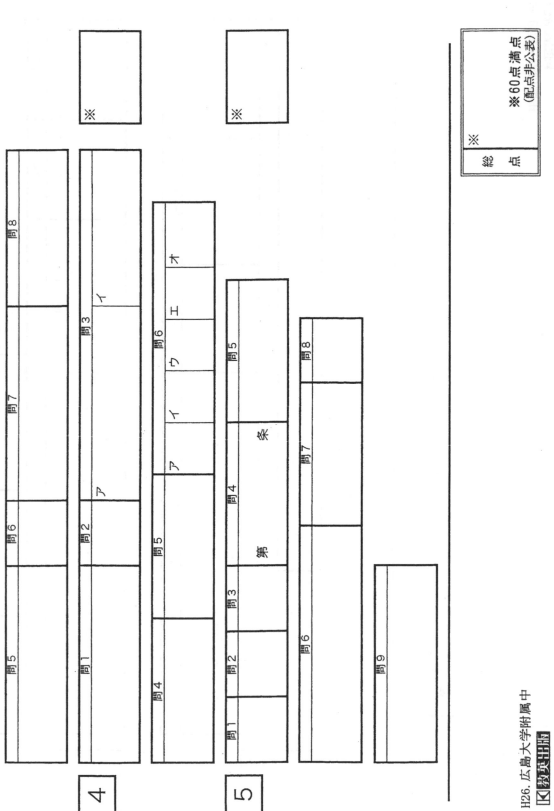

※60点満点
(配点非公表)

総　点　※

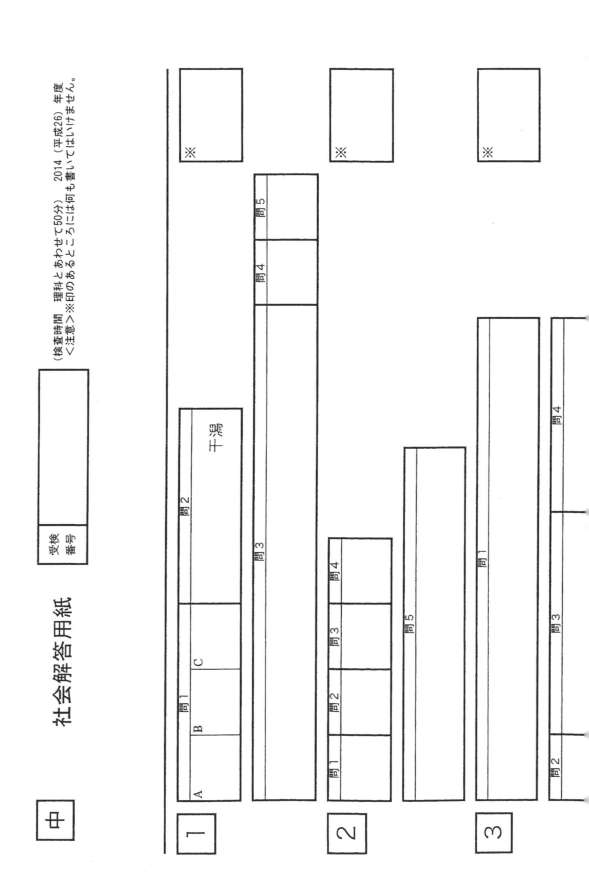

中

理科解答用紙

（検査時間　社会とあわせて50分）　2014（平成26）年度
〈注意〉※印のところには何も書いてはいけません。

受検番号

1

問1		問2		問3	
メダカ	人	メダカ	人	(1)	(2)

問4			
(1)	A	B	C
	(2)	(3)	(4)

※

2

問1	問2	問3	問4	問5	問6
				温度計①	
				温度計②	

※

3

問1				問2
A	B	C	D	

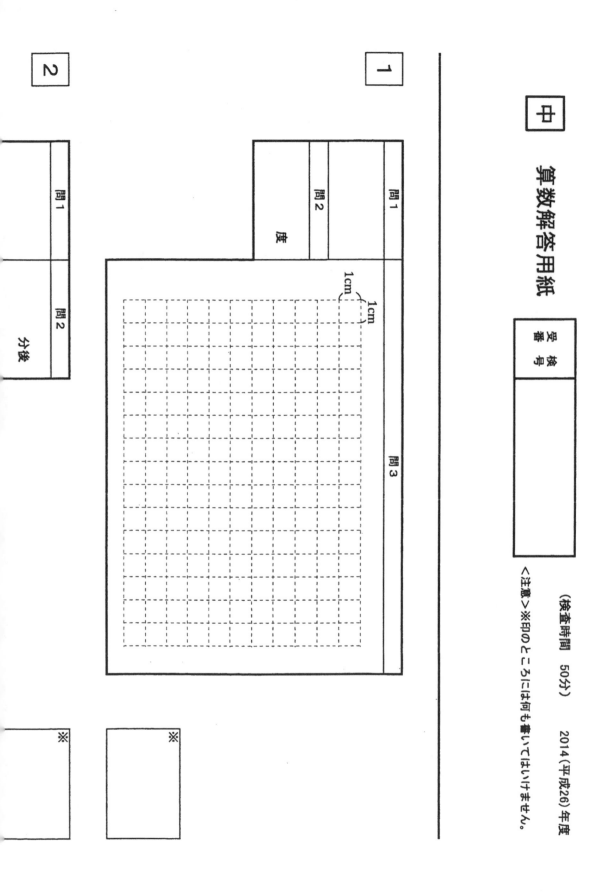

1

問1

問2

　　　度

問3

1cm

1cm

1cm

※

※

2

問1

問2

分後

※

問7　下線部dに関連して，近年地域の課題についての意見を聞くための投票を地方公共団体が独自に行うことも増えています。このような投票をなんといいますか。答えなさい。

問8　下線部eについて，法律の公布をするのはだれですか。**ア～エ**から一つ選び，記号で答えなさい。

　　　　ア　市長
　　　　イ　内閣総理大臣
　　　　ウ　参議院議長
　　　　エ　天皇

問9　下線部fについて，戦前これらの国有地の多くはどのような目的で使われていましたか。答えなさい。

問3 下線部③に関連して，東京オリンピックが中止になった理由を述べた次の文章の（　ア　）（　イ　）に，最も適切なことばを入れなさい。

　　1938（昭和13）年に，日本政府は東京オリンピックの中止を決定しました。その理由は，前年に（　ア　）が始まっていたことや，前々年には，軍人が大臣らを殺害する（　イ　）がおこっていたからだといわれています。

問4 下線部④に関連して，日本は敗戦国としてオリンピックに招かれませんでした。日本の同盟国で，日本と同じ年に降伏した国も，招かれませんでした。この国はどこですか。

問5 （　⑤　）に当てはまる地名を答えなさい。

問6 次のア〜オの出来事を年表に書き加えるとすると，A〜Lのどのあとが適切ですか。それぞれ選び，A〜Lの記号で答えなさい。

　　ア　国民総生産額がアメリカについで世界第2位になる。
　　イ　官営八幡製鉄所が生産を開始する。
　　ウ　北朝鮮から拉致被害者が帰国する。
　　エ　日本でラジオ放送が始まる。
　　オ　広島の原爆ドームが世界遺産になる。

---

5 次の資料と解説を読んで，あとの問いに答えなさい。

＜資料＞
かくして，わたくしは思う。
「足を一たび広島市にふみこめば，その一木一草が恒久の平和を象徴して立っている。石ころの一つ一つまでもが，世界平和を象徴してころがっている。平和都市の名にふさわしい国際平和の香気が，全ヒロシマの空にみちみちている。」
精神的にいっても物質的にみてもそういうふうな平和郷が，ここに具現されることにならなければならないのである。
いつの日にか。
（「ヒロシマ平和都市法」寺光忠　著より）

4 2020（平成32）年に東京でオリンピックが開催（かいさい）されることが決まりました。健太君の学校では，オリンピックについて調べるという宿題が出ました。健太君は，オリンピックの歴史について調べ，主なできごとを年表にまとめました。これを見て，あとの問いに答えなさい。

A 1896（明治29）年 近代オリンピック第1回大会であるアテネオリンピックが開催される。

B 1912（明治45）年 ストックホルムオリンピックが開催され，日本がはじめてオリンピックに参加する。

C 1920（大正9）年 ①アントワープオリンピックが開催され，日本がはじめてメダルを獲得（かくとく）する。

D 1928（昭和3）年 アムステルダムオリンピックが開催され，織田幹雄（おだみきお）が日本人ではじめての金メダルを獲得する。

E 1936（昭和11）年 ベルリンオリンピックが開催され，②孫基禎（そんきじょん）がマラソンで金メダルを獲得する。

F 1940（昭和15）年 ③東京（とうきょう）オリンピックが開催される予定であった。

G 1948（昭和23）年 第二次世界大戦後はじめてのオリンピックである④ロンドンオリンピックが開催される。

H 1956（昭和31）年 南半球ではじめてのオリンピックであるメルボルンオリンピックが開催される。

I 1964（昭和39）年 東京オリンピックが開催される。

J 1972（昭和47）年 （　⑤　）冬季オリンピックが開催される。

K 1980（昭和55）年 モスクワオリンピックを日本は棄権（きけん）する。

L 1998（平成10）年 長野（ながの）冬季オリンピックが開催される。

問1　下線部①に関連して，アントワープはベルギーの都市です。この当時，ヨーロッパの国はどこも，ある戦争による深い傷跡（きずあと）を残しており，あえてこの地で「平和の祭典」が開催されました。この戦争を何といいますか。

問2　下線部②に関連して，彼は朝鮮半島（ちょうせん）出身でしたが，日の丸をつけて走りました。この当時，朝鮮半島は日本の支配を受けていたからです。日本の植民地支配が始まった年に最も近いオリンピックを，上の年表の中から選び，A〜Lの記号で答えなさい。

問3 次の表の**ア～ウ**は，鉄をつくるときに必要なエネルギーについて，日本を100
とした場合の韓国，ロシア，アメリカのいずれかの国を示しています。韓国にあ
てはまるものを**ア～ウ**から一つ選び，記号で答えなさい。

日本	ア	イ	ウ
100	104	132	136

表：鉄をつくるときに必要なエネルギー

（日本鉄鋼連盟「鉄鋼部門（転炉鋼）のエネルギー効率国際比較（2010年）」より作成）

問4 日本は工業に使う鉄鉱石の100％を輸入にたよっています。同じように工業に
使う原料や燃料のなかで輸入にたよっている割合が最も大きいもの（2009年）を
ア～エから一つ選び，記号で答えなさい。

 ア 綿花 **イ** 石炭 **ウ** 木材 **エ** 石灰石

問5 製鉄所では，鉄を生産するときに大量の水が使用されています。これらの水は
何のために使われるのでしょうか。その目的を一つ答えなさい。

問3 Ｅの地域では，四大公害病の一つが発生しました。四大公害病は，何が汚染されたためにおこったのでしょうか。Ｅの地域の公害病と他の三つの地域の公害病について，汚染されたものの違いがわかるように答えなさい。

問4 Ｆの地域では，出入りの多い海岸の地形を利用した施設が多く見られます。その施設にあてはまるものを**ア～エ**から一つ選び，記号で答えなさい。

ア　養殖場　　　イ　石油化学工場　　　ウ　水力発電所　　　エ　埋め立て処分場

問5 左の地図の地域には，江戸時代に東海道という街道がありました。東海道を通っているときに見ることが最もむずかしいものを**ア～エ**から一つ選び，記号で答えなさい。

ア　濃尾平野　　　イ　渥美半島　　　ウ　浜名湖　　　エ　飛騨山脈

---

2 鉄や製鉄について，あとの問いに答えなさい。

問1 東京スカイツリーでは，634ｍもの高さの鉄塔をつくるために，新たに開発された，かたくねばり強い鉄が使われています。この鉄塔を建てようと計画したのは，どのような会社でしょうか。**ア～エ**から一つ選び，記号で答えなさい。

ア　テレビ局　　　イ　航空会社　　　ウ　銀行　　　エ　鉄道会社

問2 日本では鉄製品をリサイクルしており，その対象商品には「スチール」と表示されています。次のどのマークのなかに表示されていますか。**ア～エ**から一つ選び，記号で答えなさい。

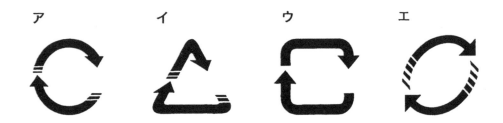

ア　　　　　　イ　　　　　　ウ　　　　　　エ

問1　下線部①について，このとき太郎くんが見た月はどのような形をしていますか。次のア〜エから１つ選び，記号で答えなさい。

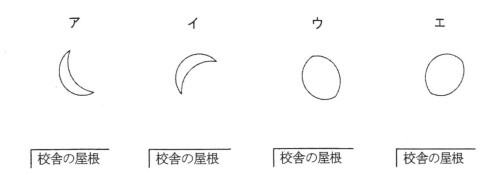

問2　下線部②について，厚紙にかいた方位と実際の方位を合わせるためには，厚紙にかいた南北の線の上に方位磁針を置いたあと，どのようにすればよいですか。正しく説明したものを次のア〜エから１つ選び，記号で答えなさい。

　　ア　方位磁針を回転させて，方位磁針の針の色のついた方が厚紙の北とかいた向きに向くようにする
　　イ　方位磁針を回転させて，方位磁針の針の色のついた方が厚紙の南とかいた向きに向くようにする
　　ウ　厚紙を回転させて，方位磁針の針の色のついた方が厚紙の北とかいた向きに向くようにする
　　エ　厚紙を回転させて，方位磁針の針の色のついた方が厚紙の南とかいた向きに向くようにする

問3　下線部③について，午後１時に，里香さんは，太郎くんと同じ方法で太陽の向きを観察しました。このときの太郎くんと里香さんが厚紙と棒を置いた場所，太郎くんから見た太陽の向きは図２のとおりです。里香さんが厚紙と棒を置いた場所から，午後１時に太陽はどの向きに見えますか。図２のア〜エから１つ選び，記号で答えなさい。

問4　下線部④について，正午にできた太郎くんの影の長さは，朝にできた影と比べてどのように違いますか。理由をふくめて，20字以内で答えなさい。

4 次の文章を読んで，あとの問いに答えなさい。

　広島県に住む太郎くんは，7月のある日の早朝に目が覚め，家の窓から外を眺め，①学校の校舎の上に月を見ました。学校へ登校する午前8時ごろ，校門から校舎へ向かうときに，自分の影が校舎に向かってのびていました。

　その日の理科の授業で，太陽の動きを調べるために，影を利用して太陽の向きを観察しました。観察の方法は次のとおりです。

【観察の方法】

（1）　図1のように，厚紙に十字線と東西南北の方位をかき，十字線が交わったところに棒を垂直に立てて固定した。これを校庭の日当たりがよい水平なところに置き，②方位磁針を使って，厚紙にかいた方位と実際の方位を合わせた。

棒　　厚紙

北
西　　　　東
南

図1

（2）　③午前10時から午後2時までの間，厚紙にできる棒の影を1時間ごとに調べ，その影の先の位置と時刻を厚紙にかいた。

---

　④この観察を正午に行ったとき，太郎くんは，自分の影の長さが登校したときにできていた影と比べて違うことに気づきました。

　なお，図2は，太郎くんが通う学校周辺のようすを表した地図です。

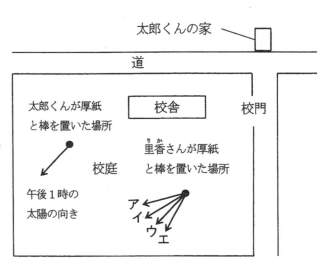

図2

問3　問2で,針が動き始めたのはなぜですか。この理由について説明した次のア〜エの中で,最も適当なものを1つ選び,記号で答えなさい。

　　ア　熱した場所で,金属の棒の体積が増えると同時に,棒の先まであたたまったから
　　イ　熱した場所で,金属の棒の体積が増えたから
　　ウ　熱した場所だけでなく,金属の棒の体積がどの場所も増えたから
　　エ　熱した場所だけでなく,金属の棒全体があたたまったから

[実験2]　図2は,水を熱したときのようすを調べる実験装置を示したものである。水を入れた試験管の底をアルコールランプで熱したとき,温度計①と,温度計②で,それぞれ水の温度を測定した。このとき,温度計①の温度は,時間とともに図3で示したグラフのように変化した。

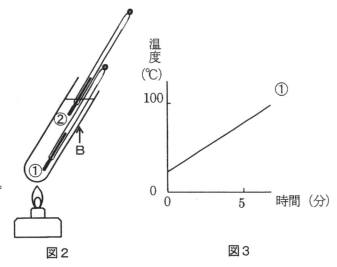

図2　　　　　　図3

問4　温度計②の温度は時間とともにどのように変化しますか。次のア〜クのグラフから1つ選び,記号で答えなさい。ただし,グラフ中の点線は,図3で示した温度計①の温度の変化のようすを示しています。また,ア以外のグラフでは時間と温度の目もりと数値は省略してあります。

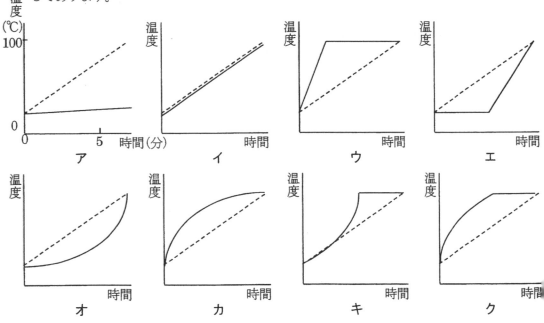

（3）母親のおなかの中で大きくなっている子どもの体の中で，はたらいている部分を，次の**ア〜ウ**から1つ選び，記号で答えなさい。

ア 目　イ 肺（はい）　ウ 心臓（しんぞう）

（4）子どもは図中の**B**を通して，母親からいろいろなものを受け取って大きくなります。大きくなるために母親から**B**を通して受け取るものを1つ答えなさい。

---

2 ものを熱したときのようすについて，次の[**実験1**]，[**実験2**]をしました。あとの問いに答えなさい。

[**実験1**]　図1は，金属の棒（ぼう）を熱したときのようすを調べる実験装置（そうち）を示したものである。金属の棒の片方を動かないようにしっかり固定し，もう一方の棒の先を細い針金（はりがね）の上にのせ，針金の先に針をつけた。金属の棒の中央の位置をアルコールランプで熱すると，針はすぐに動きだした。

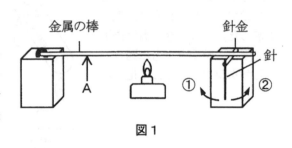

図1

問1　実験1のあとで金属の棒が十分冷めてから，針金を，より細い針金に置きかえ，金属の棒の中央の位置を実験1と同じ時間だけ熱すると，針の動くようすはどうなりますか。次の**ア〜カ**から正しいものを1つ選び，記号で答えなさい。

ア　針は①の向きに，**実験1**のときより大きく動く
イ　針は①の向きに，**実験1**のときより小さく動く
ウ　針は①の向きに，**実験1**のときと同じ大きさだけ動く
エ　針は②の向きに，**実験1**のときより大きく動く
オ　針は②の向きに，**実験1**のときより小さく動く
カ　針は②の向きに，**実験1**のときと同じ大きさだけ動く

問2　金属の棒が十分冷めてから，はじめの針金に置き直し，次に，金属の棒を熱する位置を図1の**A**で示した位置にかえて，**実験1**と同じ時間だけ熱しました。針の動くようすはどうなりますか。次の**ア〜カ**から正しいものを1つ選び，記号で答えなさい。

ア　針は熱してしばらくすると動き始め，**実験1**のときと同じだけ動く
イ　針は熱するとすぐに動き始め，**実験1**のときと同じだけ動く
ウ　針は熱してしばらくすると動き始め，**実験1**のときより小さく動く
エ　針は熱するとすぐに動き始め，**実験1**のときより小さく動く
オ　針は熱してしばらくすると動き始め，**実験1**のときより大きく動く
カ　針は熱するとすぐに動き始め，**実験1**のときより大きく動く

5 　右の図のようにまわりの長さが
10 kmの湖があり，A，B，C，D，
E，F，Gはまわりの長さを7等分
した地点です。たかしさんとゆみ
さんは，自転車に乗ってこの湖の
まわりを走ることにしました。

　2人は同時に出発し，たかしさんは
地点Aから時計まわりに時速12kmで，
ゆみさんは地点Fから反時計まわりに
走ります。

　このとき，次の問いに答えなさい。

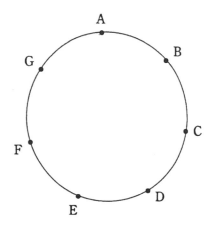

問1　ゆみさんは時速8kmで走るとします。2人が1回目にすれちがう
　　　場所はA〜Gの7地点のうち，どの地点ですか。また，2回目にすれ
　　　ちがう場所はA〜Gの7地点のうち，どの地点に最も近いですか。

問2　次のア，イにあてはまる数をそれぞれ答えなさい。

┌ ─ ┐
　　ゆみさんの走る速さが，時速　│　ア　│kmより速く，時速　│　イ　│kmより
　おそいとき，2人が1回目にすれちがう場所はA〜Gの7地点のうち
　　Cに最も近くなり，それ以外の速さでは地点Cに最も近くはならない。
└ ─ ┘

（1）　図2の3つの円の半径がそれぞれ5cmであるとき，図形オのまわりの長さを求めなさい。

（2）　図3は，図1の曲がった部分を太線で表し，その両はしをP，Qとしたものです。最初，図形オの点Aが図3のように 点P の位置にあり，オは太線の上をすべらないように転がりながら動きます。点Aが太線の上にあって，次に太線の上にくるまでを1回転とすると，オがちょうど30回転したとき，点Aは点Qにぴったり重なりました。
　このとき，図2の円の半径を求めなさい。

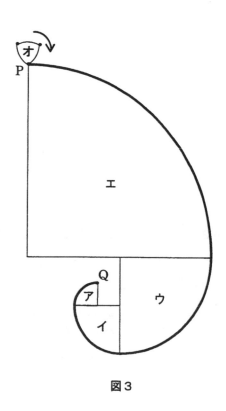

図3

2　　図1のように高さ12 cmの直方体の形をした水そうがあります。この水そう
には2つの給水管A，Bと排水管Cがついていて，それぞれの管を開くと一定の
割合で水が流れていきます。また，1分間あたりの給水量は，給水管Bが給水
管Aの3倍になっています。

　　給水管A，給水管B，排水管Cをある順番で1つずつ開いていったとき，最初
の管を開いてから15分間の時間と水面の高さの関係をグラフに表したものが
図2です。

　　このとき，あとの問いに答えなさい。ただし，一度開いた管は閉じないもの
とします。

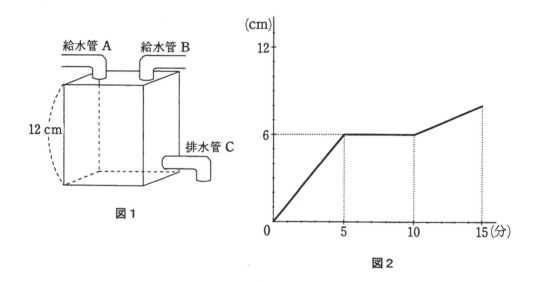

図1

図2

問1　管を開いた順番は次のうちどれですか。ア～カから選んで答えなさい。

　　ア　A→B→C　　　　　イ　A→C→B
　　ウ　B→A→C　　　　　エ　B→C→A
　　オ　C→A→B　　　　　カ　C→B→A

問2　水そうが満水になるのは最初の管を開いてから何分後ですか。

問3 体積が 60cm³ となる直方体の展開図のうち，解答らんのマスを使って，はみ出さずにかくことができるものを1つかきなさい。

※下のマスは解答らんと同じものです。自由に使ってかまいません。

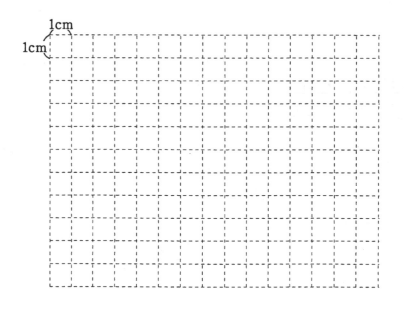

算　数　　（検査時間 50分）

<受検上の注意>　　1．答えは，すべて解答用紙に記入しなさい。
　　　　　　　　　　2．円周率は 3.14 とします。

1　次の各問いに答えなさい。

問1　次の計算をしなさい。
$$3.9 \div 1.5 + \frac{8}{5} \times \frac{3}{2}$$

問2　ある野外コンサートに，おとなと子ども合わせて1300人が参加しました。用意されたいすにすわることができた子どもは429人で，これはいすにすわることができた人全体の 55％にあたります。いすにすわることができた人は野外コンサートに参加した人全体の何％ですか。

3   図のように，長方形ABCDを直線FGを折り目に
して折ると，頂点Bが頂点Dに重なりました。この
とき，三角形DCGと三角形DEFは合同になります。
また，辺GCが3cm，辺DCが4cm，辺DGが5cm
です。

問1   次の □ にあてはまる語句を答えなさい。
ただし， ① には漢字で表すと3文字になる語句が入ります。

> ▨▨▨ 部分の図形は，直線FGを折り目にして折ったとき，折り目
> の両側がぴったりと重なります。このような図形を ① な図形
> といいます。また，折り目にした直線を ② といいます。

問2   五角形DEFGCの面積は何cm²ですか。

問3   三角形EFGの面積は，三角形EAFの面積の何倍ですか。

4   1辺が1cmの正方形をすき間なくならべて長方形をつくります。その長方形の左下の頂点Aから右上の頂点Bまで，線の上を通って遠回りをせずに進みます。図1は正方形12個をならべた長方形です。図1の太線で示したように進む場合，曲がる回数は2回です。

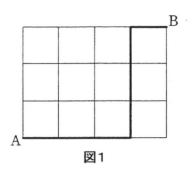

図1

問1   図1で，AからBまで進むのに，曲がる回数が3回になる進み方は全部で何とおり ありますか。

問2   図2は，たてが2cmになるようにつくった長方形です。
この図2で，AからBまで進むのに，曲がる回数が3回になる進み方が全部で12とおり あるとき，図2の横の長さは何cmですか。

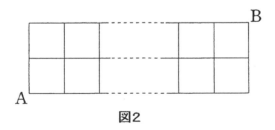

図2

問3　B駅に停車した列車が，貨物列車に追いぬかれました。後で調べてみると，その貨物列車の速さは，C駅を出発してA駅に向かう列車の速さと同じで，午前7時30分にはC駅に着いていたそうです。この貨物列車がA駅を出発したと考えられる時刻のうち，最もおそい時刻は午前何時何分ですか。

　　ただし，どの列車も午前7時21分0秒のように，0秒ちょうどのときに出発するものとします。

理科

（検査時間　社会とあわせて50分）

＜受検上の注意＞ 答えは，すべて白色の解答用紙に記入しなさい。

1　　電磁石や磁石のはたらきについて，あとの問いに答えなさい。

A　Aさんは電磁石のはたらきについて調べることにしました。図1のようにボルトをストローに通し，ナットで固定したものにエナメル線を同じ向きに巻き，表1に示すコイル①～③を作りました。これらのコイルに1個または2個の乾電池をつないで電磁石を作り，図2のようにそれぞれ持ち上げることのできるクリップの個数を調べる実験をしました。このとき電流計を用いて電磁石に流れる電流の強さも調べました。表2は乾電池1個をつないだ場合，表3は乾電池2個をつないだ場合の実験結果を表しています。

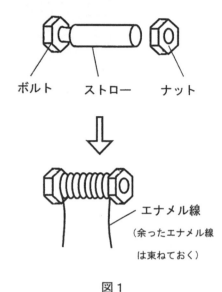

図1

表1

	コイル①	コイル②	コイル③
巻き数[回]	100	100	200
エナメル線の長さ[m]	2	4	4

表2

	電磁石に使ったコイル		
	コイル①	コイル②	コイル③
クリップの個数[個]	6	3	9
電流[A]	1.1	0.7	0.7

表3

	電磁石に使ったコイル		
	コイル①	コイル②	コイル③
クリップの個数[個]	12	6	18
電流[A]	2.2	1.4	1.4

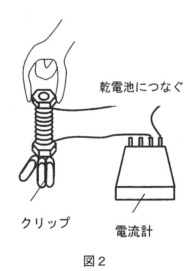

図2

<table>
<tr><td>2</td><td>図1は，ある日の夕方に見た半月を示しています。また，図2は月の表面の一部を示しています。これらについて，あとの問いに答えなさい。</td></tr>
</table>

図1

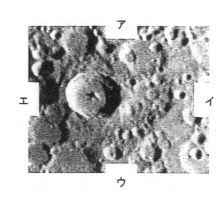

図2

問1　図1の月はどちらの方位に見えますか。また，同じ場所から見て，このときの太陽はどちらの方位にありますか。最も適当なものを**ア〜エ**からそれぞれ1つずつ選び，記号で答えなさい。ただし，同じ記号を選んでもかまいません。

　　　　ア　東　　　イ　西　　　ウ　南　　　エ　北

問2　図1の月は，この日，このあと，どの方位に動きますか。最も適当なものを**ア〜エ**から1つ選び，記号で答えなさい。

　　　　ア　東　　　イ　西　　　ウ　南　　　エ　北

問3　図1の月を見た日から1週間後に，同じ時刻，同じ場所で，月を観察すると，月はどの方位に見えますか。また，そのときの月の見える形はどんな形ですか。最も適当なものを**ア〜エ**，**カ〜ケ**からそれぞれ1つずつ選び，記号で答えなさい。

　　　　ア　東　　　　イ　西　　　　ウ　南　　　　エ　北
　　　　カ　新月　　　キ　三日月　　ク　満月　　　ケ　半月

問4　図1の月に見られる黒くて平らな場所と，図2に示された月の表面にたくさん見られるさまざまな大きさの丸いくぼ地を何といいますか。その名前をそれぞれ答えなさい。

問5　図2では，太陽はどちらの方向にありますか。最も適当なものを図2の**ア〜エ**から1つ選び，記号で答えなさい。

水溶液の性質やものの燃え方と空気について，あとの問いに答えなさい。

A　ア～カの6種類の水溶液があります。それらは，塩酸，水酸化ナトリウム水溶液，アンモニア水，炭酸水，石灰水，食塩水のいずれかです。これらの水溶液を区別するために，次の**実験1〜実験4**を行いました。**表1**にその結果を示しています。

【**実験1**】ア～カの水溶液を赤色リトマス紙につけて，それぞれの色の変化を調べた。

【**実験2**】ア～カの水溶液を青色リトマス紙につけて，それぞれの色の変化を調べた。

【**実験3**】右の図1のような装置を用いて，少量のア～カの水溶液をあたためて蒸発させ，それぞれあとに何が残るかを調べた。

【**実験4**】ア～カの水溶液にアルミニウムはくを加え，それぞれアルミニウムはくがとけるかどうかを調べた。

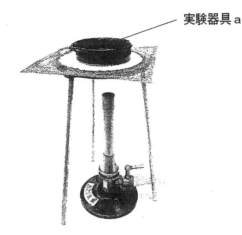

実験器具a

図1

表1

水溶液	実験1	実験2	実験3	実験4
ア	変化なし	赤色に変化	何も残らなかった	すべてとけた
イ	青色に変化	変化なし	何も残らなかった	とけなかった
ウ	青色に変化	変化なし	白い固体が残った	すべてとけた
エ	青色に変化	変化なし	白い固体が残った	とけなかった
オ	変化なし	変化なし	白い固体が残った	とけなかった
カ	変化なし	赤色に変化	何も残らなかった	とけなかった

問1　図1中の**実験器具a**の名前を答えなさい。

問2　**実験3**で水溶液を蒸発させているとき，強いにおいがした水溶液がありました。ア～カの水溶液からあてはまるものを**すべて**選び，記号で答えなさい。

【実験3】図4のようなインゲンマメのなえと, 葉の数と大きさ,
くきの太さが同じものを3つ用意した。次にその3つのなえを,
表2の①〜③の条件で育て, 2週間後, それぞれのなえの成長
のようすを調べた。その結果もあわせて表2に示している。

図4

表2

	条件	結果
①	日光にあて, 水を毎日あたえた。	葉やくきは緑色のままで, 成長したが, ②よりも成長が悪かった。
②	日光にあて, 水を毎日あたえた。さらに, 肥料を週に2回あたえた。	葉やくきは緑色のままで, よく成長した。
③	なえをすべて箱でおおい, 水を毎日あたえた。	葉やくきが黄色になり, 成長が悪かった。

問1　図1のアの部分を何といいますか。**漢字2字**で答えなさい。

問2　発芽してからしばらくたって, 根・くき・葉が育ちはじめたころ, 図1のアの部分がしぼん
でいるのが観察できました。これを横に切り, 切り口にヨウ素液を1てきつけたところ, 青む
らさき色の部分が見られませんでした。このことから, 発芽する前のインゲンマメの種子にふ
くまれているものについてどのようなことがいえますか。**実験1**の結果をふまえて, 次の文の
（　**あ**　）〜（　**え**　）にあてはまる語をそれぞれ答えなさい。

発芽する前の種子の中には（　**あ**　）が多くふくまれ, 植物の
（　**い**　）や（　**う**　）のための（　**え**　）として使われる。

問3　表1の結果から，種子が発芽するために必要な条件は何だといえますか。また，それは，①～⑤のどれとどれの結果から判断できますか。必要な条件と番号の組み合わせとして適当なものを，ア～コから**すべて**選び，記号で答えなさい。

ア　水—①と②　　　イ　水と光—①と③　　　ウ　水と適した温度—①と④

エ　水と空気—①と⑤　　オ　光—②と③　　　カ　光と適した温度—②と④

キ　空気—②と⑤　　　ク　適した温度—③と④　　　ケ　空気と光—③と⑤

コ　空気と適した温度—④と⑤

問4　北欧のノルウェーという国では，北極海の島にある永久凍土（2年以上連続して凍結した土）の地そうの中に，植物の種子を発芽させないまま眠らせておく施設がつくられており，将来その植物が必要なときに取り出して発芽させることができます。この施設では，なぜ種子は発芽しないのですか。その理由を，**実験2**の結果から考えて，**10字以内**で答えなさい。

問5　**実験3**と同じインゲンマメのなえを用いて，なえをすべて箱でおおい，水を毎日あたえ，さらに肥料を週に2回あたえたとき，2週間後の結果はどうなると考えられますか。**実験3**の結果から考えて，最も適当なものを**ア～エ**から1つ選び，記号で答えなさい。

ア　表2の①と同じような結果になる。

イ　表2の②と同じような結果になる。

ウ　表2の②の結果よりもさらになえが成長する。

エ　表2の③と同じような結果になる。

問6　食用として売られているもやしは，ダイズなどの種子を発芽させたものです。図5のようなもやしをつくるためには，発芽が始まると，成長に必要なある条件をあたえないで育てることが必要です。**実験3**の結果から考えて，あたえない条件を簡単に答えなさい。

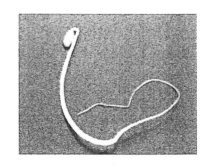

図5

　（検査時間　理科とあわせて５０分）

＜受検上の注意＞　答えは，すべて黄色の解答用紙に記入しなさい。

1　農業や食生活について，次の問いに答えなさい。

問1　地図帳で次の３つの県の県庁所在地を見ると，同じような地形のなかにあることが
　　わかります。その地形の特徴としては，昼と夜の気温差が大きく，果樹栽培がさか
　　んに行われていることがあげられます。その地形の名前を答えなさい。

・山形県	・福島県	・長野県

問2　次の表1は，日本の耕地のうち，田，樹園地，牧草地の面積のうつりかわりを表して
　　います。牧草地に当てはまるものをア～ウから1つ選び，記号で答えなさい。

表１：耕地面積のうつりかわり（単位　千ヘクタール）

	ア	イ	ウ
１９７０年	３４１５	６００	２８６
１９８０年	３０５５	５８７	５８０
１９９０年	２８４６	４７５	６４７
２０００年	２６４１	３５６	６４５
２０１０年	２４９６	３１１	６１７

（日本国勢図会2011/12より作成）

田とは，稲，レンコン，ワサビなどを栽培する農地のこと。

樹園地とは，果樹，茶，桑などを栽培する農地のこと。

問3　菊を栽培する場合に，夜間ビニルハウスに照明をつけている農家があります。その
　　理由を10字以上20字以内で答えなさい。

問4　日本には「筑前煮」，「讃岐うどん」のように昔の国の名前がついた食べ物が多くあり
　　ます。このような食べ物の例として正しくないものをア～エから1つ選び，記号で答
　　えなさい。

　　ア　温州みかん　　イ　越前がに　　ウ　伊勢えび　　エ　出雲そば

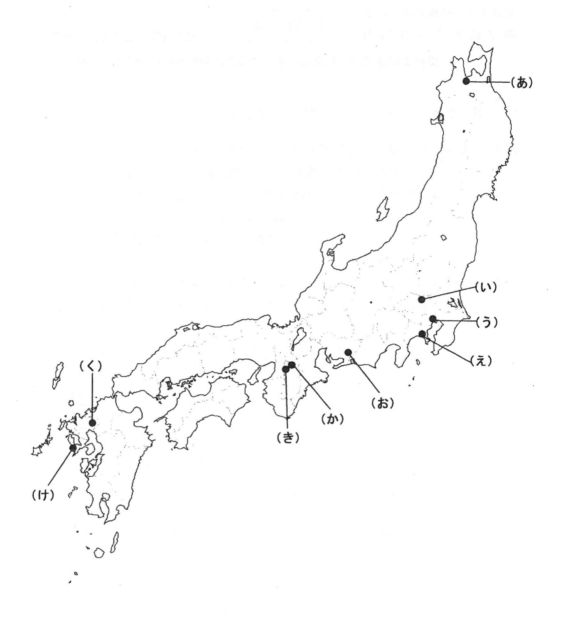

問1　B・C・E・F・Hの文章が説明している場所はどこですか。地図中の（あ）～（け）から1つずつ選び，記号で答えなさい。

問2　A・D・E・G・Iの文章について，下線部のことがらがおこった年代の古い順に記号をならべかえなさい。

問3　Aの文章の法律に関して，次の問いに答えなさい。

（1）この法律の名前を答えなさい。

（2）この法律をつくった人物の役職の名前を答えなさい。

（3）次のア～オについて，この法律ができるまでにおこったことがらを**すべて選び**，年代の古い順に記号で答えなさい。

　　ア　承久の乱　　　　　　イ　一ノ谷の戦い　　　　ウ　元寇
　　エ　屋島の戦い　　　　　オ　壇ノ浦の戦い

問4　Cの文章の地域からは，沖縄周辺でとれる貝を加工したうで輪が発掘されています。この貝は，Cの文章の地域ではとれないものです。これらのことから何がわかるでしょうか。10字以上20字以内で説明しなさい。

問5　Dの文章の（　1　）・（　2　）に当てはまる人物の名前を答えなさい。

問6　Fの文章の豪族の墓の名前を答えなさい。

問7　Iの文章について，大仏づくりが可能だった理由として**正しくないもの**をア～エから1つ選び，記号で答えなさい。

　　ア　租・調・庸といった税の一部が都に運ばれたから。
　　イ　すぐれた技術をもつ渡来人たちが活躍したから。
　　ウ　各地で池やみぞなどの土木工事を行っていた僧が，大仏づくりに協力するように人々に呼びかけたから。
　　エ　全国の農民から刀などの武器をとりあげて，くぎなどに使用したから。

問5　下線部⑤について，正しく説明している文章を**ア～エ**から１つ選び，記号で答えなさい。

　　ア　群馬県に国営の製鉄所がつくられた。

　　イ　18才以上の男子に兵役の義務を負わせるようになった。

　　ウ　土地の価格に応じて税金をおさめるしくみをつくった。

　　エ　新しい身分制度により大名や武士は士族となった。

問6　下線部⑥について，西郷隆盛が起こした反乱は何と呼ばれますか。

問7　下線部⑦は，政府によって外国の安い綿織物の輸入を制限できなかったことが一因です。制限できなかった理由を，10字以上20字以内で説明しなさい。

問8　下線部⑧に関連して，政府が力を入れた北海道の開拓の結果，土地や漁場などの権利をうばわれ，生活が苦しくなったのは何と呼ばれる人々ですか。

問9　下線部⑨のころ，朝鮮をめぐって日本と対立していた国の名前を答えなさい。

問10　下線部⑩について，この間におこったできごとを**ア～エ**から１つ選び，記号で答えなさい。

　　ア　韓国を併合し，日本の支配を強めた。

　　イ　資源や食料を手に入れるために，満州国を成立させた。

　　ウ　軍人が大臣らを殺害する二・二六事件が起きた。

　　エ　「欲しがりません勝つまでは」という標語が生まれた。

5 次の新聞記事を読んで，あとの問いに答えなさい。

第 30 回①オリンピック競技会（ 1 ）大会は 12 日夜（日本時間 13 日早朝），五輪スタジアムで閉会式が行われた。初めて五輪を 3 度開催した都市となった（ 1 ）を舞台に，17 日間行われたスポーツの祭典が幕を閉じた。続いて，②障害者スポーツの（ 2 ）が 29 日から始まる。次回の 2016 年五輪は③リオデジャネイロ（ブラジル）で開かれる。

朝日新聞（2012 年 8 月 14 日 1 面，一部改）

昨年，中東各国に広がった民主化運動「（ 3 ）の春」により，独裁体制が崩壊したリビア。旗手は女子陸上 100 メートルのハーラ・ゲザー選手だ。大会前，「世界にようやく本当のリビアの姿を見てもらえる」と話していた。予選で敗れたが，新しい国旗を高らかに掲げた。

（ 1 ）五輪はすべての競技が男女で実施され，「女性の大会」とも言われた。中東レバノンから参加した女子テコンドー57 キロ級のアンドレア・パオリ選手は準々決勝で敗れた。「（ 3 ）の女性は，男性と同じレベルで競争できる」…

朝日新聞（2012 年 8 月 14 日 33 面，一部改）

問1 （ 1 ）に都市名，（ 2 ）にスポーツの大会名を答えなさい。

問2 （ 3 ）に当てはまるものを**ア〜エ**から 1 つ選び，記号で答えなさい。
ア アジア　**イ** 南アメリカ　**ウ** アラブ　**エ** ヨーロッパ

問3 下線部①について，アジアにもオリンピックを開催した国が 3 か国あります。そのなかで 2008 年に開催した国を**ア〜オ**から 1 つ選び，記号で答えなさい。
ア 中国　**イ** ミャンマー　**ウ** サウジアラビア　**エ** 韓国　**オ** 日本

問4 下線部②に関連して，スポーツに限らず，障害の有無などに関係なく，すべての人が地域の中で安心して生活できる社会を目指す考え方があります。そのような考え方を何といいますか。

問5 下線部③の都市では，1992 年に地球サミットが開かれ，地球温暖化について話し合われました。そして，1997 年には地球温暖化についてさらに具体的な取り決めがなされました。この取り決めの名前を答えなさい。

5

問1 ☐ m　問2 ☐ 時 ☐ 分　問3 ☐ 時 ☐ 分

※ ☐

問2 ☐ cm

A•

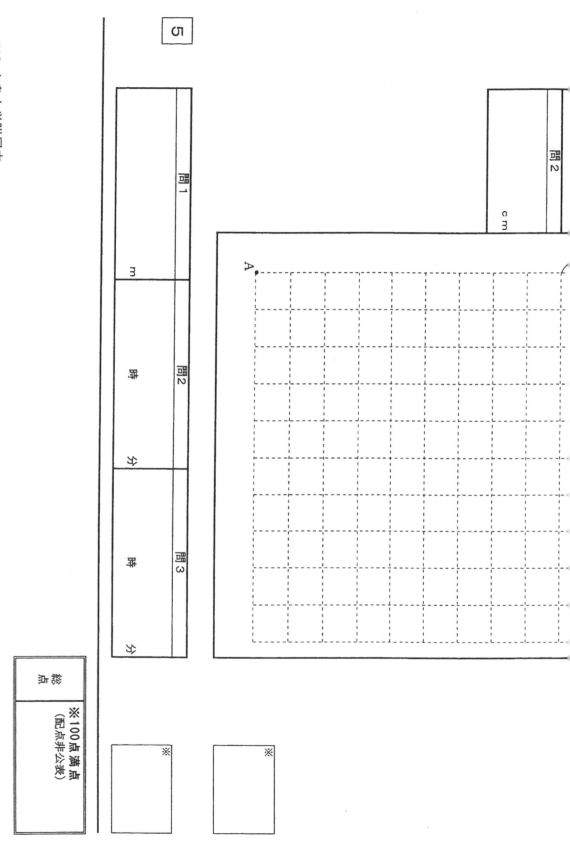

※ ☐

総点 ☐　※100点満点（配点非公表）

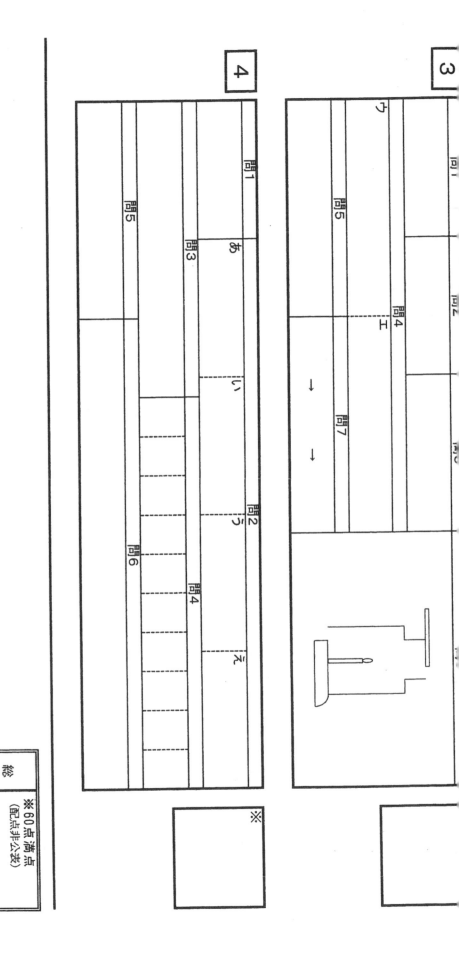

4

問1　あ　い

問5　問3

問2　う

問6　問4　え

3

問1　ウ

問5　問4　エ

問2　問7

問3　問6

※

総点
※60点満点
（配点非公表）

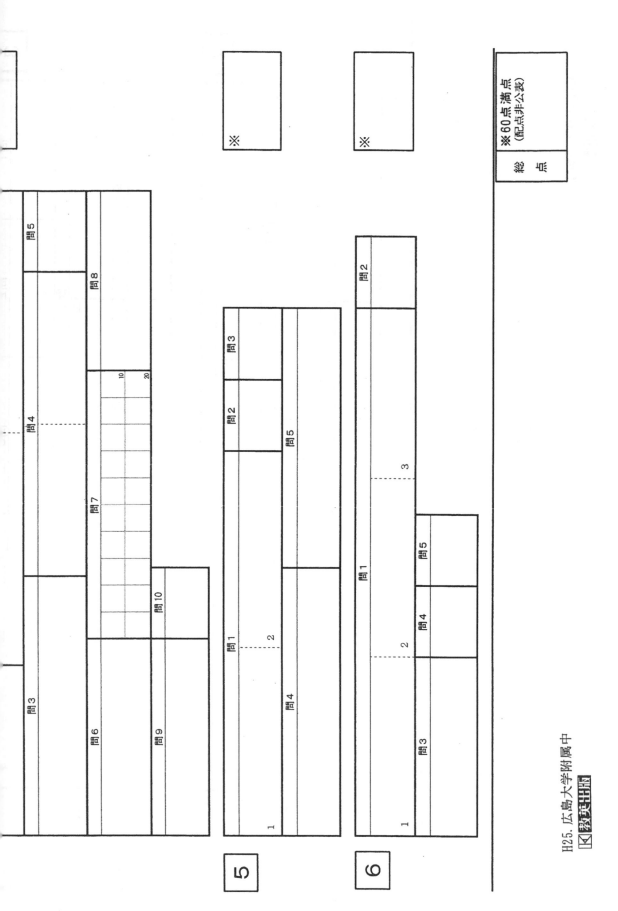

中 **社会解答用紙**

（検査時間　理科とあわせて 50 分）　2013（平成 25）年度
〈注意〉※印のあるところには何も書いてはいけません。

受検番号

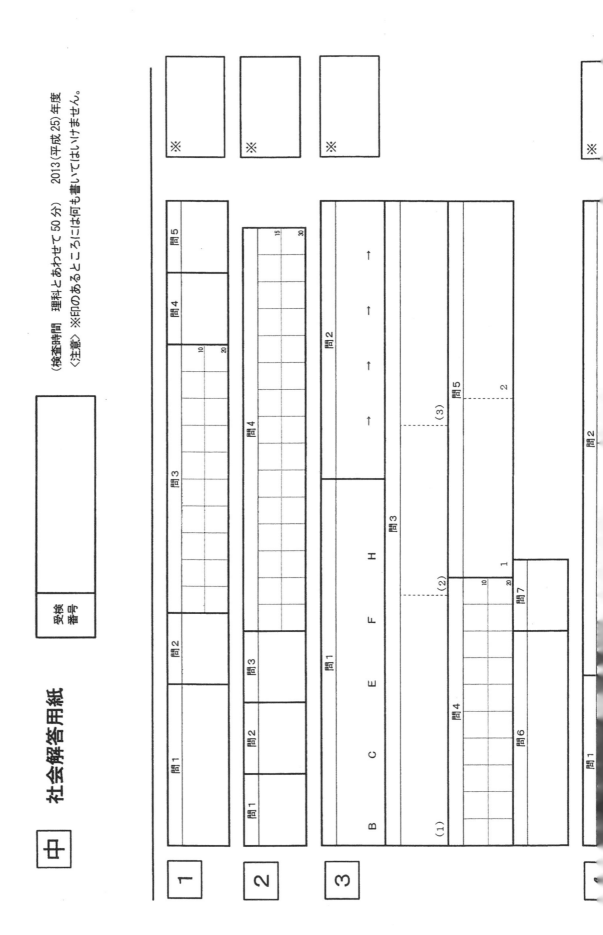

理科解答用紙

受検番号

（検査時間　社会とあわせて50分）　2013（平成25）年度
〈注意〉※印のところには何も書いてはいけません。

1

問1		問2	問3
問4			
A	問5		

極	問6	問7
理由		

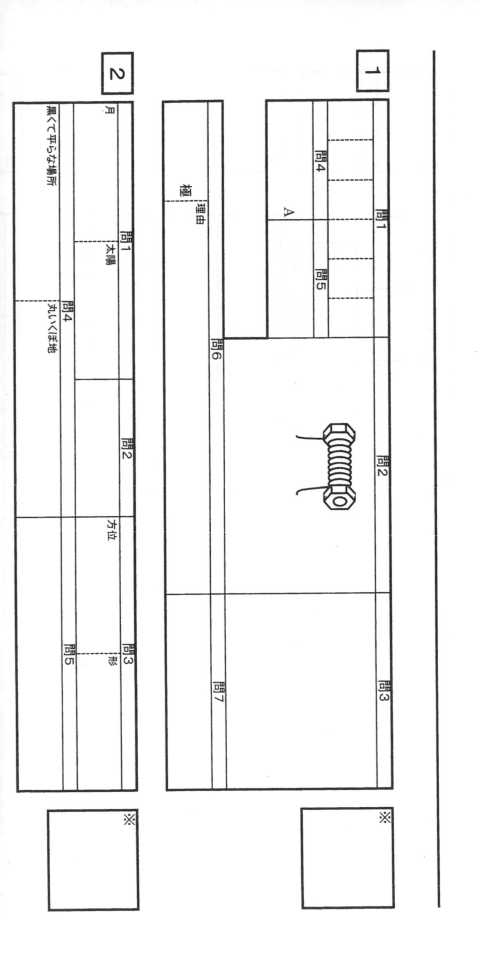

2

月	問1		問2		問3
太陽	方位	形			
問4					
黒くて平らな場所	丸いくぼ地		問5		

※

中

算数解答用紙

受検番号

（検査時間　50分）

＜注＞※印のところは何も書いてはいけません。

1

問1	問2	問3	問4
	％	cm³	月　　日　　曜日

※

2

問1	問2
円	円

※

3

問1 ①	②	問1
問2 cm²	問3 倍	

※

4

問1	問3
‹1cm›	

※

6 次の文章を読んで，あとの問いに答えなさい。

日本国憲法は，1946年11月3日に公布され，翌年の5月3日に施行されました。日本国憲法は最高法規と言われ，①国会による法律の制定も，（ 1 ）のもとで行われる行政も，これに従わなければなりません。その憲法には三つの大きな原則があります。国民主権，基本的人権の尊重，（ 2 ）です。国民主権は，国のあり方は国民が決めるという考え方です。その具体的な形として，②国民自身によるさまざまな選挙があります。また A として適切かどうかを判断する国民審査があります。そして（ 3 ）改正のための国民投票があります。基本的人権は，③一人ひとりの人間が生まれながらにして持つ人間としての権利です。（ 2 ）は，戦争に反対する考え方です。その考え方の背景には，第二次世界大戦の悲惨な体験があげられます。

問1　（ 1 ）～（ 3 ）の中に当てはまる語を答えなさい。

問2　 A に当てはまるものをア～エから1つ選び，記号で答えなさい。
　　ア　内閣総理大臣　　　　　イ　各省の大臣　　　　　ウ　省庁の国家公務員
　　エ　最高裁判所の裁判官

問3　下線部①について，法律や行政が日本国憲法に従っているかどうかを判断する機関の名前を答えなさい。

問4　下線部②について，そのような選挙に当てはまらないものをア～オから1つ選び，記号で答えなさい。
　　ア　衆議院議員を選ぶ選挙　　　　イ　参議院議員を選ぶ選挙
　　ウ　市町村議会議員を選ぶ選挙　　エ　内閣総理大臣を選ぶ選挙
　　オ　知事を選ぶ選挙

問5　下線部③について，日本国憲法に述べられていないものをア～エから1つ選び，記号で答えなさい。
　　ア　自由に職業を選ぶ権利
　　イ　労働者が団結する権利
　　ウ　国に情報を求める権利
　　エ　健康で文化的な生活をする権利

父　親：⑨<u>1893 年にハワイ王国がほろび</u>，1898 年にはアメリカ領になるんだ。このような混乱のなかでも，ハワイの日本人たちは，日本語学校や寺社を建設して，結束を強めていったんだ。しかし，日本人社会が大きくなると，まわりのアメリカ人が危機感を持ち，1924 年には日本人の移住が禁止されてしまったんだよ。

子ども：そのとき，ハワイに移住していた人々はどうしたの？

父　親：永住を決意する人が増えたんだ。日系二世も増えていたからね。同業者による組合，教会・寺社での集会，自治会の活動などが活発になったんだけど，日本人社会が結びつきを強めることを，アメリカ政府は警戒（けいかい）したんだ。そのようななか，人々に衝撃（しょうげき）を与える重大事件が起きたんだ。

子ども：⑩<u>太平洋戦争（たいへいようせんそう）</u>がはじまったんだね。

父　親：そうなんだ。戦争がはじまるとアメリカ政府は，教職員，会社役員など日本人社会の指導的立場にあった人々を逮捕（たいほ）したんだ。一方，母国である日本と戦うことにとまどう人々も多くいたんだ。

子ども：今，ハワイの日本人社会はどうなっているの？

父　親：日系の三世・四世が中心の社会になっていて，ハワイ州議会の議員に選出された人もいるそうだよ。

子ども：ハワイ州議会のほうから広島県との友好を深める決議が行われたんだね。ハワイに住む日系人の多くは，今でも日本とのつながりを忘れていないんだ。

問1　下線部①について，このころの日本の産業のようすを説明する語を，漢字6字で答えなさい。

問2　下線部②について，広島市とホノルル市は，それぞれどのような被害を受けましたか。それぞれ答えなさい。

問3　下線部③の使節の目的は 1858 年に結んだ条約を最終確認することでした。この条約の名前を答えなさい。

問4　下線部④に関連して，坂本龍馬（さかもとりょうま）の働きかけにより同盟を結んだ2つの藩（はん）の名前を答えなさい。

4　次の父親と子どもの会話文を読んで，あとの問いに答えなさい。

子ども：お父さん，新聞に 2012 年は広島県とハワイ州が友好関係を結んで 15 年になると書
　　　　いてあったけど，知ってた？

父　親：1996 年にハワイ州議会で広島県との友好関係を結ぶことが決議され，広島県でも交
　　　　流を進めるムードが高まったのを覚えているよ。広島市とハワイ州のホノルル市は，
　　　　①1959 年に友好関係を結んで姉妹都市になっていたんだよ。

子ども：広島市とホノルル市はずいぶん昔から交流があったんだね。でもなぜなのかな。

父　親：②どちらも第二次世界大戦でひどい被害を受けたから，平和を願う気持ちが強いん
　　　　だね。それに，ホノルル市には広島市出身の移民やその子孫が多いんだ。

子ども：広島市からハワイに移住した人たちがいたんだ。

父　親：日本からハワイへの移住のきっかけは，③1860 年にアメリカにわたった徳川幕府の
　　　　使節の一行がハワイに立ち寄った時に，国王が砂糖農園の労働力として日本からの
　　　　移民を要請したことなんだ。この時，ハワイは独立した王国でアメリカ領ではなか
　　　　ったんだよ。

子ども：じゃあ，1860 年からハワイへの移住がはじまるの？

父　親：いや，④この後，日本では幕府をたおそうとする動きが強くなって，移民について
　　　　考える余裕はなかったみたいだね。それでもハワイ王国は移住を働きかけ続け，
　　　　明治維新の混乱の中で約 150 人の人々が出発したんだ。

子ども：それからも，ハワイへの移住は続いたんだね。

父　親：ハワイ王国は，新政府に対しても熱心に移住を呼びかけたらしい。ところが新政府
　　　　は⑤さまざまな改革を行わなければならなかったし，各地で⑥士族の反乱にも直面し
　　　　ていたんだ。日本がハワイ王国への移住に力を入れないので，1881 年にハワイ国王
　　　　がとつぜん来日したんだ。その結果，日本政府は国内での移住者募集を許可し，1885
　　　　年から多くの人々がハワイ王国にわたったんだ。とくに，広島県から出稼ぎに行っ
　　　　た人や移住した人が多かったそうだよ。

子ども：なぜ，多かったんだろう。

父　親：ハワイ王国では日本の収入の 7 倍以上もかせぐことができると宣伝されたんだ。幕
　　　　末から明治初期の広島県は，人口の増加率が高く耕地が不足したうえに，特産品で
　　　　あった⑦木綿産業が衰退した。失業者も多かったらしい。だから，広島県は⑧北海道
　　　　への開拓移住者やハワイ王国以外の外国への移住者も多かったんだ。

子ども：日本からハワイに移住した人々はどのような人生を歩んだのだろう。

問2　下線部②について，大雨による洪水や土砂くずれの被害からくらしを守るための対策
　　　として，**正しくないもの**を**ア～エ**から1つ選び，記号で答えなさい。
　　　ア　森林で，樹木の間ばつをおこなう。
　　　イ　河川の上流に，砂防ダムを建設する。
　　　ウ　市街地に，下水道を整備する。
　　　エ　農業地域で，ため池の数を増やす。

問3　下線部③について，この大洪水がおこった国の名前を**ア～エ**から1つ選び，記号で答
　　　えなさい。
　　　ア　タイ　　　**イ**　インドネシア　　　**ウ**　韓国（かんこく）　　**エ**　インド

問4　下線部④について，自動車工場では，洪水の被害にあっていなくても，生産を止める
　　　場合がありました。それは，自動車の生産のしくみに特徴があるからです。その特徴
　　　を20字以上30字以内で答えなさい。

3　次の文章A～Ｉは，地図中の(あ)～(け)の場所について説明したものです。文章と地
　　　図を見て，あとの問いに答えなさい。

A　ここでは，武士の裁判の基準となる法律がはじめてつくられました。
B　ここには，世界最古の木造建築物があります。1993年に世界文化遺産（せかいぶんかいさん）に指定されました。
C　ここでは，大きな二重の堀（ほり）や柵（さく）で囲（かこ）まれた集落（しゅうらく）のあとが発掘（はっくつ）されました。たて穴住居
　　　が復元（ふくげん）されています。矢じりがささった人骨がおさめられたかめ棺（かん）が発掘されています。
D　ここは，　（　1　）　に命じられて領地（りょうち）を移した　（　2　）　によって町として広げられ，
　　　日本の政治の中心地としてさかえました。
E　ここは，人工の島としてつくられ，西洋の国との貿易が行われました。役人や一部の商人
　　　などをのぞいては出入りを許されませんでした。
F　ここでは，豪族（ごうぞく）の墓から鉄剣が出土し，その鉄剣には文字がきざまれていることが明ら
　　　かになりました。
G　ここでは，大量の鉄砲（てっぽう）を用いて，全国でもっとも強いといわれた騎馬隊（きばたい）をやぶった戦い
　　　がありました。
H　ここでは，長さ10m以上の大型たて穴住居や高さ15m以上の6本の大きな木の建造物
　　　が復元されています。土器やつり針や針，石の道具などが出土しています。
I　ここでは，全国の国分寺（こくぶんじ）の中心の寺に大仏がつくられました。大仏づくりには，仏教の
　　　力で社会の不安をしずめ，国をおさめようという願いがこめられています。

問5　次の表2は，日本における牛肉，豚肉，鶏肉の国内生産量，輸入量および輸入相手
　　　国について表したものです。豚肉に当てはまるものを**ア～ウ**から1つ選び，記号で答
　　　えなさい。

表2：肉類の国内生産量，輸入量および輸入相手国（2010年）

	国内生産量 （千トン）	輸入量 （千トン）	輸入相手国（第1位）
ア	512	731	オーストラリア
イ	1276	1144	アメリカ
ウ	1417	681	ブラジル

（日本国勢図会 2011/12，日本国勢図会 2012/13 より作成）

2　次の防災に関する文章を読み，あとの問いに答えなさい。

　　自然災害からくらしを守るには，日ごろからの防災が大切です。防災の取り組みには，
①地震を想定した避難訓練により一人ひとりが意識を高めることから，国，都道府県，市
町村による②自然災害に備えたまちづくりまで，さまざまなものがあります。

　　会社や工場でも自然災害への対策が見直されはじめています。2011年，日本の産業は
東日本大震災や③東南アジアの平野部でおきた大洪水によって，④さまざまな工場が被害を
受けたからです。

問1　下線部①について，緊急地震速報のしくみを説明した文章として，**正しくないもの**を
　　　ア～エから1つ選び，記号で答えなさい。
　　　ア　はじめに伝わる弱いゆれと，その後に伝わる強いゆれとの時間差を利用して，地
　　　　　震の情報が伝えられる。
　　　イ　テレビやラジオ，市町村の防災無線などを通して地震の情報が伝えられる。
　　　ウ　強いゆれが始まる数秒から数十秒前に情報が伝えられ，ゆれに対して備えること
　　　　　ができる。
　　　エ　地震を計測し，その情報を速報として伝えることは総務省がおこなう。

4 　植物の発芽と成長について調べるために，以下の**実験1～実験3**を行いました。これについて，あとの問いに答えなさい。

【実験1】 1日水にひたしておいたインゲンマメの種子の皮をむいてたてにわり，種子の中のつくりを調べたところ，**図1**のように，**ア**の部分と根・くき・葉になる部分が観察できた。また，**図2**のように，種子を横に切り，切り口にヨウ素液を1てきつけたところ，ヨウ素液が青むらさき色になった。

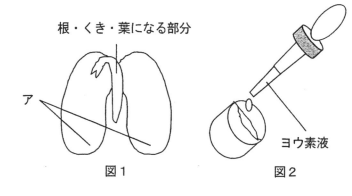

根・くき・葉になる部分

ア

ヨウ素液

図1　　　　図2

【実験2】 **図3**のようにガラス容器にだっし綿をしき，その上にインゲンマメの種子をまいたものを，5つ用意した。次に5つの容器を，**表1**の①～⑤の条件で数日間置いておいた後，それぞれの種子が発芽したかどうかを調べた。その結果もあわせて**表1**に示している。ただし，②～⑤の条件では，それぞれの水の量ができるだけ変わらないように，蒸発などによって水が減ったら，そのつど水を加えた。

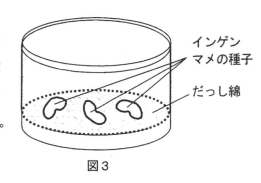

インゲンマメの種子

だっし綿

図3

表1

条件	結果
①　あたたかい室内に置いておいた。	発芽しなかった。
②　だっし綿を水でしめらせ，あたたかい室内に置いておいた。	発芽した。
③　だっし綿を水でしめらせ，箱をかぶせてから，あたたかい室内に置いておいた。	発芽した。
④　だっし綿を水でしめらせ，箱をかぶせてから，冷蔵庫に置いておいた。	発芽しなかった。
⑤　種子がしずむまで水を加えて，あたたかい室内に置いておいた。	発芽しなかった。

問3　実験3で，**ア，イ，カ**の水溶液を蒸発させると何も残りませんでした。その理由を説明した下の文の ☐ にあてはまる語を**漢字2字**で答えなさい。

　　「蒸発させると何も残らなかった水溶液には， ☐ しかとけていないから。」

問4　**ウ，エ**の水溶液は何ですか。その名前をそれぞれ答えなさい。

B　下の**図2**の**a，b，c**のように，同じ大きさのろうそくをねんどに固定して火をつけ，底の部分を切った集気びんの中で燃やしました。

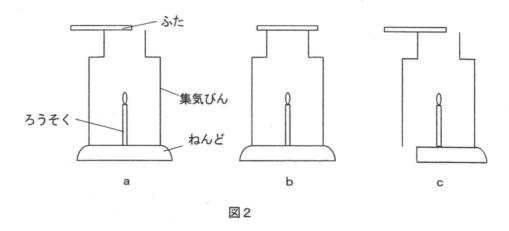

図2

問5　空気の中にふくまれている酸素の体積の割合として，最も適当なものを**ア～オ**から1つ選び，記号で答えなさい。

　　ア　20%　　　　**イ**　30%　　　　**ウ**　40%　　　　**エ**　60%　　　　**オ**　80%

問6　**c**の集気びんの中でろうそくが燃えているとき，集気びんの中を空気が通る向きを矢印で示しなさい。

問7　**a，b，c**では，ろうそくが燃えている時間に差がありました。ろうそくが燃えている時間の長いものから順に，**a，b，c**の記号で示しなさい。

B　Aさんは電磁石のはたらきを利用した道具に，リフティングマグネットという鉄を運ぶ装置があることを知り，自分の作った**コイル②**と乾電池１個，スイッチ，棒磁石を組み合わせて，リフティングマグネットのモデルを作りました。**図５**はAさんが作ったモデルを示しています。また $\boxed{}$ には，Aさんが実験のようすをまとめたものの一部を示しています。

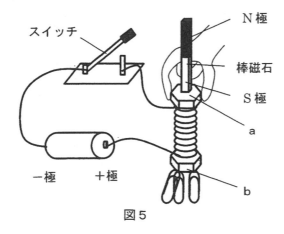

図5

・ボルトやナットは棒磁石にくっついた。

・図5のように，棒磁石をコイルにくっつけておくと，スイッチを入れなくても，コイルの下側にクリップが3個までくっついた。

・スイッチを入れると，クリップは3個ともくっついたままだった。

問6　Aさんの実験では，スイッチを入れたとき，コイルのb側は電磁石のN極，S極のどちらになっていますか。またそう考えた理由をスイッチとクリップという語を使って簡単に説明しなさい。

問7　スイッチを入れる前にクリップをくっつけ，スイッチを入れたときにクリップをはなすリフティングマグネットのモデルを作るには，**図5**に示したモデルのどの部分をどのように変えたらよいですか。次の**ア〜カ**からあてはまるものを**すべて**選び，記号で答えなさい。

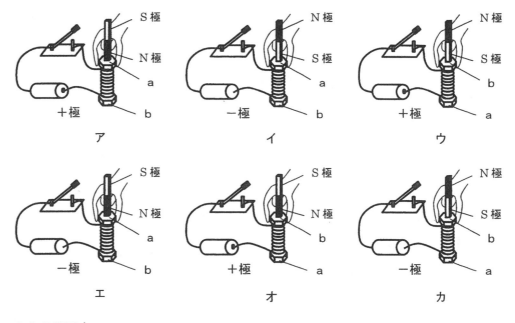

問1　この実験では，電磁石に長い間電流を流し続けてはいけません。それは電磁石のコイルの部分にある変化が起きて危険だからです。それはどのような変化ですか。**6字以内**で答えなさい。

問2　図3はAさんの行った実験のうち，乾電池1個を使った電磁石のようすを簡単に表したものです。Aさんの行った実験のうち，乾電池2個を使った電磁石のようすを**図3**にならって解答らんにかきなさい。ただし，電流計については，かく必要はありません。

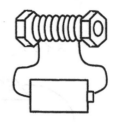

図3

問3　Aさんはコイルの巻き数と電磁石の強さの関係についてまとめることにしました。はじめに，**コイル①**と**コイル③**を使った電磁石の実験結果を比べようとしました。しかし，それでは正しく比べることができないことに気づきました。なぜ正しく比べられないのかを簡単に説明しなさい。

問4　さらにAさんは，**コイル①〜③**とはちがう太さのエナメル線4mを使って，巻き数が200回の**コイル④**を作り，同じ実験を行いました。図4はこのコイル④に乾電池1個をつないだときの電流計のようすを表しています。このとき，電磁石に流れている電流は何Aですか。

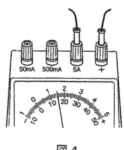

図4

問5　**コイル④**に乾電池2個をつないだとき，電磁石に流れる電流は3Aでした。このとき持ち上げることのできるクリップの個数はどうなると考えられますか。最も適当なものを**ア〜カ**から1つ選び，記号で答えなさい。

　　ア　1個も持ち上げることができない。
　　イ　3個まで持ち上げることができる。
　　ウ　6個まで持ち上げることができる。
　　エ　9個まで持ち上げることができる。
　　オ　12個まで持ち上げることができる。
　　カ　18個以上持ち上げることができる。

5 ある路線に，A駅，B駅，C駅の3つの駅があります。

A駅の始発列車の出発時刻は午前6時で，10分おきに次々と出発しB駅で2分間停車してC駅に向かいます。C駅の始発列車の出発時刻は午前6時3分で，15分おきに次々と出発しB駅で停車せずにA駅に向かいます。

C駅からA駅に向かう列車の速さは，A駅からC駅に向かう列車の速さの $\frac{4}{3}$ 倍です。

下のグラフは，A駅とC駅の間の列車の運行の様子をまとめたものです。横じくにA駅を始発の列車が出発してからの時間を，たてじくにA駅からその時刻に運行している列車までの道のりを，はじめの30分間について表しています。

あとの問いに答えなさい。

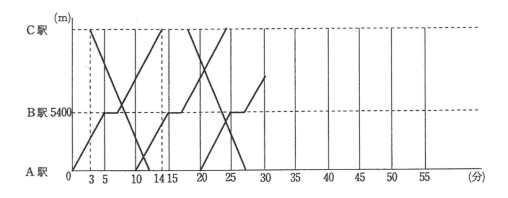

問1　A駅からC駅までの道のりは何mですか。

問2　C駅からA駅に向かう列車には，とちゅうで反対方向からの列車と3回すれちがう列車があります。このような列車のうち，最も早い時刻に出発するものは，C駅を午前何時何分に出発しますか。

問3 AからBまで進むのに，曲がる回数が3回になる進み方が全部で24とおりになる長方形をつくります。このような長方形のうち，下のマスを使ってかくことができるものを1つかきなさい。ただし，頂点Aは図に示してあるものを使いなさい。

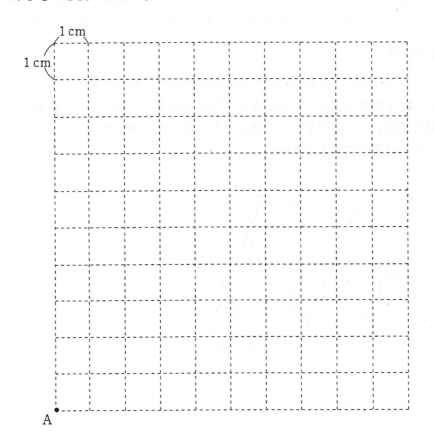

2 あるお店では，お客様カードを持っている人に，次のようなポイントサービスをしています。

> ① 1回の買い物でしはらった現金20円につき，1点のポイントがもらえます。
> ② ポイントを使うと，1点につき1円の しはらい ができます。ただし，ポイントを使った しはらい に対してはポイントはもらえません。
> ③ ポイントを使って代金をすべて しはらう こともできます。
> ④ 買い物でもらえたポイントは，次回の買い物から使うことができます。

例えば，100点のポイントが入ったお客様カードを持って，1本95円のペンを2本買いに行くとします。
- もし，代金をすべて現金で しはらえば，180円分の しはらい に対して9点のポイントがもらえますが，残りの10円にはポイントはもらえません。
- もし，70点のポイントを使うようにすれば，現金の しはらい は120円になるので，6点のポイントがもらえます。

問1　300点のポイントが入ったお客様カードと現金4000円を持って，1本95円のペンを40本買いに行きます。次のように，2回にわけて買うとき，2回目の買い物で しはらう現金は何円になりますか。
　　（1回目）現金で20本買う
　　（2回目）持っているポイントを全部使い，20本買う

問2　650点のポイントが入ったお客様カードと現金4000円を持って，1本190円のジュースを20本買いに行きます。何回かにわけて買うなど，できるだけ現金を使わないようにすると，現金は何円残りますか。

問3　図のように，立方体から円柱をたてに，四角柱を横に，それぞれ立方体の面に垂直にくりぬいた置物があります。立方体の1辺は6cmで，円柱をくりぬいたところには直径1cmの円ができ，四角柱をくりぬいたところにはたて2cm，横4cmの長方形ができました。この置物の体積は何cm³ですか。

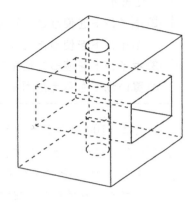

問4　1日につき正しい時刻から8秒ずつ進んでいく時計があります。例えば，今日の正午に正しい時刻に合わせると，明日の正午に12時8秒をさし，あさっての正午には12時16秒をさします。2013年4月1日月曜日の正午に，この時計の針を正しい時刻に合わせます。この時計が正しい時刻からちょうど30分進んだ時刻をさすのは何月何日何曜日ですか。